POLITIQUE ET VIOLENCE

Maurice MERLEAU-PONTY et Hannah ARENDT

Ouverture philosophique

Collection dirigée par Aline Caillet, Dominique Chateau, Jean-Marc Lachaud et Bruno Péquignot

Une collection d'ouvrages qui se propose d'accueillir des travaux originaux sans exclusive d'écoles ou de thématiques.

Il s'agit de favoriser la confrontation de recherches et des réflexions, qu'elles soient le fait de philosophes « professionnels » ou non. On n'y confondra donc pas la philosophie avec une discipline académique ; elle est réputée être le fait de tous ceux qu'habite la passion de penser, qu'ils soient professeurs de philosophie, spécialistes des sciences humaines, sociales ou naturelles, ou… polisseurs de verres de lunettes astronomiques.

Dernières parutions

Glodel MEZILAS, *Qu'est-ce qu'une crise ?, Eléments d'une théorie critique*, 2014.
Vincent Davy KACOU, *Paul Ricoeur. Le cogito blessé et sa réception africaine*, 2014.
Jean-Louis BISCHOFF, *Pascal et la pop culture*, 2014.
Vincent TROVATO, *Lecture symbolique du livre de l'Apocalypse*, 2014.
Pierre CHARLES, *Pensée antique et science contemporaine*, 2014.
Miklos VETÖ, *La métaphysique religieuse de Simone Weil*, 2014.
Cyril IASCI, *Le corps qui reste. Travestir, danser, résister !*, 2014.
Jean-Michel CHARRUE, *Néoplatonisme. De l'existence et de la destinée humaine*, 2014.
Sylvie PAILLAT, *Métaphysique du rire*, 2014.
Michel FATTAL, *Paul de Tarse et le* logos, 2014.
Miklos VETO, *Gabriel Marcel. Les grands thèmes de sa philosophie*, 2014.
Miguel ESPINOZA, *Repenser le naturalisme*, 2014.
NDZIMBA GANYANAD, *Essai sur la détermination et les implications philosophiques du concept de « Liberté humaine »*, 2014.

Augustin TSHITENDE KALEKA

POLITIQUE ET VIOLENCE

Maurice MERLEAU-PONTY et Hannah ARENDT

L'Harmattan

5-7, rue de l'École-Polytechnique ; 75005 Paris
http://www.harmattan.fr
diffusion.harmattan@wanadoo.fr
harmattan1@wanadoo.fr
ISBN : 978-2-343-01641-2
EAN : 9782343016412

A ma mère Christine KASEKE BADIBANGA

A mes amis de Saverdun,
de Tarascon-sur-Ariège
et d'Ax-Les-Thermes

Aux victimes de la violence dans mon pays.

REMERCIEMENTS

Le livre que je publie est constitué de quelques chapitres de la thèse de doctorat en philosophie que j'ai soutenue le 29 mai 2012 à l'Institut Catholique de Toulouse et qui a pour titre « Politique et violence dans la pensée de M. Merleau-Ponty et H. Arendt ». Rédiger et soutenir une thèse de doctorat – ce qui est un exercice universitaire normal, a été pour moi un véritable défi à relever dans la mesure où, à une année de la fin de mes études, d'énormes obstacles se sont subitement dressés sur mon chemin en visant directement l'arrêt et l'abandon d'un travail de plusieurs années pour lequel j'avais consenti tant de sacrifices. Contre vents et marrées, ce défi a été relevé. Je tiens à remercier de façon particulière tous ceux qui m'ont aidé à relever ce défi et sans lesquels je n'aurais ni soutenu ma thèse ni publié ce livre. Sans leurs prières, leurs encouragements, leur générosité et leur hospitalité, ce livre n'aurait pas vu de jour.

J'ai une dette de reconnaissance particulière envers tous mes amis de Saverdun, de Tarascon-sur-Ariège, d'Ax Les Thermes et d'ailleurs, eux qui m'ont ouvert les portes de leur maison ou de leur cœur, et souvent les deux. Chers amis, citer les noms de tous et de chacun d'entre vous risque de blesser la modestie de ceux et celles qui ont toujours voulu rester dans l'ombre. Je ne peux alors citer quelques-uns et ne pas en citer d'autres ! En vous appelant « amis », soyez sûrs que je mets un nom sur chaque visage, que chacun et chacune de vous me parle, et que je ne suis pas prêt à oublier tous les gestes de votre solidarité, de votre amitié et de votre fraternité. J'adresse ces lignes à chacun et chacune de vous en particulier et je vous assure de mon amitié et de mes prières.

Je pense à ma mère, Christine Kaseke Badibanga, à ma tante Clémence Mishika Badibanga, à mes frères et sœurs, à mes neveux et nièces, à Fanny Misenga, à tous les membres de la famille Tshishiku Katunu qui me portent quotidiennement dans leurs cœurs et leurs prières. Je leur dis merci pour leurs conseils et leur affection. Je n'oublie pas mes amis, les vrais amis, ceux qui connaissent la valeur de l'amitié et qui restent fidèles même pendant les moments difficiles.

J'offre gracieusement mon pardon à tous ceux qui, directement ou indirectement, consciemment ou inconsciemment, volontairement ou involontairement, m'ont mis les bâtons dans les roues et m'ont fait du mal. L'étude que j'ai menée sur la politique et la violence m'a convaincu des difficultés du vivre ensemble car l'empiétement de nos libertés rend inévitable le conflit. L'action humaine est irréversible : ce qui est fait a été fait et nul ne peut le défaire. Contre cette situation d'irréversibilité — dans laquelle on ne peut défaire ce que l'on a fait, alors que l'on ne savait pas, que l'on ne pouvait pas savoir ce que l'on faisait — le seul remède vient de la faculté de pardonner. Réfléchissant sur cela, Hannah Arendt, une des philosophes sur lesquels porte cette étude, qui était une juive, a beaucoup médité et commenté cette parole de Jésus : « Père, pardonne-leur car ils ne savent pas ce qu'ils font ». Mon âme est légère et je n'ai de ressentiment contre personne. Je considère que la soutenance de la thèse dont une partie est publiée dans ce livre a été une victoire sur les forces du mal et leurs complices. Et cela me console et me donne la paix.

Augustin TSHITENDE KALEKA
Ax-Les-Thermes
Juillet 2013

RÉPERTOIRE DE SIGLES UTILISÉS

ŒUVRES DE H. ARENDT

ER : *Essai sur la révolution*
CHM : *Condition de l'homme moderne*
DMV : *Du mensonge à la violence*
QQP : *Qu'est-ce que la politique ?*
TC : *La tradition cachée*
VE : *La vie de l'esprit*
VP : *Vies politiques*
CC : *La crise de la culture*
IMP : *L'impérialisme*
ST : *Le système totalitaire*
JP : *Journal de pensée*

ŒUVRES DE M. MERLEAU-PONY

S : *Signes*
OE : *L'œil et l'esprit*
PM : *La prose du monde*
SC : *La structure du comportement*
AD : *Les aventures de la dialectique*
RC : *Résumé des cours*
P1 : *Parcours*
P2 : *Parcours deux*
PP : *Phénoménologie de la perception*
EP : *Éloge de la philosophie*
VI : *Le visible et l'invisible*
SNS : *Sens et non-sens*
HT : *Humanisme et terreur*

INTRODUCTION

L'histoire de l'humanité se présente en même temps comme l'histoire des guerres, des conflits et des violences entre les individus, les citoyens, les groupes, les peuples et les nations. Le phénomène peut prendre des ampleurs plus ou moins différentes et variées selon les circonstances des lieux et des temps, il reste que le conflit est souvent présent dans le rapport de l'homme à l'homme et qu'il fragilise le vivre-ensemble par la violence qu'il fait apparaître sur la scène publique, même dans les sociétés dites démocratiques. L'histoire contemporaine, pour ne parler que d'elle, nous offre sur ce sujet un tableau peu reluisant. La colonisation, la lutte pour les indépendances, les différentes « révolutions », les deux guerres mondiales, le totalitarisme, le terrorisme, les génocides, avec leur cohorte de barbarie, de violence et de terreur, ne peuvent pas ne pas susciter des questionnements et des interrogations sur le vivre-ensemble et sur la nature du politique. Plus près de nous, les attentats de New York (11 septembre 2001), de Madrid (11 mars 2004), de Londres (7 juillet 2005), de Bombay (26 novembre 2008), et ceux continuellement perpétrés en Irak et dans d'autres pays, la violence lors du « printemps arabe », la répression qui se poursuit en Syrie, les violences électorales et post-électorales au Kenya, en Côte d'Ivoire, en République Démocratique du Congo, les différents conflits armés qui déchirent actuellement notre monde... ne font que soulever avec acuité la même question : pourquoi tant de violence dans les relations entre les hommes et les peuples ? En d'autres termes, au vu de ce qui se passe sur la scène publique et politique, la question que soulèvent toutes ces situations de violence se formule de la manière suivante : *la violence fait-elle partie de l'essence de la politique* ?

Mais cette question n'est pas nouvelle : si l'histoire de l'humanité se confond avec celle de la violence, penseurs et philosophes y ont déjà réfléchi. En schématisant, nous pouvons dire que la tradition philosophique y apporte des réponse différentes, variées, voire contradictoires, mais qui se partagent principalement en deux courants de pensée : un courant qui lie ensemble violence et politique, en affirmant que la politique est nécessairement violente et conflictuelle, et en étant plus préoccupé de donner de la violence une théorisation justifiante, et un autre courant qui considère que la violence est essentiellement antipolitique , c'est un mal radical qui défigure la politique et qui, pour cette raison, ne peut bénéficier d'une quelconque justification. Alors que, pour le premier courant, pouvoir et violence ne font qu'une seule et même chose, pour le deuxième, le pouvoir se distingue de la violence, ce qui, en d'autres termes, revient à dire que la violence ne peut en aucune façon engendrer le pouvoir.

Notre but n'est pas d'écrire une histoire de la philosophie de la violence, ce qui nous aurait demandé d'analyser et d'approfondir tous ces points de vue dans leur complexité et leur subtilité. Nous avons choisi de nous limiter à la pensée de deux philosophes qui ont réfléchi sur la question de la violence dans le domaine politique et qui y donnent deux réponses différentes, voire opposées, qui nous semblent représenter les deux courants précédemment évoqués : Maurice Merleau-Ponty et Hannah Arendt. Notre choix se justifie par le fait que les deux philosophes sont plus proches de nous : ils sont contemporains et appartiennent au même courant de pensée phénoménologique ; ils ont connu la guerre, le totalitarisme, le nazisme, le communisme, bref le mal politique qui a bouleversé le XXe siècle, et ils y ont consacré leurs réflexions. L'expérience qu'ils ont vécue, ils l'assument et en rendent compte dans la différence de leurs problématiques, chacun restant fidèle à son intention philosophique. Ce qui les rend à la fois proches et distincts, voire souvent opposés. La question de la violence en politique est l'une des questions qui fait apparaître leur divergence et leur opposition. C'est pourquoi, il nous semble que leur confrontation dans une étude comparative et critique peut nous aider à esquisser une réponse à la question principale qui nous préoccupe, celle de savoir si la violence fait partie de l'essence du politique.

La pensée politique d'un philosophe n'est jamais à considérer comme un appendice qui viendrait s'ajouter du dehors à l'ensemble de sa pensée. C'est dire, en d'autres termes, que la philosophie politique et l'ontologie d'un auteur ne sont pas à séparer. Entre les deux existe un lien qui ne peut être méconnu. Chaque philosophe voit le jour dans un contexte historique et culturel particulier qui sollicite sa réflexion comme réponse aux multiples problèmes que pose ce contexte. Aussi a-t-il une perspective et une problématique propres qui correspondent à son intention philosophique. Celle-ci détermine d'une façon ou d'une autre sa façon d'aborder des problèmes et ses tentatives d'y trouver des réponses. Ainsi, quel que soit le problème qu'il aborde, chaque philosophe le fera selon sa conception de l'homme, du monde et de l'être. Quand il réfléchit donc sur la politique, cette réflexion reste marquée par son ontologie, c'est-à-dire par sa façon de concevoir l'être. Merleau-Ponty et Arendt nous présentent deux styles de philosophies différents qui prennent naissance dans deux façons différentes de poser des problèmes, de les analyser et de concevoir l'être.

Comme le fait remarquer E. De Saint Aubert, l'intention philosophique de Merleau-Ponty s'appuie sur une lecture quasi mythologique qu'il fait du destin cartésien et plus précisément de la sixième *Méditation métaphysique* de Descartes[1]. C'est dire

[1] E. DE SAINT AUBERT, *Le scénario cartésien. Recherches sur la formation et la cohérence de l'intention philosophique de Merleau-Ponty*, Paris, Vrin, 2005, p.17. Dans l'entretien qui suit, Merleau-Ponty parle lui-même du point de départ de ses recherches. « – *Georges Charbonnier* : Quel est le sens de vos recherches en philosophie pure ? – *Merleau-Ponty* : Le point de départ de ces recherches a été au fond assez traditionnel. Je me rappelle très bien que dès la fin de mes études, je m'étais attaché aux relations de l'âme et du corps comme à un problème qui m'intéressait spécialement (...). J'ai continué dans ce sens pendant une quinzaine d'années, et c'est le résultat de cet effort qui a paru sous la forme de deux livres (...) qui sont tous les deux consacrés plus ou moins au problème des relations de l'âme et du corps. Au fond, voyez-vous,

que sa pensée s'éveille dans une interrogation sur la question classique de l'union de l'âme et du corps et progressera dans la contestation des dualismes anthropologiques pour le mener de la problématique de l'*incarnation* à celle de la *chair*. A plusieurs reprises, Merleau-Ponty remet en cause les traditions cartésienne et idéaliste, comme il critique aussi la philosophie de la conscience constituante et l'ontologie de l'objet. Si Descartes et Husserl ont joué un grand rôle dans la formation et le développement de sa pensée, il n'en demeure pas moins que ces meilleurs complices sont en même temps ses adversaires. Descartes, en particulier, qu'il considère comme le principal fondateur des pensées qu'il veut combattre, rencontre l'opacité des liens entre l'âme et le corps mais se refuse de la penser, en se repliant dans un dualisme qui, en voulant faire œuvre de clarification, dénoue la complexité passive-active de notre institution[2] et de notre vie expressive. Ce dualisme rend par là incompréhensible l'unité de l'être humain, et ne parvient pas à

---

ce qui pendant toutes mes études m'avait toujours frappé, c'est que nos maîtres, dans l'ensemble, étaient cartésiens – un homme comme Léon Brunschvicg était cartésien, il admettait donc entre l'esprit et le corps une distinction catégorique, qui était la distinction de ce qui est conscience, et de ce qui est chose, l'existence comme chose et l'existence comme conscience étant opposées l'une à l'autre (...). Lorsque l'esprit réfléchit sur sa vraie nature, il s'aperçoit seulement comme pure conscience, pensée au sens cartésien, et c'est lui-même qui est encore le spectateur de la relation de l'esprit et du corps. Il la voit, il la pense, il la constitue, cela fait partie de l'univers de la pensée, mais ce n'est pas un lien de la pensée avec autre chose qu'elle-même. Et c'est cette immanence philosophique de la pensée à elle-même qui m'a toujours choqué, qui m'a toujours paru insuffisante, de sorte que dès le temps de mes études je me proposais de travailler sur ce problème, des relations de l'esprit avec ce qui n'est pas lui : comment les rendre compréhensibles, comment les rendre pensables. » (chutes des Entretiens de Merleau-Ponty avec G. Charbonnier, cité par E. DE SAINT AUBERT, *Le scénario cartésien*, *op. cit.*, p. 18).

[2] Comme il explique lui-même cette notion, Merleau-Ponty entend par institution « ces événements d'une expérience qui la dotent de dimensions durables, par rapport auxquelles toute une autre série d'autres expériences auront sens, formeront une suite pensable ou une histoire, — ou encore les événements qui déposent en moi un sens, non pas à titre de survivance et de résidu, mais comme appel à une suite, exigence d'un avenir » (MERLEAU-PONTY, M., *Résumés de cours. Collège de France 1952-1960*, Paris, Gallimard, 1968, p. 61).

penser ses liens avec le monde et avec autrui. Or, ce qui préoccupe Merleau-Ponty, c'est de tenter d'élaborer une philosophie du *lien* entendu comme unité anthropologique, relation éthique et ontologique. Le concept de chair qu'il va élaborer dans ses derniers écrits tente justement de penser ces liens de l'homme avec lui-même, avec autrui et avec le monde, et même le lien de l'être et du néant. Merleau-Ponty est donc le philosophe du lien, le philosophe du *mélange*.

La lecture critique qu'il fait de la sixième *Méditation métaphysique* de Descartes lui révèle que ce dernier, qui a pourtant rencontré et posé la question de l'union de l'âme et du corps, n'y apporte pas cependant une solution convaincante. Ceci rendra particulièrement Merleau-Ponty sensible à la réalité du *mélange* que nous sommes. En conséquence, cette prise de conscience du mélange que nous sommes devrait influencer notre définition de la vérité et de la pensée. Les traditions cartésienne et idéaliste sont insensibles au mélange et hostiles à l'idée du lien : elles introduisent des dualismes insurmontables entre la réalité et la vérité, la vie et la pensée, l'existant et l'être. Aussi Merleau-Ponty n'aura-t-il de cesse à les remettre continuellement en cause. La confusion que Descartes évite et relègue sur le plan de l'irrationnel, lui, il veut la penser. C'est pourquoi il fait de la perception le thème majeur de sa philosophie afin de penser l'incarnation dans toutes ses conséquences et mener une critique radicale des philosophies de la conscience. Il faut revenir à l'existence et au monde concret. A la suite de Husserl, Merleau-Ponty se lance ainsi dans la « réhabilitation ontologique du sensible », et le concept de chair qui reprend la relève de celui de l'existence concrète dans ses derniers écrits témoigne de la cohérence d'une intention philosophique qui est restée constante à travers toute son œuvre. Merleau-Ponty est donc profondément habité par le souci de penser l'être brut, cet être d'indivision dont le mystère est fait d'échange et d'empiétement généralisé. Voilà pourquoi il renonce aux thématisations pour revenir au monde sensible, au monde vécu, car c'est du sein de l'expérience qu'émerge le sens. Le retour aux choses et aux phénomènes explique le primat philosophique et phénoménologique qu'il accorde à la perception.

La philosophie de la perception que développe Merleau-Ponty considère ainsi que c'est la perception qui nous donne accès à la vérité parce que le monde est ce que nous percevons, il est le milieu de notre vie avant d'être l'objet de notre pensée. Cette philosophie rejette pour cette raison dos à dos les deux extrêmes que sont l'intellectualisme et le réalisme. Il en résulte comme grande conséquence philosophique qu'il n'y a pas de place pour un sujet absolu ou pour un objet absolu. L'être n'est pas que lumière et clarté ; il est aussi fait de la confusion, du négatif et du néant. En un mot, *l'être est lien, échange, mélange, empiétement, chiasme*. Et cette même structure d'être vaut pour toute la diversité des expériences humaines, qu'elles soient esthétique, éthique, pratique, historique ou politique. L'expérience perceptive, en tant qu'elle est le modèle primordial de toutes les activités humaines, nous apprend que, dans la réflexion sur les autres expériences, il faut exclure les alternatives dualistes et reconnaître que l'ambiguïté est partout. Voué au monde, le sujet n'est pas seulement passif ; il ne se contente pas de subir, il agit. C'est que, bien compris, le modèle perceptif comprend en lui toute une conception de l'action, toute une politique. On comprend dès lors que, quand il interrogera le champ de l'action historique et politique à partir du modèle perceptif, Merleau-Ponty restera toujours fidèle à son intention philosophique.

Quant à Hannah Arendt, elle a incontestablement enrichi le débat philosophico-politique des trois dernières décennies du XXe siècle aussi bien aux États-Unis qu'en Europe par des réflexions originelles, par l'invention des concepts nouveaux et par l'exigence de « reprendre la question du politique »[3] dès le début. En effet, nous trouvons chez elle des analyses profondes des questions sensibles relatives au totalitarisme, au pouvoir politique, à l'*agora*, à la démocratie, à la pluralité, à la *polis* et à

---

3 O. MONGIN, « La réception d'Arendt en France », dans *Politique et pensée. Colloque Hannah Arendt*, Paris, Payot et Rivages, 1996, p. 10.

la violence ainsi que des analyses pertinentes de l'action politique et du sens commun. Ce sont là autant de concepts majeurs d'une anthropologie politique fondée sur une phénoménologie politique de la *praxis* humaine dans la liberté. Aussi, certains auteurs n'ont-ils pas hésité à la considérer comme une grande théoricienne du politique et même comme un génie[4]. Si nous la plaçons dans son contexte historique, nous retrouvons le fil d'Ariane de ses investigations philosophico-politiques ainsi que les thèmes majeurs qui y sont liés.

Le XXe siècle a été politiquement marqué par des événements catastrophiques qui ont bouleversé l'humanité et les catégories traditionnelles de pensée. Deux guerres atroces et meurtrières ont décimé des populations entières et laissé en ruine plusieurs pays et nations, remettant en cause l'idée d'une Europe « civilisée ». On voit, à la même période, surgir le totalitarisme avec le IIIe Reich hitlérien et l'URSS stalinienne. La paix qui suit la fin de la guerre reste une paix fragile, sous la menace constante d'une destruction totale de l'humanité et de la vie par la bombe atomique et les armes nucléaires, aggravée par la méfiance réciproque entre les deux grands blocs antagonistes (l'Est et l'Ouest). Née en 1906 en Allemagne d'une famille juive libérale, Hannah Arendt, non seulement suit de près tous ces événements, mais elle s'y trouve mêlée et les vit au sens propre du terme. Elle sait ce que c'est que l'antisémitisme ; elle a fait l'expérience du camp ; elle a eu pendant dix-huit ans le statut d'une personne sans-État, et donc sans droits. Aux Etats-Unis où elle est devenue citoyenne américaine, elle devient de plus en plus consciente des risques et de la fragilité des

[4]E. YOUNG-BRUEL écrit : « Hannah Arendt n'est pas seulement reconnue comme le théoricien du totalitarisme le plus important et l'auteur de la *Condition de l'homme moderne*, mais comme le théoricien politique le plus important du XXe siècle tout court. Un "génie", comme l'a dit dans un livre récent Julia Kristeva ». (E. YOUNG-BRUEHL, *Hannah Arendt. Biographie*. Traduit de l'américain par Joël Roman et Etienne Tassin, Paris, Calmann-Lévy, 1999, p. XIX). Le livre de Julia Kristeva dont il est question est *Le Génie féminin (La vie, la folie, les mots*), vol. I : *Hannah Arendt*, Paris, Gallimard, 2003.

démocraties modernes à cause de la montée de la violence, de la question sociale et de la guerre du Vietnam. Parce qu'elle émerge dans un pareil contexte historique, la pensée arendtienne reste une pensée profondément liée à l'événement. Elle naît d'événements de l'expérience qu'elle a vécue comme juive, comme exilée, comme sans-papiers, comme apatride, etc. On comprend dès lors l'exigence de penser qui se trouve dans son œuvre car, pour elle, penser, c'est d'abord chercher à donner sens à son destin. Arendt veut comprendre le monde, comprendre les événements qui arrivent au monde et qu'elle vit ; elle veut penser ce qui arrive au monde, « penser ce que nous faisons ». Dès le départ, cette exigence de penser devient l'exigence de penser le mal en politique. Aussi se tourne-t-elle d'abord vers le totalitarisme qui est pour elle un mal radical et un phénomène nouveau, pour en comprendre les origines et la nature, afin de préserver le monde des catastrophes semblables.

Toute la pensée de Hannah Arendt est traversée par le souci de réhabiliter le politique et de lui redonner sens. Cette tâche s'explique parce qu'elle a constaté que la tradition occidentale n'a jamais eu et ne pouvait avoir un concept adéquat de la politique parce qu'elle parle toujours de *l*'homme alors que ce sont *les* hommes qui habitent la terre. Le questionnement principal de sa philosophie porte sur les conditions de possibilité d'un nouveau monde. Penser, c'est aussi pour elle une action de résistance contre le mal et une façon de rendre possible un monde où le politique retrouve son sens et sa dignité. La réhabilitation du politique exige de remonter à la *polis* grecque comme à ce moment fondateur où le politique livre tout son sens et sa spécificité qui empêchent de le confondre avec l'économique et le social. La *polis* grecque résume à elle seule tout le sens arendtien du politique : elle appartient à la sphère publique et participe de l'action. Aussi, la compréhension du politique selon Hannah Arendt repose-t-elle sur la distinction à établir entre le privé et le public, entre le monde de la fabrication et le monde de l'action. Dans la hiérarchie de la *vita activa*, l'action occupe une place éminente : elle est l'activité humaine la plus politique, voire la seule politique parce qu'elle réunit toutes les catégories fondamentales du politique que sont la pluralité, la parole, l'égalité et la liberté. La théorie arendtienne de la liberté s'enracine dans sa théorie de l'action : pour Arendt, être libre et agir c'est une seule et même chose. Cette théorie s'élabore dans l'opposition à toute la tradition de la liberté intérieure, du libre arbitre et de la souveraineté. Car, on n'est libre que parmi les égaux, au milieu des autres. La liberté politique est inconcevable sans pluralité. Ni un sentiment intérieur ni un attribut de la volonté, la liberté politique s'expérimente uniquement dans le cours de l'action. Elle est la capacité de commencer quelque chose de neuf, d'introduire du nouveau dans le monde. Aussi est-elle la raison d'être de la politique. A la lumière de cette pensée arendtienne, le totalitarisme apparaît comme le contraire du politique, parce qu'il est la seule forme de gouvernement hostile à la coexistence et qu'il détruit la condition politique des hommes.

L'on se rend compte, à la suite de ce qui précède, de la différence d'itinéraires empruntés par nos deux philosophes. Nous sommes en présence de deux interrogations qui ont chacune son lieu et sa problématique[5]. Bien plus, Arendt et Merleau-Ponty ont deux « styles » différents d'ontologie et de philosophie politique. S'il existe, comme nous l'avons affirmé plus haut, une relation entre l'ontologie et la philosophie politique, il ne faut pas sous-entendre que la philosophie politique est l'application d'une ontologie. Cette relation n'est pas à penser comme celle qui existerait entre une métaphysique « générale » et une métaphysique « spéciale ». Et l'ontologie n'est pas à comprendre ici comme un ensemble de principes généraux qui gouvernent la philosophie politique et dont est déduite cette dernière. Elle est plutôt une façon particulière dont un discours arrange ses objets et tient ensemble les différents

[5] Il y a toutefois entre Merleau-Ponty et Arendt des recoupements et des motifs de coïncidence qui viennent de leur ancrage commun dans la tradition phénoménologique : les deux philosophes font l'apologie de la manifestation, de l'apparence. Bien plus, dans *La vie de l'esprit*, Arendt dialogue avec Merleau-Ponty et fait une relecture du phénoménologue français. Il y a donc entre les deux une certaine proximité, mais c'est une proximité qui a ses limites.

aspects de son champ de recherche. Quel que soit le domaine auquel on s'intéresse (la métaphysique, l'épistémologie, l'esthétique, l'histoire, la morale, la politique, etc.), il s'agit d'une façon particulière d'aborder des problèmes, de poser des questions et d'articuler les réponses[6]. Quand nous disons donc que les deux philosophes ont deux « styles » de philosopher fort différents, c'est de cette « manière d'interroger »[7] que nous voulons parler. S'enracinant dans l'ontologie de la chair, le style philosophique de Merleau-Ponty se caractérise par le souci et l'effort de penser le mélange et l'ambiguïté, tandis que celui d'Arendt est plus préoccupé à établir des distinctions ; il est marqué par le manque de chiasme et le refus de réversibilité. Il en découle que, quand l'un cherche à tenir ensemble violence et politique, l'autre établit des distinctions entre le politique, l'économique et le social, et oppose radicalement politique et violence.

Nous trouvons chez Merleau-Ponty peu d'indications sur la nature du pouvoir, sur le fondement de l'autorité politique et sur les régimes et leurs propriétés parce que, pour lui, la question fondamentale n'est pas celle de *la* politique mais *du* politique compris comme la question du « rapport de l'homme avec l'homme et la constitution entre eux d'une situation et d'une

---

[6] Voir B.C. FLYNN, « The question of an ontology of the political: Arendt, Merleau-Ponty, Lefort », dans *International Studies in Phylosophy*, vol. 16, n°1, 1984, p. 1-24.

[7] A propos de Merleau-Ponty, C. Lefort écrit : « Le secret de son œuvre comme celui de toute œuvre vraiment grande est qu'elle fait tenir ensemble sans artifice ce qui dans notre expérience est épars et tire de tous côtés. […] Si nous allons d'un écrit à l'autre […] avec le sentiment d'errer dans un même univers, c'est que de l'un à l'autre la même interrogation se refait. Les termes du problème du corps ne sont pas ceux du problème de la société, ni ceux de la perception ceux de l'action, et je ne puis, passant d'un domaine à l'autre, prendre l'un pour référence et penser l'autre par analogie. La vérité est seulement qu'il y a *une manière d'interroger qui s'apprend partout à la fois*, qui s'atteste dans le penser, où l'œuvre s'éprouve en chacun de ses moments comme œuvre de l'Être. » (C. LEFORT, *Sur une colonne absente*, *op. cit.*, p. 40. C'est nous qui soulignons).

histoire qui leur soient communes »[8]. En considérant, à la suite de Machiavel, ce rapport avec réalisme, il trouve que le champ politique est profondément fissuré, que le monde politique est le monde de la violence. En effet, le vivre-ensemble se déploie dans l'horizon indépassable de la contingence et de la violence. La coexistence des consciences incarnées est toujours le théâtre d'une lutte. Merleau-Ponty s'insurge ainsi contre le postulat de la pensée libérale qui consiste en la dénégation de la violence comme milieu de la coexistence. Toutefois, le véritable problème de la politique n'en demeure pas moins celui du dépassement de la lutte et de la violence. A vrai dire, le dépassement de la violence originaire consubstantielle à la vie collective ne se présente pas comme un point final mis à la lutte ou comme une élimination totale de la violence. Pareille élimination étant impossible, ce dont il s'agit c'est seulement de trouver une violence qui soit plus légitime qu'une autre. La reconnaissance de la violence n'est pas un point final mis à la discussion politique, c'est tout au contraire le point de départ de celle-ci à partir de son vrai terrain et selon ses véritables enjeux : « ce qui compte et dont il faut discuter, ce n'est pas la violence, c'est son sens ou son avenir »[9] . Ainsi donc, la violence étant notre lot en tant que nous sommes incarnés, son dépassement ne se comprend que par rapport à un ordre nouveau qu'elle permet d'instituer.

Tout autre est la conception que se fait Hannah Arendt de la violence dans le domaine politique. Pour elle, en effet, la violence est essentiellement et foncièrement antipolitique. Elle ne peut ni engendrer le pouvoir ni l'instituer. Parce que le pouvoir désigne l'aptitude des hommes à agir de manière collective et concertée, c'est lorsqu'il est sur le point de disparaître que la violence surgit. Arendt est catégorique quand elle affirme : « Le pouvoir et la violence s'opposent par leur nature même ; lorsque l'un des deux prédomine de façon

[8] MERLEAU-PONTY, *Signes*, Paris, Gallimard, 1960, p. 363.
[9] MERLEAU-PONTY, *Humanisme et terreur. Essai sur le problème communiste*, Paris, Gallimard, 1947, p. 118.

absolue, l'autre est éliminé »[10]. Instrumentale, imprévisible, individuelle, illégitime, destructrice, muette et irresponsable quant à ses conséquences, la violence prend sa véritable physionomie par opposition au pouvoir qui est un absolu, qui est pluriel et légitime, constructeur, fondé sur une communauté d'actions et de paroles. Dans le domaine politique, il ne faut donc pas confondre pouvoir et violence : alors que le pouvoir est politique parce qu'il se fonde sur la pluralité humaine, la violence reste foncièrement antipolitique parce que, individuelle, elle est un substitut défaillant de l'action. L'idée selon laquelle le contenu de la politique est la violence et la conviction que la domination est le concept central de la théorie politique sont des conséquences préjudiciables d'une théorie où la politique est conçue comme une fabrication et non comme une action. Autrement dit, il se trouve au centre de cette théorie la catégorie moyen-fin à partir de laquelle le politique est interprété dans le cadre d'une finalité extérieure à lui-même. Aussi Hannah Arendt dénonce-t-elle cette substitution du faire à l'agir très remarquable à l'époque moderne. Elle ne pouvait ainsi que s'opposer à Machiavel qui, selon elle, pense la fondation en termes de fabrication et l'interprète comme justification des moyens violents pour une fin suprême.

Merleau-Ponty et Hannah Arendt assument tous les deux l'expérience qu'ils ont connue et chacun essaie d'en rendre compte selon sa perspective et sa problématique. C'est en tant que philosophes qu'ils interprètent cette expérience et tentent de comprendre les événements. Or, selon Merleau-Ponty, la politique ne s'énonce pas dans la « prose du vrai », ce que Arendt reconnaît pour sa part quand elle affirme que la véracité n'a jamais figuré au nombre des vertus politiques. C'est dire la tâche difficile de la philosophie quand elle doit réfléchir sur la politique : l'exigence de vérité qui caractérise le geste philosophique se heurte à un domaine qui par définition ne répond pas aux réquisits du vrai. Aussi les deux philosophes remettent-ils en cause l'expression même de « philosophie politique », sans pour autant renoncer à l'exigence de penser, de

[10] ARENDT, *Du mensonge à la violence*, Paris, Calmann-Lévy, 1972, p. 157.

juger et de comprendre. La question des rapports entre la philosophie et la politique les préoccupe. Comment penser philosophiquement la politique ? Quel est le rôle politique du penseur ? Comment comprendre le rapport entre le discours philosophique et l'action politique ? Phénoménologues, ils privilégient la description des phénomènes et se méfient des affirmations métaphysiques sans rapport concret avec la réalité. Ils affirment la nature paradoxale du politique en tant qu'action de la pluralité. C'est cette nature paradoxale qui explique, pour nous, l'équivocité de la violence politique et l'impossibilité de tenir sur elle un discours univoque. En d'autres termes, la divergence entre Merleau-Ponty et Arendt sur le sens de la violence politique procède du fait que cette dernière est à la fois condition *et* contradiction de l'action politique.

Tous les deux lisent de manière critique Machiavel, considéré par d'aucuns comme théoricien de la violence, mais ils l'interprètent différemment. Toutefois, aussi bien Machiavel que Merleau-Ponty et Arendt affirment la nature paradoxale du politique : l'équivocité et l'ambiguïté du politique mises en lumière par Machiavel, la fragilité des affaires humaines, l'imprévisibilité et l'irréversibilité de l'action affirmées par Hannah Arendt, l'ambiguïté de la vie à plusieurs ainsi que son caractère conflictuel que souligne pour sa part Maurice Merleau-Ponty, tout ceci confirme que le domaine politique est par essence un domaine paradoxal. Prendre au sérieux cette nature, c'est respecter la spécificité du domaine politique, renoncer au monopole d'un discours univoque sur la politique, en appeler à une rationalité ouverte et tenir le lien entre l'être et le devoir-être.

On l'aura noté et souligné : c'est en tant que philosophes que Merleau-Ponty et Hannah Arendt réfléchissent sur la question de la violence en politique. Chacun le fait à partir de son lieu, de sa situation et de ses présupposés philosophiques. Aussi aborderons-nous dans le premier chapitre la question de la relation entre la philosophie et la politique. Comment les deux philosophes l'envisagent-ils et qu'est-ce que la philosophie politique pour eux ? Le deuxième chapitre se veut une tentative de clarification du concept de violence. Il nous prépare à comprendre l'approche anthropologique de la violence que mène Merleau-Ponty et sa justification de la violence progressive (chapitre 3), ainsi que la théorie politique arendtienne de la violence axée autour de l'opposition radicale entre le pouvoir et la violence (chapitre 4). Ces deux théories seront enfin situées face à Machiavel dont la force d'hétérotopie de la pensée sollicite aussi bien Merleau-Ponty que Hannah Arendt (chapitre 5). Tout ce parcours tend à comprendre la violence politique dans son ambiguïté et son équivocité comme l'une des portes d'entrée au cœur de la nature paradoxale du politique. Il nous ramène également au problème du difficile rapport entre la politique et la philosophie, entre ce qui est et ce qui doit être.

Chap. 1. SOCRATE OU LE PHILOSOPHE ET LA CITÉ

1.0. Introduction

Au cœur de leur réflexion sur les rapports entre la philosophie et la politique, nous trouvons, aussi bien chez Merleau-Ponty que chez Arendt, la figure de Socrate. Cette référence au père de la philosophie occidentale a une valeur exemplaire et normative parce qu'elle nous renvoie à l'origine même de la philosophie et apparaît comme un appel à retrouver un idéal qui a été perdu au cours des développements ultérieurs. Le fait que Merleau-Ponty et Arendt se réfèrent explicitement à Socrate quand ils étudient les rapports entre la philosophie et la politique indique qu'ils se retrouvent au moins sur un point : la façon de concevoir le rôle du philosophe dans la cité ou, en d'autres termes, la relation entre l'activité de penser et la vie politique. Ainsi la figure de Socrate condense en elle le résumé de la relation que la philosophie doit normalement entretenir avec la politique et nous donne à voir les points de convergence entre Maurice Merleau-Ponty et Hannah Arendt sur cette question. Dans cette perspective, ce chapitre retrace les grands enseignements à retenir de la vie et de la mort de Socrate en abordant également le problème du lien entre l'événement et la pensée ainsi que celui de l'engagement du philosophe dans la cité.

1.1. Au commencement était Socrate

Il y a un lien historique à la fois essentiel et problématique « entre l'apparition de la philosophie et celle de la liberté politique, incarnée dans la *Cité* grecque et singulièrement dans la démocratie athénienne »[1]. C'est ce lien historique qui est affirmé lorsque l'on situe la naissance de la philosophie en Grèce, et plus particulièrement à Athènes avec Socrate, Platon et Aristote. Il est problématique parce que, d'un côté, la naissance de la philosophie présuppose un bouleversement de la tradition et des autorités aussi bien religieuses que politiques – d'où justement est née la démocratie, et que, inversement, la philosophie entretient avec la cité des rapports qui ont toujours été conflictuels. Socrate incarne l'ambiguïté de ce rapport problématique entre la philosophie et la politique dès leur origine. Sa vie et son enseignement suggèrent une double leçon de portée très considérable pour la philosophie politique : si d'un côté le philosophe trouve sa matière dans l'expérience politique commune, d'un autre côté, il ne fait pas que reprendre la conscience commune ou l'esprit public dans la mesure où ses exigences sont autres et que sa pensée se dissimule en partie derrière les formules courantes. Cela revient à dire que, « quel que soit son acquiescement à l'ordre politique, le philosophe ne se tient jamais pour *entièrement* lié par sa loyauté à l'égard de la cité, *même si celle-ci réalise approximativement un ordre juste et donc conforme aux exigences de la philosophie* »[2]. Il s'agit là d'un rapport ambigu que le philosophe entretient avec la politique et cette ambiguïté est consubstantielle à la philosophie politique.

Fondateur de la philosophie politique, Socrate a vécu cette ambiguïté car il a aussi été la plus illustre victime de la démocratie athénienne. En se référant à lui, Merleau-Ponty et Hannah Arendt soulignent chacun à sa façon cette ambiguïté. Ils disent clairement que sans être identiques, philosophie et politique ne sont pas diamétralement opposées. Et une vraie philosophie politique est celle qui respecte et les exigences de la philosophie et les exigences de la politique. Aussi s'insurgent-ils vigoureusement contre toute tentative ou toute prétention de

---

[1] P. RAYNAUD, S. RIALS, (dir.), *Dictionnaire de philosophie politique*, Paris, PUF, 1996, p. 561.

[2] *Ibid.*, p. 562.

la philosophie à fonder la politique. Car cette attitude découle du préjugé des philosophes à sous-estimer les choses politiques tout en s'accordant à eux-mêmes et à leurs discours une supériorité que leur conférerait la possession de la vérité. C'est le fantasme de l'omnipotence qui se distingue à peine de la tyrannie et que condamnent Merleau-Ponty et Hannah Arendt quand ils invitent les philosophes politiques à renoncer à la posture de maîtriser le politique ou de vouloir que la philosophie légifère sur le politique.

Car, selon la belle expression de Merleau-Ponty, la tentative de tenir « le monde couché à ses pieds » s'abrite derrière l'indignité prêtée au politique. Or la philosophie n'est pas plus « profonde » que la politique et la vie. « Elle ne tient pas le monde couché à ses pieds, écrit Merleau-Ponty ; elle n'est pas un " point de vue supérieur " d'où l'on embrasse toutes les perspectives locales »[3]. Ce serait donc pour elle une erreur de s'installer dans une position de survol ou de surplomb car une telle omnipotence théorique produit une double illusion : pouvoir se détacher du monde ou prétendre le gouverner philosophiquement. La vie et la mort de Socrate sont l'incarnation des rapports difficiles que le philosophe entretient avec la cité. Elles nous révèlent la situation particulière de la philosophie politique et de l'ambiguïté qui est la sienne du fait qu'elle se situe à l'intersection de la philosophie et de la non-philosophie. Il y a une manière politique de Socrate philosophe et réciproquement une manière philosophique de Socrate politique. Et, si Merleau-Ponty critique aussi bien la mauvaise union que la mauvaise rupture de la philosophie et de la politique, c'est pour souligner que leurs rapports sont comme une « action à distance ». Sans préconiser le retour à une prétendue autonomie du philosophique ou du politique comme domaines séparés, on trouve chez lui l'exigence d'une interrogation sans préjugés de la sphère politique, qui tienne compte de sa nature et de sa spécificité, si elle ne veut pas être une idéologie, c'est-à-dire un pur reflet imaginaire du réel.

---

[3] S, p. 40.

C'est le même appel qui se lit sous la plume d'Arendt quand elle invite à regarder la politique « avec des yeux purs de toute philosophie ». Comme le commente M. Abensour, « cette expression signifie d'abord, ne pas envisager la politique du point de vue de la philosophie, de l'intérêt de groupe de philosophes ; ensuite ne pas soumettre l'agir politique à la distinction et à la hiérarchie entre deux modes d'existence, le philosophique et le politique, le premier rang étant accordé au mode de vie contemplatif ; enfin ne pas reproduire les nœuds de la tradition, la peur de l'action, l'orientation vers la mortalité avec ses effets inévitables, la prémisse inégalitaire »[4]. Nous retrouvons dans cet appel, comme chez Merleau-Ponty, le même souci de reconnaître la spécificité du politique et de lui redonner son sens. Et, pour Arendt, il n'y a de politique que là où est reconnue et respectée la pluralité comme condition de tout agir humain concerté en vue du partage du monde commun avec les autres. En conséquence, une philosophie politique vraie est celle qui, à la suite et à l'école de Socrate, sait faire accueil aux choses politiques, dans le respect de cette spécificité qui est la leur et pour en débattre du point de vue de la cité. En effet, Socrate était à la fois philosophe et citoyen, et à travers sa figure se trouve également posée la question de l'engagement du philosophe dans la cité.

---

[4] M. ABENSOUR, « Hannah Arendt contre la philosophie politique ? », dans E. TASSIN (dir.), *Hannah Arendt. L'humaine condition politique*, Paris, L'Harmattan, 2001, p. 39.

1.2. La question de l'engagement politique du philosophe.

Merleau-Ponty et Arendt ont été tous deux confrontés au problème de l'engagement du philosophe dans la cité. En d'autres termes, ils ont été obligés de répondre à la question de savoir si le philosophe doit assumer des responsabilités politiques ou prendre une part active dans le déroulement et le fonctionnement des affaires de la cité : le philosophe doit-il être un homme « engagé » ? [5]. C'est sa méditation de la figure de Socrate qui aide Merleau-Ponty à concevoir essentiellement la philosophie comme une interrogation qui nous empêche de tomber dans le sommeil dogmatique. Aussi nous invite-t-il, dans son *Éloge de la philosophie* où il évoque longuement la figure du « patron » des philosophes, à se rappeler Socrate « pour retrouver la fonction entière du philosophe »[6]. Car, écrit-il,

> « Socrate se fait une autre idée de la philosophie : elle n'est pas comme une idole dont il serait le gardien, et qu'il devrait mettre en lieu sûr, elle est dans son rapport vivant avec Athènes, dans sa présence absente, dans son obéissance sans respect. »[7]

Il s'agit là des paradoxes propres à tout philosopher authentique et qui affectent aussi la notion d'engagement quand elle est envisagée au sens de l'homme d'action que l'on oppose souvent au philosophe. Le philosophe est plutôt celui qui prend du recul pour mieux s'émerveiller et mieux voir :

---

[5] Être engagé, au sens où nous l'entendons ici, c'est se mettre dans, prendre activement part, s'exposer dans toute sa singularité pour une idée, un mouvement, une cause … La question de l'engagement du philosophe en politique a toujours été au centre de grands débats. Comme nous allons le voir, c'est la rupture avec Sartre en juillet 1953 qui a conduit Merleau-Ponty à affiner sa conception de l'engagement et des rapports entre la philosophie et la politique.

[6] EP., p. 39.

[7] EP., p. 41.

> « Il faut être capable de prendre recul pour être capable d'un engagement vrai, qui est toujours aussi un engagement dans la vérité.»[8]

C'est la question de l'engagement du philosophe qui est au centre du débat qui a opposé Maurice Merleau-Ponty à Jean-Paul Sartre[9].

En fait, Merleau-Ponty entreprend la critique philosophique de la notion d'engagement chez Sartre [10] qu'il trouve être une manière de se défaire du monde au lieu d'aller à sa rencontre :

---

[8] EP., p. 60-61.

[9] Le débat entre Merleau-Ponty et Sartre n'est pas un simple problème de coexistence. Il y va du destin même de la pensée philosophique dans son rapport moderne à la politique et à l'histoire comme processus réel. D'où l'intérêt d'en rappeler le contexte. Sartre et Maurice Merleau-Ponty se sont connus à l'école Normale Supérieure en 1927 mais leur profonde amitié date de 1941 alors qu'ils participent à l'aventure éphémère du groupe d'intellectuels résistants « Socialisme et liberté ». A la Libération, ils fondent et dirigent ensemble *Les Temps Modernes*. Leur relation va changer à partir des années 1950. Sartre se rapproche alors du parti communiste tandis que Merleau-Ponty commence à s'en éloigner. En 1952 Sartre publie dans *Les Temps modernes*, sans en informer Merleau-Ponty , l'article intitulé « Les communistes et la paix ». Puis il supprime un chapeau rédigé par Merleau-Ponty qui veut prendre ses distances envers un article très marxisant de Pierre Naville. Claude Lefort, élève et ami de Merleau-Ponty, critique dans la revue les positions de Sartre qui réplique sans ménagement. Merleau-Ponty téléphone alors longuement à Sartre pour l'avertir de son intention de publier dans la revue un article où il précisera sa propre position politique. Sartre refuse. C'est la rupture. L'enjeu de cette opposition entre les deux philosophes est leur conception de l'engagement et des rapports entre politique et philosophie.

[10] « Il est essentiel de comprendre l'engagement au sens sartrien comme un état de fait, lié à la condition humaine comme telle. Nous sommes condamnés à l'engagement de la même façon que nous sommes condamnés à être libres. L'engagement n'est pas l'effet d'une décision volontaire, d'un choix qui lui préexisterait : je ne décide pas d'être ou non engagé car je suis toujours déjà engagé, comme je suis jeté au monde. L'engagement et le délaissement sont un seul et même état de fait. Cette précision est fondamentale car c'est sur cette conception de l'engagement que l'existentialisme affirme ses positions. L'engagement n'est pas l'enrôlement, ni même l'adhésion à tel ou tel parti politique. Il n'est pas même déterminé car il refuse justement la réduction de la situation humaine à un simple déterminisme des causes et des choses.

> « Aujourd'hui comme hier, l'engagement est action à distance, politique par procuration, une manière de nous mettre en règle avec le monde plutôt que d'y entrer, et, plutôt qu'un art d'intervenir, un art de circonscrire l'intervention. »[11]

La critique de la notion d'engagement se situe ici dans la droite ligne de la notion sartrienne de la liberté. En effet, pour Sartre, l'homme est condamné à être libre et à s'engager en choisissant constamment entre les différents possibles qui se présentent à lui. Il s'agit d'une liberté inéluctable et en situation qui le porte à faire des choix politiques et moraux auxquels il ne peut en aucun cas se soustraire. Responsable absolu de tout et devant tous, l'homme crée lui-même son propre destin et, par son choix et sa décision, c'est toute une morale et toute une vie qu'il engage. Ainsi, pour Sartre, la pensée est elle aussi une action sur le monde, et la tâche de l'intellectuel consiste à agir par la littérature en vue de la transformation du monde. Pensée à partir de la négativité pure, cette conception de la liberté ne peut, selon Merleau-Ponty, que permettre des « interventions instantanées dans le monde » ; c'est une sorte d'engagement

---

L'engagement sartrien s'oppose en ce sens au matérialisme selon lequel l'homme n'est que le reflet d'une situation de base économico-sociale. Mais il s'oppose également à l'idéalisme qui postule la contingence de toute situation par rapport à l'éternité d'une "nature humaine". "Nous sommes embarqués " disait déjà Pascal. C'est dans un sens identique que Sartre proclame le devoir d'engagement : nous sommes condamnés à être libres, sans cesse appelés à choisir entre différents possibles. Dans ce cas, personne ne peut prétendre à la neutralité. L'homme, cet être-au-monde, détient une liberté prise dans les choses et insérées en elles. Autrement dit, le sujet ne saurait se retirer au sein d'une pure subjectivité. Donc, refuser de choisir implique néanmoins un choix car c'est choisir de ne pas choisir. Ainsi, quoique nous fassions, nous sommes toujours dans le coup, "embarqués", et par là même responsables. On ne peut pas, pour Sartre, ne pas être engagé. L'engagement est également une obligation morale pour celui qui, refusant le confort de l'attitude contemplative ou de la foi, tire les conséquences éthiques et politiques de son être en situation. C'est particulièrement le cas de l'intellectuel et de l'écrivain, qui, parce qu'ils ont le pouvoir de dévoiler le monde, se doivent de s'engager ». (Patrick Wagner, « La notion d'intellectuel engagé chez Sartre», *Le Portique*, Cahier 1, 2003, mis en ligne le 17 mars 2005. URL : http://leportique.revues.org/document381.html. Consulté le 05 mars 2008).

[11] AD, p. 268.

comme « action à distance ». Aussi la liberté sartrienne est-elle condamnée à l'action pure, par conséquent elle est difficilement ouverte à l'invention de lignes politiques incarnées. Car il y a chez Sartre une circularité de la liberté et de l'action qui le pousse à dire : « on est libre pour s'engager, [...] et *on s'engage pour être libre* »[12]. Cette liberté toujours « égale à elle-même » et qui ne se fait jamais chair est l'attestation d'un pouvoir de choisir qui, après comme avant l'action, reste indemne et intact :

> « Le pouvoir de faire ou de ne pas faire doit s'exercer pour n'être pas un mot, mais il demeure, dans le choix ou après le choix, exactement ce qu'il était avant, et même il n'y a eu choix que pour attester un pouvoir de choisir ou non, qui, sans lui, resterait virtuel.»[13]

En identifiant la liberté et le faire, Sartre raisonne selon le précepte qui dit que mieux vaut se changer plutôt que l'ordre du monde car en fait, l'engagement est chez lui une affaire d'attitude et non d'action [14]. Il est plus une « imagination de soi-même », une posture magique ou morale :

> « S'engager, pour lui, ce n'est pas s'interpréter et se critiquer au contact de l'histoire, c'est recréer lui-même sa relation avec elle, comme s'il était en position de se refaire de fond en comble, c'est décider de tenir pour absolu le sens qu'il invente de donner à son histoire et à l'histoire publique, c'est s'installer délibérément dans l'imaginaire. »[15]

Or, l'action politique et historique est celle qui « court sous les situations et les faits, concède ceci pour obtenir cela, excuse

---

[12] AD, p. 264. Souligné dans le texte.

[13] AD, p. 264.

[14] « Chez lui comme chez Descartes, le principe de se changer plutôt que l'ordre des choses est une manière intelligente de rester soi-même envers et contre tout. La préférence du communisme sans adhésion, comme hier la critique sans parti, est une attitude, ce n'est pas une action » (AD, p. 268).

[15] AD, p. 270-271.

les détails par l'ensemble »[16]. Pareille action s'enfonce dans le monde où elle rencontre l'adversité et le probable. En effet, l'action n'est réelle, elle n'échappe au mythe de l'action pure que lorsqu'elle rencontre un monde de rapports probables, « une situation où elle doit chercher son chemin, et accepter les médiations. *A vrai dire, c'est ici que commence la politique* »[17]. A l'engagement au sens sartrien, Merleau-Ponty substitue donc l'action, dans laquelle la liberté devient véritablement ce qu'elle *fait*, et pas seulement une certaine distance avec ce qu'elle *voit*. En d'autres termes, il faut déterminer les conditions par lesquelles la liberté, par l'écriture ou l'action politique, peut devenir un *faire authentique*.

La portée politique de ce différend philosophique s'éclaire aussi à la lecture des lettres que les deux philosophes se sont échangées lors de leur rupture en juillet 1953[18]. Merleau-Ponty avait prononcé en mai 1953 une conférence intitulée « Philosophie et politique aujourd'hui »[19]. Dans sa première lettre qu'il lui adresse et qui est datée du 18 juillet, Sartre reproche à Merleau-Ponty d'avoir préconisé l'abstention du philosophe face aux événements en soutenant que « le philosophe [...] ne peut pas prendre d'attitude politique »[20]. Il ajoute : « Je te reproche, moi, et bien plus sévèrement, d'abdiquer en des circonstances où il faut te décider comme homme, comme français, comme citoyen et comme intellectuel en prenant ta " philosophie " comme alibi »[21]. En substance, Sartre reproche à Merleau-Ponty d'éluder les problèmes politiques dès lors qu'ils paraissent insolubles et de leur préférer

---

[16] AD, p. 266.
[17] AD, p. 228. Souligné par nous.
[18] Voir *Le Magazine littéraire*, n°320, avril 1994, le dossier intitulé « Sartre, Merleau-Ponty : les lettres d'une rupture ». Ces lettres sont reprises dans MERLEAU-PONTY, *Parcours deux. 1951-1961*, Éditions Verdier, 2000. C'est selon cette édition que nous les citons.
[19] A sa lettre réponse du 8 juillet 1953, Merleau-Ponty joint le résumé de cette conférence dont Sartre lui fait reproche.
[20] P2, p. 136.
[21] *Ibid.* p. 136-137.

la méditation philosophique à laquelle il veut désormais se consacrer.

A ce reproche, Merleau-Ponty répond qu'il n'a jamais renoncé à écrire sur la politique et il s'explique en ces termes :

> « J'ai décidé, depuis la guerre de Corée, et c'est tout autre chose, de ne plus écrire sur les événements à mesure qu'ils se présentent.[...] L'engagement sur chaque événement pris à part devient, en période de tension, un système de " mauvaise foi "... Il y a des événements qui permettent ou plutôt exigent qu'on les juge immédiatement et en eux-mêmes [...] mais la plupart du temps, l'événement ne peut être apprécié que dans le tout d'une politique qui en change le sens , et il y aurait artifice et ruse à provoquer le jugement sur chaque point d'une politique au lieu de la considérer dans sa suite et dans son rapport avec son adversaire. [...] A s'engager sur chaque événement, comme s'il était un test de moralité, à faire tienne, sans t'en rendre compte ou sans le dire à tes lecteurs, une politique, tu te refuses de gaieté de cœur un droit de rectification auquel aucune action sérieuse ne renonce. »[22]

On le voit, Merleau-Ponty ne se replie pas dans l'abstention face à l'événement et dans le quiétisme qu'il a lui-même dénoncé. Il maintient sa distinction entre l'« action de dévoilement » (qui est le propre des intellectuels) et l'« action de gouvernement », et trouve que l'« action d'écrivain [...] consiste à faire le va-et-vient entre l'événement et la ligne générale, et non pas à affronter (dans l'imaginaire) chaque événement comme s'il était décisif, unique et irréparable »[23]. Il poursuit :

> « Cette méthode est plus proche de la politique que ta méthode de *l'engagement continué* (au sens cartésien).

---

[22] *Ibid.*, p.146-147.
[23] *Ibid.*, p.148.

> Or, en cela même, elle est plus philosophique, parce que la distance qu'elle ménage entre l'événement et le jugement qu'on en fait désarme le piège de l'événement et en laisse voir clairement le sens. Je n'avais donc nul besoin de séparer la philosophie du monde pour rester philosophe, – et je ne l'ai jamais fait. [...] J'ai pris soin de parler de Socrate pour montrer que le philosophe n'est pas un faiseur de livres et qu'il est dans la cité. »[24]

Pour Merleau-Ponty donc, l'engagement selon Sartre s'attache à considérer chaque événement singulier et à lui donner un sens décisif et irréparable qui interdit tout droit d'inventaire et de rectification. Aussi lui oppose-t-il le va-et-vient entre le réel de l'événement et la situation d'ensemble. C'est dire que, pour pouvoir mieux juger un événement, il faut le situer dans le contexte de l'ensemble et dans sa dimension historique. C'est encore une fois le refus de considérer la philosophie comme une pensée de survol, qui surplombe le monde, l'histoire et le réel. Comme Socrate, le philosophe est dans la cité, mais l'événement ne lui force pas la main. La vérité de la philosophie et de la politique se trouve dans ce va-et-vient : « Si l'on raisonne sous la catégorie du pur fait, écrit M. Revault D'Allonnes, on se situe au comble du réalisme et on manque la philosophie, si l'on raisonne selon le mythe de l'“ action pure ”, on est au comble de l'idéalisme et on manque la politique »[25]. Or, en reconsidérant et l'action et les principes, en refusant de ramener l'action aux proportions que l'engagement lui impose et en remettant en cause l'engagement tel que Sartre le comprend, Merleau-Ponty veut « d'un seul

---

[24]*Ibid.*, p.148. Pour faire la différence entre l'action de dévoilement et l'action de gouvernement, Merleau-Ponty écrit dans *Les Aventures de la dialectique* : « Il est bon, il est indispensable qu'il y ait, à côté des politiques professionnels, des écrivains qui exhibent sans ménagements quelques-uns des scandales que les politiques masquent toujours, parce qu'elles enrobent dans un tout. Mais, à mesure que la situation se tend et se charge davantage, même s'il continue de s'exercer selon ses principes, l'engagement devient autre chose » (AD, p. 266).

[25] M. REVAULT D'ALLONNES, *op. cit.*, p. 90.

coup guérir l'action de sa paralysie et délivrer la philosophie du bâillon »[26].

Merleau-Ponty veut donc sortir du mythe de l'action pure et de la responsabilité totale et immédiate. Pour être effective, la liberté doit s'enfoncer dans le réel et l'histoire, affronter leur ambiguïté et non se jouer dans l'imaginaire d'une conscience solitaire. L'engagement n'est pas « un art de circonscrire l'intervention », mais « un art d'intervenir ». Alors que Sartre juge qu'il faut réagir sans plus attendre aux événements à mesure qu'ils se présentent au détriment parfois de la réflexion, Merleau-Ponty est, lui, partisan d'une certaine prudence, d'une mise à distance des événements permettant une analyse philosophique de fond, au détriment parfois de l'action. Il nous semble que la vérité du rapport entre la philosophie et la politique se tient dans le va-et-vient entre la réflexion et l'action [27].

Ce qui est plus important pour notre propos, c'est que ce débat entre les deux philosophes a pour nous une validité exemplaire parce que Merleau-Ponty pose des questions sur les rapports de la pensée et de l'action, sur l'insertion du philosophe dans les affaires du monde, en un mot sur la « politique des philosophes ». Selon M. Revault d'Allonnes, « l'interrogation essentielle est peut-être la suivante : une

[26] AD, p. 268.

[27] L'on pourra alors demander : *le débat entre Sartre et Merleau-Ponty est-il un débat philosophique ou politique ?* Il nous semble que cette question est mal posée car elle présuppose déjà une opposition entre la philosophie et la politique. A notre humble avis, ce débat est à la fois philosophique *et* politique. Même s'il paraît difficile d'accorder à Merleau-Ponty sa critique de Sartre, l'importance de ce débat pour nous est qu'il met en lumière deux manières de parler philosophiquement politique. L'une, que refuse Merleau-Ponty, est celle qui fait de la philosophie politique une philosophie de la conscience et qui consiste à parler de la politique de haut. Ici, arrogante, la philosophie incrimine la médiocrité des affaires humaines étrangères au souci de la vérité et se pose en législateur et juge souverain. L'autre, qu'il préconise, est celle qui reconnaît les conditions phénoménales de la politique et son caractère violent, tragique, paradoxal et ambigu, et qui accède au vrai à travers le clair-obscur de la *doxa*.

philosophie peut-elle *fonder* de l'extérieur une politique ? Peut-elle – et, si oui, à quelles conditions ? – traiter de l'" action pure " autrement que comme d'un mythe ? Et si la philosophie ne constitue pas la politique en une sorte de " mythologie méthodique ", comment peut-elle lui donner sens en s'abstenant d'en faire sa propre effectuation ? »[28] . Si l'on peut « parler philosophiquement politique », la condition première et la plus essentielle serait de ne pas aligner l'exigence d'intelligibilité sur un fondement capable d'assurer les opérations de l'esprit. Autrement dit, pour rencontrer la politique et sa vérité, il faut renoncer à la fonder. Or il y a chez Sartre une philosophie de la conscience, une « folie du cogito »[29] qui, en favorisant le tête-à-tête avec la vérité, fait du philosophe un « législateur souverain » qui soumet à sa raison le monde et la réalité humaine. Ce cartésianisme l'empêche de reconnaître que l'équivoque se trouve dans les faits et le conduit jusqu'à l'obscurité de l'action pure. Merleau-Ponty s'oppose au projet sartrien de justifier, fût-ce partiellement, la politique communiste à partir de *ses* propres principes. Le théoricien qui prétend livrer la vérité en toute objectivité oublie que le probable est la seule médiation entre le « pur fait » et la « décision », car les faits ne nous indiquent leur sens que sous la forme du « il semble » et une signification tremblante, c'est-à-dire probable, ne peut prétendre fonder la politique :

> « Entre le "pur fait", qui a le sens qu'on voudra, et la décision, qui lui en donne un seul, il n'y a pas de médiation. La médiation, ce serait le probable, le sens que les faits *semblent* recommander. Mais cette signification tremblante ne peut fonder la politique. »[30]

---

[28] M. REVAULT D'ALLONNES, *La chair du politique*, Paris, Michalon, 2001, p. 71-72.

[29] « Ce qui distingue Sartre du marxisme [...] c'est donc toujours sa philosophie du cogito. C'est par le front que l'homme est rattaché à l'histoire : le cogito tient la gageure qu'il a faite d'être tout ce que nous sommes en assumant même notre situation devant les autres. Cela le conduit loin, jusqu'à l'obscurité de l'action pure. Il y a une folie du cogito qui a juré de rejoindre son image dans les autres » (AD, p. 221).

[30] AD, p. 161.

Bien plus, le philosophe qui croit que la vérité se trouve dans le face-à-face de la conscience et des choses, du sujet et de l'objet, se fait de la vérité une conception dogmatique et non dialectique ; ignorant la chair et l'épaisseur de l'histoire, ignorant la contingence et le probable, il croit que le discours qu'il tient *sur* la politique est du même coup le discours *de* la politique. C'est cette idée d'objectivité que justement Merleau-Ponty remet en cause en faisant de la dialectique un milieu où tout est à la fois et inséparablement vrai et faux. Aussi récuse-t-il toute tentative d'installation de la philosophie dans une logique de l'institution ou de la fondation inaugurale de la politique. Car il n'appartient pas à la philosophie de conférer la dignité à la politique et de prononcer ainsi sa destitution si elle ne répond pas à ses exigences dogmatiques. L'exigence politique et l'exigence philosophique étant deux exigences différentes, l'on ne peut demander à la première d'incarner la nature de la seconde car aucune politique ne s'énonce dans la « prose du vrai ». C'est la raison pour laquelle M. Revault D'Allones estime que « le philosophe qui écrit une "philosophie politique" ne rencontre pas nécessairement la politique. Il ne la rencontre qu'en renonçant à la prétention de la fonder en vérité pour surmonter ses apories »[31]. C'est au contact du réel que la liberté s'éprouve durablement et non dans l'imaginaire d'une conscience solitaire.

Comme Merleau-Ponty, Arendt attache pour sa part une importance particulière à la dimension interrogative de la philosophie dans son rapport avec la politique. Car, « si la pluralité est la condition transcendantale de l'agir politique, ce qui, en retour, émerge alors comme la condition effective d'une politique [authentique], c'est l'exercice interrogatif et réfléchissant de la pensée, qui se confond avec le principe d'un philosopher politique »[32]. Dans la Grèce antique, la figure de Socrate incarne cette activité de pensée dans le monde de la

---

[31] M. REVAULT D'ALLONNES, *op. cit.*, p. 93.

[32] E. TASSIN, *Le trésor perdu. Hannah Arendt – l'intelligence de l'action politique*, Payot, Paris, 1999, p. 51.

pluralité qui est le principe du philosopher politique. Toute sa vie durant, Arendt a assumé cet exercice réfléchissant de la pensée toujours en vue de « comprendre » et, comme Merleau-Ponty, elle s'est méfiée du danger de l'action politique. Elle fut plus une intellectuelle préoccupée de comprendre qu'une femme engagée dans le combat politique contemporain, considérant qu'un engagement trop fort dans les événements politiques nuit à leur compréhension.

Ainsi, le refus de s'engager chez Arendt n'est ni une couardise ni une impuissance d'intellectuelle : c'est plutôt une position délibérée de celle qui veut garder son impartialité afin de mieux juger. Cela ne veut pas dire que Hannah Arendt méprise l'action ; elle est bien au contraire parfaitement consciente de son danger. Plusieurs philosophes ont succombé à ce danger, à l'exception de Socrate et de Kant : ils sont philosophes de la pluralité et on ne trouve ni chez l'un ni chez l'autre de « doctrine ». Le danger de l'engagement dans l'action est donc le risque de ne plus comprendre [33]. Engagé dans l'action, l'acteur n'est plus capable d'impartialité ; il lui manque cette distance qui permet d'apprécier l'événement. Aussi Arendt lui préfère-t-elle la position du spectateur [34] et là encore elle est fidèle à Kant [35]. En effet, elle écrit dans l'une de ses conférences sur Kant :

> « Chez Kant, la distinction courante – ou l'antagonisme – entre théorie et pratique dans les questions politiques correspond à celle du spectateur et de l'acteur. Et, à

[33]Nous venons de le voir, c'est le même reproche que Merleau-Ponty adresse à Sartre.

[34] Le concept de « spectateur » fait partie des concepts que H. Arendt découvre dans la théorie kantienne du jugement. Quand on connaît l'influence que cette dernière a exercée sur sa théorie politique, on comprend l'intérêt que, à la suite de Kant, elle accorde au « spectateur ».

[35] Arendt est une « spectatrice désintéressée » au sens du désintéressement kantien. Aussi se plaisait-elle à répéter ces mots de Pythagore qui a dit que les uns vont aux Olympiades « pour la gloire, les autres pour faire du commerce, mais les meilleurs d'entre eux s'assoient sur les gradins de l'amphithéâtre juste pour le spectacle » (Arendt citée par S. COUTINE-DENAMY, *Hannah Arendt*, Paris, Hachette, 1997, p. 136).

> notre grande surprise, nous avons constaté que le spectateur avait la préséance : ce qui compte dans la Révolution française, ce qui en fit un événement de l'histoire du monde, un phénomène inoubliable, ce ne furent ni les actes de gloire ni les méfaits des acteurs, mais les opinions et l'approbation enthousiaste des spectateurs, de ceux qui n'étaient pas eux-mêmes engagés. »[36]

C'est donc par rapport à la compréhension qu'ils ont du rôle du philosophe dans la cité que Merleau-Ponty aussi bien qu'Arendt se méfient de son engagement direct dans les affaires politiques. Comme Socrate, le philosophe a une fonction critique vis-à-vis de la cité, et le recul dans lequel il doit se maintenir est nécessaire à la compréhension et au jugement de l'action politique qui n'est pas sans difficultés dans la mesure où le philosophe, et à son instar les intellectuels en général, ne sont pas à l'abri du fanatisme, de la barbarie ou du culte de la force. En fait, ils éprouvent toujours quelques difficultés à s'engager totalement. Merleau-Ponty a souligné dans *Éloge de la philosophie* la traîtrise potentielle de tout philosophe quand il écrit :

> « Le philosophe est un étranger dans cette mêlée fraternelle. Même s'il n'a jamais trahi, on sent, à sa manière d'être fidèle, qu'il pourrait trahir, il ne prend pas part comme les autres, il manque à son assentiment

---

36 ARENDT, *Juger*, p. 102. Pour sa part, Arno MUNSTER n'est pas d'accord avec le fait que Arendt confine Kant dans les strictes limites du « spectateur » à propos de la Révolution Française et qu'elle ait minimisé la dimension de son engagement politique : « On peut effectivement exprimer le regret qu'Arendt, dans ses analyses et réflexions consacrées à Kant, n'ait peut-être pas assez souligné ce rôle d'un « Kant révolutionnaire », qu'elle ait volontairement minimisé la dimension de l'engagement politique réel de Kant en faveur des valeurs républicaines constitutionnelles et qu'elle ait, de surcroît, voulu substituer le rôle d'un Kant *acteur* sur la scène philosophico-politique de son époque, avec ses écrits et prises de positions publiques (certes prudentes et souvent modérées), par celui d'un Kant *spectateur* non ou assez peu engagé *politiquement* » . (A. MUNSTER, *Hannah Arendt contre Marx ?*, Paris, Hermann Editeur, 2008, p. 351).

quelque chose de massif et de charnel… Il n'est pas tout à fait un être réel. »[37]

Merleau-Ponty oppose à « l'homme sérieux », c'est-à-dire « un homme d'une seule chose à laquelle il dit oui », une autre modalité d'existence : celle du philosophe. Le philosophe n'épouse jamais le mouvement de la vie dans son affirmation massive. Bien que présent au monde, il en prend distance, il s'en absente pour interroger le sens. L'antériorité du vécu sur la pensée et l'inhérence historique du penseur sont irréductibles. Sans esquiver ces impasses, le philosophe se refuse le droit de s'installer dans la fausse innocence et la pseudo-certitude. C'est cela qui le rend insupportable et c'est pour cela qu'il est toujours considéré comme un traître éventuel. Il en est conscient, et c'est pour sauvegarder sa liberté de pensée et de jugement qu'il se méfie de l'engagement, se cantonnant dans son rôle de préserver l'aspiration à la vérité. Cette liberté, il la vit dans son inhérence à l'histoire, attentif aux événements qu'il ne cesse de penser pour en déchiffrer le sens : le philosophe pense et juge l'événement.

1.3. Penser l'événement. Phénoménologie et politique

Si Merleau-Ponty et Arendt évoquent dans leurs œuvres la figure de Socrate, ce n'est ni par simple érudition philosophique ni au nom d'une quelconque nostalgie de la cité grecque, c'est plutôt pour essayer de réconcilier la philosophie et la politique, la pensée et l'action, en vue surtout de comprendre le temps dans lequel ils ont vécu. Les deux philosophes ont vu le jour dans la première décennie du XXe siècle ; ils ont connu la Guerre et ses conséquences, ils ont été confrontés aux problèmes soulevés par le totalitarisme et le marxisme. Ils ont été témoins de la plus extrême barbarie produite par l'Europe avec l'antisémitisme nazi et la Solution Finale qui ont définitivement marqué l'époque du sceau de l'horreur et de l'irrationalité absolues. Comme l'écrit Joël Roman, « il y a une

---

[37] EP, p. 60.

expérience irréductible de l'histoire contemporaine, qu'il s'agisse de la Seconde Guerre mondiale ou, plus tard, de la guerre froide et de la Révolution hongroise : celle d'une dépossession, d'un enrôlement dans quelque chose qui n'a pas été voulu »[38].

C'est cette expérience que Merleau-Ponty et Arendt ont assumée dans leur réflexion et c'est d'elle qu'ils ont tenté de rendre compte. Malgré la différence de leurs problématiques, ils ont une conception du rôle de la philosophie qui se ressemble à bien des égards et ils s'inscrivent tous deux dans la tradition phénoménologique qui privilégie la description des phénomènes et de l'expérience et se méfie des affirmations métaphysiques absolues sans rapport concret avec la réalité. Même Arendt qui ne voulait pas être considérée comme « philosophe » s'est définie comme « une sorte de phénoménologue »[39]. Elle soulignait par là son ancrage dans la

[38] J. ROMAN, « Penser la politique sans philosophie de l'histoire : Arendt et Merleau- Ponty », dans *Traversées du XXe siècle*, p. 56.

[39] En refusant d'être considérée comme « philosophe », Hannah Arendt se présentait cependant comme « une sorte de phénoménologue » dont la démarche consistait à démanteler la métaphysique et la philosophie avec toutes ses catégories pour s'attacher au phénomène longtemps méprisé par les philosophes. Arendt se réclame de la tradition de la philosophie allemande, et les philosophes auxquels elle se réfère sont ceux de la tradition moderne de la phénoménologie (Kierkegaard, Schelling, Husserl, Heidegger et Jaspers). Mais il s'agit pour elle d'une phénoménologie qui ne devrait rien à Hegel ni à Husserl, c'est-à-dire « une phénoménologie qui ne ramènerait plus les phénomènes à une conscience subjective, caractéristique, depuis Descartes, de la mentalité moderne, et qui condamne au solipsisme, au repli sur soi, à la perte du sens du réel et des capacités humaines » (S. COURTINE-DENAMY, *Hannah Arendt*, *op. cit.*, p. 150). L'originalité de la phénoménologie arendtienne se laisse voir dans les phénomènes qu'elle s'est efforcée de penser phénoménologiquement : le travail, l'œuvre et l'action dans un premier volet et l'activité de penser dans le deuxième volet. Sa « méthode », ou du moins « l'hypothèse fondamentale » qui a guidé sa recherche a été, comme elle le dit elle-même dans *La vie de l'esprit*, de « démanteler la métaphysique ainsi que la philosophie et ses catégories, telles que nous les connaissons toutes les deux, depuis leur début en Grèce et jusqu'à ce jour » (VE, p. 271). C'est que, le fil de la tradition s'étant rompu, il est désormais possible de libérer et même de libéraliser la pensée. Il s'agit d'un démantèlement qui n'est pas en lui-même destructeur car il reste attaché dans sa visée au phénomène :

tradition phénoménologique et indiquait de la sorte que sa démarche consistait à démanteler la métaphysique avec toutes ses catégories, en s'attaquant surtout aux arguments spécieux sous lesquels elle enrobe l'activité de pensée. Ce travail de démantèlement se fait au bénéfice de l'attachement aux phénomènes longtemps méprisés par les philosophes. En ce sens, le démantèlement des catégories métaphysiques et la manifestation des phénomènes ont partie liée. Il s'agit de situer l'activité de penser par rapport à l'action et à son monde, et exprimer ainsi l'appartenance du penseur au monde des apparences. Et, « déconstruire un argument ou une catégorie métaphysique c'est à chaque fois pour Arendt exhiber une figure du paradoxe »[40] qui tient à la condition paradoxale du penseur d'appartenance et de retrait par rapport au monde des phénomènes. Comme l'affirme Jacques Taminiaux, il est incontestable que cette déconstruction s'inspire largement des derniers travaux de Merleau-Ponty[41]. Ce qui souligne une fois encore la proximité entre les deux philosophes marquée ici par leur ancrage commun dans la tradition phénoménologique. Phénoménologues, Arendt et Merleau-Ponty veulent donc revenir aux choses politiques elles-mêmes au delà de tout « philosophisme »[42].

Tous deux ont cherché à « repenser le politique selon une inspiration phénoménologique mais aussi, indissociablement, repenser la phénoménologie à partir d'une pensée du politique »[43] de façon à nouer un lien entre la phénoménologie et la politique. En d'autres termes, l'exigence

contrairement à Husserl, il ne coupe pas du monde pour atteindre un ego transcendantal mais il veut rendre visible le lien entre la pensée et l'expérience vécue.

[40]J. TAMINIAUX, « Le paradoxe de l'appartenance et du retrait », dans *Politique et pensée. Colloque Hannah Arendt*, Paris, Payot, 2004, p. 126.

[41] *Ibid.*, p. 128.

[42] Arendt critique la philosophie politique parce qu'elle tend à tenir la politique sous son emprise et aboutit à une occultation de la *praxis*. Sa critique se rapproche en ce sens de celle de Merleau-Ponty qui disait que « la philosophie ne tient pas le monde couché à ses pieds ».

[43] P. RAYNAUD, S., RIALS, (dir.), *Dictionnaire de philosophie politique*, Paris, PUF, 1996 p. 544.

phénoménologique de revenir aux choses mêmes permet de résoudre la difficulté inhérente au rapport entre la philosophie et la politique, « à savoir l'inscription de la philosophie dans le champ de la politique et réciproquement l'inscription de la politique dans le champ de la philosophie »[44]. Même si chez Arendt la thématisation de la phénoménologie n'est pas aussi élaborée que celle que l'on trouve chez Merleau-Ponty, ce qu'il y a de commun chez les deux penseurs c'est « un certain nouage de la relation philosophie/politique à partir du *primat de la perception* »[45]. Ce dernier constitue le noyau dur de la pensée de Merleau-Ponty. Hannah Arendt rencontre aussi le primat de la perception mais à partir de la pluralité comme donnée politique fondamentale qui est indissociable du thème de l'apparaître car il s'agit bien d'une pluralité phénoménale. Merleau-Ponty et Arendt abordent donc frontalement la difficulté matricielle du rapport problématique entre la philosophie et la politique quand l'un se demande si la politique peut jamais s'énoncer dans la « prose du vrai » et que l'autre va jusqu'à dénoncer le caractère anti-politique de la philosophie politique. Cette tension irréductible inscrite au cœur de la philosophie politique constitue sa difficulté majeure, et si l'approche phénoménologique de la politique ne permet pas de résoudre cette difficulté, elle contribue « au moins à constituer une nouvelle " figure " propre à l'éclairer différemment en prenant précisément acte de l'irréductible résidu d'inintelligibilité propre au politique » [46].

Comment alors Merleau-Ponty et Arendt assument-ils l'exigence phénoménologique de « revenir aux choses mêmes » quand ils réfléchissent sur la politique ? L'on sait que la perception tient une grande place et joue un grand rôle dans la philosophie de Merleau-Ponty. En effet, « savoir absolu de la philosophie », la perception est à la fois un horizon de sens et

---

[44] M. REVAULT D'ALLONNES, « Merleau-Ponty : de la perception à l'action. Les conditions phénoménales de la politique », dans BONAN, R., (éd.), *Merleau-Ponty. De la perception à l'action*, Publications de l'Université de Provence, 2005, p. 106.

[45] *Ibid.*, p. 106.

[46] *Ibid.*, p. 110.

un modèle d'existence. Du coup, le style phénoménologique et son mode de compréhension, parce qu'il fait parler toutes les expériences humaines dans leur diversité, vaut aussi bien pour la perception que l'histoire et la politique, étant donné que la même structure d'être se retrouve sous tous les rapports. En d'autres termes, le style phénoménologique est une manière propre d'interroger le monde qui est valable pour toutes les expériences humaines dont il cherche à révéler la phénoménalité, parce que l'Être est ce qui apparaît. Et l'apparence implique toujours une multiplicité de points de vue et de perspectives sous lesquels elle est appréhendée. Tout discours et toute action sont donc situés, et l'inhérence du sujet au temps et au monde étant fondamentalement ambigu, le style phénoménologique exclut toute alternative dualiste dans la compréhension du sujet, du monde, de l'histoire et de l'action politique. Ainsi se caractérise l'approche phénoménologique considérée dans la perspective de Merleau-Ponty où elle est explicitement thématisée. Elle converge avec la démarche Arendt pour qui l'expérience politique est une expérience de la pluralité phénoménale. En effet, comme « loi de la terre », la pluralité nous renvoie à la phénoménalité du politique qui nous renvoie à son tour à la phénoménalité du monde. C'est que, l'affirmation de la nature phénoménale du monde conduit à la position d'une pluralité qui a une valeur ontologique. Ce qui conduit M. Revault d'Allonnes à faire l'hypothèse suivante : « "revenir aux choses mêmes" implique pour Hannah Arendt un renversement de la hiérarchie métaphysique traditionnelle qui affirme la suprématie de l'Être sur l'apparaître »[47]. C'est ce renversement qui permet de redonner à

[47] *Ibid.*, p. 113. Dans son commentaire, M. Revault d'Allonnes s'appuie sur ce passage de *Qu'est-ce que la politique ?* : « La politique repose sur un fait : la pluralité humaine … La philosophie ne peut jamais que s'occuper de *l*'homme au singulier. Voilà pourquoi chez presque tous les grands penseurs la différence de niveau entre les philosophies politiques et le reste de leurs œuvres saute aux yeux. La politique ne parvient jamais à la même profondeur. Le sens de la profondeur qui fait défaut n'est rien d'autre qu'un sens défaillant pour la profondeur dans laquelle est ancrée la politique. » (ARENDT citée p. 113).

la politique « le sens de la profondeur qui lui revient », ce que Revault d'Allonnes explicite et commente en ces termes :

> « Autrement dit, la seule manière de retrouver ce sens de la profondeur consiste à redonner au politique sa nature phénoménale, à restaurer la coïncidence de l'Être et du Paraître et à affirmer la "valeur de la surface". »[48]

Parce que l'apparence est toujours appréhendée sous une pluralité de perspectives, la phénoménalité du politique s'oppose à la tyrannie et à l'absolu d'un spectateur unique et est du même coup incompatible avec une position de maîtrise et de surplomb. Ainsi donc, chez Merleau-Ponty comme chez Arendt, l'approche phénoménologique implique la déconstruction de la métaphysique. En privilégiant l'apparence, elle va à l'encontre du fantasme de la maîtrise et de l'omnipotence propres aux philosophes et met l'accent sur la multiplicité et la pluralité de perspectives nécessaires à la présentation de l'apparence et à la manifestation du monde comme monde commun. Le politique en sort réhabilité et reconnu dans sa spécificité et sa condition phénoménale.

C'est pourquoi, il convient de noter que, « si diverses et divergentes que soient les orientations qu'elle a pu suivre, la phénoménologie politique est de part en part animée par l'ambition de montrer en quel sens et dans quelle mesure la vie politique est une manière privilégiée de préserver l'humanité de l'homme entendue comme humanité qui réside à la fois dans l'existence (la transcendance, la non-coïncidence avec les déterminations) et l'être-au-monde »[49]. La notion de monde comme monde commun et notre lieu d'habitation est très importante pour la tradition phénoménologique. Ce monde, le même, nous est pourtant donné à voir sous plusieurs perspectives. Ce sont les hommes et non l'homme qui habitent le monde et ce dernier est justement ce qui se tient entre eux. Aussi Arendt fait-elle de la pluralité la condition constitutive de

---

[48] *Ibid.*, p. 114.
[49] *Dictionnaire de philosophie politique*, *op. cit.*, p. 548.

la politique. Pour sa part, par le primat qu'il accorde à la perception, Merleau-Ponty veut retrouver lui aussi la condition véritable d'un monde « berceau de significations » et d'un sujet toujours déjà tourné vers le monde. L'approche phénoménologique apparaît ainsi comme « le fait d'une philosophie ou d'une pensée [...] pour laquelle le monde nous précède toujours, ce qui fait que les tentatives de rationalisation politique sont nécessairement partielles et affectées d'une irréductible contingence. Paradoxalement, la rumination des difficultés intrinsèques à la relation philosophie/politique est une tentative pour s'orienter à la fois dans la pensée et dans le champ de l'expérience historique et politique : l'intérêt est précisément qu'on ne peut déboucher que sur des constructions provisoires, essentiellement instables. C'est *a minima* la reconnaissance des conditions *phénoménales* de la politique qui nous permet d'y accéder »[50].

Nous pouvons dire que la devise de la phénoménologie arendtienne a été : « penser ce que nous faisons », « apprendre du phénomène en le questionnant », « ne rien rechercher derrière les phénomènes qui sont en eux-mêmes la doctrine »[51]. C'est que, comme l'affirmait Merleau-Ponty, le philosophe exerce son regard « car philosopher, c'est chercher, c'est impliquer qu'il y a des choses à voir et à dire »[52], le philosophe étant précisément « l'homme qui s'éveille et qui parle »[53]. L'on comprend donc pourquoi nos deux auteurs ont eu la passion de l'événement, philosopher étant pour eux indissociable du questionnement sur le sens des événements du monde dans lequel ils ont vécu. Merleau-Ponty n'a pas construit de théorie politique générale parce qu'il est hostile aux systèmes et qu'il veut plutôt être plus près de l'événement pour le raconter, le penser et chercher d'en comprendre le sens. En effet, alors qu'un système se construit à partir des déductions, une expérience se raconte. Il le dit lui-même explicitement à propos

---

[50] M. REVAULT D'ALLONNES, « Merleau-Ponty : de la perception à l'action », *op. cit.*, p. 116.
[51] Voir S. COURTINE-DENAMY, *Hannah Arendt*, *op. cit.*, p. 153.
[52] EP, p. 45.
[53] EP, p. 63.

de son livre *Les Aventures de la dialectique* [54], mais cela est aussi vrai de tous ses écrits politiques où nous le voyons réfléchir au contact des événements :

> « A l'épreuve des événements, écrit-il, nous faisons connaissance avec ce qui pour nous est inacceptable et c'est cette expérience interprétée qui devient thèse et philosophie. Il est donc permis de la raconter franchement, avec ses reprises, ses ellipses, ses disparates, et sous bénéfice d'inventaire. »[55]

La réflexion sur la philosophie politique de son temps et l'expérience de l'événement sont liées dans une interrogation sur le sens par delà les circonstances fortuites d'où la pensée tire son inspiration. C'est dire que le philosophe se laisse toucher par l'événement en recherchant, non les causes lointaines dont il dérive, mais sa source de sens. Il trouve en lui, en ce qui se passe ici et maintenant, la réalité du réel. Ainsi, « l'absolu philosophique ne siège nulle part, il n'est donc jamais ailleurs, il est à défendre en chaque événement »[56] car tout événement est symbolique et en lui se lit la vérité du temps[57].

---

[54] *Les Aventures de la dialectique* ne sont ni un traité de philosophie de l'histoire ni un système. Merleau-Ponty récuse de considérer ainsi son livre. Alors qu'un système se construit à partir des déductions, une expérience se raconte. Et Merleau-Ponty choisit tout simplement de faire le récit d'une « aventure » qui, si elle n'en était pas à sa fin, était du moins à la fin de son plus récent épisode. C'est une façon particulière et anecdotique de philosopher, qui se fait au contact des événements et des circonstances. Il était en effet plus urgent pour Merleau-Ponty de prendre position à l'égard d'une problématique philosophico-politique qui fut pendant plus de dix ans celle des intellectuels français. Pour le dire clairement, s'il n'est pas tout à fait le « récit d'une désillusion », le livre de Merleau-Ponty est au moins le constat d'une rupture avec le progressisme de l'équipe des *Temps Modernes*, avec l'« ultra-bolchevisme » de Sartre et avec l'attitude d'« attentisme marxiste » préconisée huit ans plus tôt par l'auteur dans *Humanisme et Terreur*. Le livre n'est ni un traité de philosophie de l'histoire ni un système ; l'auteur réfléchit au contact des événements.

[55] AD, p. 9.

[56] EP, p. 62.

[57] Voir C. LEFORT, *Sur une colonne absente. Écrits autour de Merleau-Ponty*, Paris, Gallimard, 1978, p. 61-62.

La situation du philosophe ne diffère de la situation commune qu'en ceci qu'il est mis en demeure de la penser. Il y a, comme l'écrit C. Lefort, un paradoxe de l'histoire auquel la philosophie politique donne sens :

> « Elle ne peut ni s'abandonner entièrement à la vérité de ce qui advient ici et maintenant, ni trouver refuge dans un système où se trouveraient une fois pour toutes énoncées les lois de l'histoire. Et par conséquent, la situation du philosophe, bien qu'elle ne soit jamais la même, compose toujours une même tâche. Il lui faut, à chaque fois, se soumettre à l'épreuve du particulier, faire siennes les questions de son époque et se laisser conduire par elles jusqu'aux questions dernières, s'interroger sur l'essence de la politique, rencontrer donc les questions anciennes de la philosophie. »[58]

Nous pouvons dès lors comprendre que le refus d'écrire des ouvrages généraux sur la politique ou de bâtir une théorie politique est dicté chez Merleau-Ponty par le souci d'éviter le « survol » et d'échapper à la tentation de l'omnipotence qui guette le philosophe en permanence. Le choix de demeurer plus près de l'événement révèle que « la seule façon d'accélérer le rythme de la pensée pour l'égaler à celui de l'action serait justement de *demeurer volontairement dans le circonstanciel* sans quitter le point de vue critique »[59]. Ainsi, au détour des analyses ponctuelles, très soucieuses de ne pas tomber à leur

---

[58] *Ibid.*, p. 62-63.

[59] R. BONAN, *L'institution intersubjective comme poétique générale. La dimension commune*. Volume 2, p.141. Le rythme de la réflexion et celui de l'action doivent être accordés. Ainsi, il n'existe pas pour Merleau-Ponty de « philosophie séparée » : « En réalité, écrit-il, nous ne vivons pas dans deux ordres, celui de la conscience et celui de l'événement-chose. Il n'y a pas de philosophie séparée et le plan des événements est une limite qui n'est atteinte que par le chef d'État ou de parti dans certains moments décisifs. La plus grande partie de l'action se passe dans l'entre-deux entre les événements et les pures pensées, ni dans les choses ni dans les esprits, mais dans la couche épaisse des actions symboliques qui opèrent moins par leur efficace que par leur sens. À cette zone appartiennent les livres, les conférences, mais aussi les meetings » (P2, p. 163-164).

tour dans une tentation de la totalisation et du dogmatisme qu'elles s'emploient à critiquer, Merleau-Ponty affiche de manière indéniable sa volonté de ramener la pensée du politique sur le plan de l'apparence et de la visibilité. Interventions ponctuelles, ses textes politiques sont de prise de parti et ils prennent place à l'intérieur des tensions violentes que subit « un penseur original et discret »[60]. Ils font référence à des événements majeurs de l'après guerre, tant sur le plan extérieur qu'intérieur. La pensée politique qu'ils véhiculent devient en quelque sorte pour leur auteur « une tentative d'effectuation, au sens où son refus de rédiger des ouvrages généraux sur ces questions et sa manière de se tenir à la bonne distance de l'événement pour le comprendre, sont la pratique qu'il revient au philosophe d'adopter pour agir à sa façon dans le champ politique »[61] . On voit par là comment penser et comprendre les événements et la politique de son temps deviennent pour le philosophe une sorte d'action et comment cette attitude réconcilie la philosophie et la politique sans les identifier ni réduire ou soumettre l'une à l'autre. Il en découle une nouvelle idée d'engagement explicitée par R. Bonan en ces termes :

> « Loin de tomber dans un apolitisme lié au développement intrinsèque de sa réflexion et de ses présupposés phénoménologiques, Merleau-Ponty donnerait un nouveau contenu à l'idée d'engagement, reléguant celui de nature proprement existentialiste, *« l'engagement continué »* au rang de politique pour philosophes, celle que « personne ne *fait »,* et cherchant une réconciliation durable de la philosophie et de la politique dont il constate lui-même la « mauvaise rupture ». Il s'agit donc de retrouver le sens de la continuité des deux dimensions et Merleau-Ponty le cherche, ici comme ailleurs dans la continuité du sens. »[62]

---

60 B. SICHERE, *Merleau-Ponty ou le corps de la philosophie*, Paris, Grasset, 1982, p. 127.
61 R. BONAN, *op. cit.*, p. 160.
62 *Ibid.*, p. 142.

De la même manière, par le biais de l'interrogation sur les événements et la recherche de leur sens, Hannah Arendt parvient à une articulation entre la pensée et la politique. L'on connaît les trois célèbres questions qu'elle pose quand elle se propose d'étudier le totalitarisme : « Qu'est-ce qui s'est passé ? Pourquoi cela s'est-il passé ? Comment cela a-t-il été possible ? ». Ces questions contiennent et expriment le souci qui sera le sien tout au long de sa vie : chercher à comprendre en se tournant vers l'histoire pour interroger les événements afin d'en tirer la signification. Il s'agit de comprendre les événements de son temps car ce sont les faits et les événements qui constituent la texture même du domaine politique. Un lien très fort unit la pensée à l'événement car « la pensée elle-même naît d'événements de l'expérience vécue et doit leur demeurer liée comme aux seuls guides propres à l'orienter »[63] de telle sorte qu'une pensée qui n'est plus liée à l'événement « est astreinte soit à perdre complètement sa signification soit à réchauffer de vieilles vérités qui ont perdu toute pertinence concrète »[64]. Par ces affirmations, Arendt théorise ce qu'elle-même fait. En effet, sa pensée naît d'événements de l'expérience qu'elle a vécue (comme juive, comme exilée .. .). Tout en s'interrogeant sur ce qui produit le mal dans la société où elle vit, elle est aussi un penseur qui croit à la force du bien. Mais, pour elle, penser, ce n'est pas seulement être rattaché à, c'est chercher à donner sens à son destin, chercher à comprendre. Et c'est ce qu'elle fait de façon tellement consciente que Claude Lefort a pu dire que « nul écrivain n'a comme H. Arendt nommé aussi rigoureusement le lien entre la pensée et l'événement »[65]. C'est que, contrairement à Merleau-Ponty qui n'a pas voulu bâtir une théorie politique, « on trouve dans son œuvre une tension constante entre son désir d'élaborer une théorie et sa volonté d'être disponible devant l'événement »[66], car Arendt a bien été une théoricienne et même

---

[63] CC, p. 26.
[64] CC, p. 15.
[65] C. LEFORT, *Essais sur le politique XIX*e *– XX*e *siècles*, Paris, Seuil, 1986, p. 66.
[66] *Ibid.*, p. 67.

une philosophe quand bien même elle s'est toujours défendue de cette dernière dénomination.

La critique de la tradition de la philosophie politique est guidée chez Arendt par la question de savoir comment la pensée et la vie politique peuvent, sans se confondre, aller ensemble. Et si l'articulation ou la réconciliation entre la pensée et la politique est possible, « c'est que l'une et l'autre sont suspendues non à la représentation mais à l'événement »[67]. C'est donc la prise au sérieux des événements politiques, la prise au sérieux du domaine politique qui rend possible une vraie philosophie politique. Voilà pourquoi la phénoménologie est indispensable car elle contient l'exigence de la « fidélité au phénomène », c'est-à-dire à ce qui apparaît, dans la mesure où Être et apparaître coïncident. Prendre au sérieux le domaine politique, c'est reconnaître sa nature phénoménale et ne rien chercher au-delà ou en dehors de lui pour l'expliquer. Depuis la mort de Socrate, non seulement les philosophes avaient essayé de se protéger des perturbations du monde politique, mais ils l'avaient considéré avec mépris dans leur hiérarchie qui plaçait au-dessus de toutes les expériences le *bios theôretikos*, le philosophe étant celui qui pense l'Absolu, le Transcendant. Aussi Arendt entrevoit-elle une philosophie qui considère que la politique est un domaine où se posent des questions purement philosophiques : sur l'action politique, ses conditions et ses principes. C'est ce qui explique son intérêt pour Kant qui avait pris au sérieux les événements politiques et dont la morale lui apparaissait essentiellement politique. Comme phénoménologue, Arendt s'est donnée à faire ressortir la signification des événements, regarder la réalité en face étant aussi une façon de lui résister au besoin.

67 F. COLLIN, « N'être. Événement et représentation », dans *Politique et pensée*, p. 177.

1.4. Conclusion

La philosophie politique cherche à comprendre le domaine politique. Comme toute philosophie, elle est habitée par la recherche du vrai, mais elle se porte vers un domaine de l'expérience et une dimension de l'existence qui résistent par définition aux réquisits de la vérité et de la raison. En effet, la politique est le domaine des sentiments, des préjugés, des intérêts et des opinions ; l'exercice du pouvoir et la gestion de la cité ont leurs propres contraintes et ne s'énoncent pas dans la « prose du vrai » selon l'expression de Merleau-Ponty. Hannah Arendt le dit en d'autres termes quand elle affirme quant à elle que « la véracité n'a jamais figuré au nombre des vertus politiques » [68]. La particularité de la philosophie politique est donc qu'elle se trouve à l'intersection de la philosophie et de la non-philosophie.

En d'autres termes, la philosophie politique naît et vit du contact avec une dimension de l'existence humaine qui est à la fois essentielle et essentiellement non-philosophique. Les problèmes de la philosophie politique sont ceux qui sont posés par le vivre ensemble des communautés humaines, et celles-ci produisent elles-mêmes des opinions, des arguments élaborés et contradictoires. Dans ces conditions, la recherche d'une expérience préréflexive commune devient problématique et la pensée qui s'engage dans cette direction rencontre des contraintes spécifiques qui sont différentes des contraintes de la cohérence systématique. Toutefois, la pensée n'a pas à abdiquer devant sa tâche qui est de comprendre. Or, comprendre, c'est aussi résister, c'est agir. Car la signification que nous tirons des événements, le jugement que nous portons sur eux nous permettent à nouveau de rendre le monde habitable, vivable. Chez Arendt comme chez Merleau-Ponty, la pensée devient action. On l'aura donc noté et souligné : il y a chez le philosophe français et la philosophe allemande une « exigence

---

[68] H. ARENDT, *Du mensonge à la violence. Essai de politique contemporaine*, Paris, Calmann-Lévy, 1972, p. 9.

de penser » qui naît de l'expérience des événements. Tous les deux pensent à l'épreuve des événements et le disent très clairement. Leur préoccupation majeure en politique est de comprendre les événements, c'est-à-dire d'en déchiffrer le sens. Ayant été confrontés l'un et l'autre à la violence de la sphère politique que ce soit dans le nazisme, le communisme ou les autres événements de leur société et de leur temps, ils ne pouvaient pas ne pas se poser des questions sur le sens de ce phénomène politique qu'est la violence. La suite de notre étude se propose d'analyser et de confronter leurs pensées sur cette question précise : la question de la violence en politique.

Chap. 2. QU'EST-CE QUE LA VIOLENCE ?

2.0. Introduction

Définir un concept, c'est en déterminer la compréhension. Si, en philosophie, les définitions sont importantes, c'est parce que, comme disait Pascal, elles sont « un remède à la confusion qui naît dans nos pensées et nos discours de la confusion des mots »[69]. Parce que nous parlons de la violence, il est important que nous puissions la définir, c'est-à-dire dire ce qu'elle *est*, en vue d'éviter des confusions. Or, il s'avère que le concept de violence n'est pas l'un des plus faciles à définir. Les philosophes sur lesquels porte notre étude — M. Merleau-Ponty et H. Arendt — ne nous donnent nulle part une définition (au sens classique du terme) de la violence, alors qu'ils en parlent et élaborent sur elle des théories. C'est ainsi que nous allons nous tourner vers d'autres penseurs qui se sont penchés sur cette notion pour tenter de préciser ce que nous entendons par violence. La tâche n'en demeure pas moins ardue, étant donné que la notion de violence, déjà soumise à une grande inflation dans le langage ordinaire, partage des frontières avec d'autres notions avec lesquelles on la confond souvent, se trouve au carrefour de plusieurs disciplines et suscite plusieurs discours contradictoires. La même difficulté que celle relative à la définition du concept se rencontre aussi quand il s'agit d'établir une typologie ou une classification des violences parce que les critères de distinction ne sont pas toujours nets et clairs. Malgré la difficulté de la tâche, nous allons tenter de dire ce qu'est la violence, de la distinguer de la force, de l'agressivité et du mal, d'en discuter la typologie pour voir ce qu'il en est surtout de la violence politique. L'une des tâches de la philosophie ne consiste-t-elle pas à définir les concepts, tant il est vrai qu'un mauvais usage du langage conduit à la confusion ? Mais comment la philosophie elle-même, en tant que discours

---

[69] PASCAL cité par A. LALANDE, *Vocabulaire technique et critique de la philosophie*, p. 209.

rationnel, peut-elle comprendre et interpréter une action qui apparaît de prime abord comme refus de la raison ?

2.1. Définir la violence ?

Le terme « violence » comporte une polysémie extrême car il désigne souvent des actions très variées et des phénomènes très différents, à tel point que « définir la violence comme un ensemble de faits semblables et aisément identifiables est presque impossible »[70] . On l'utilise pêle-mêle pour désigner toutes sortes d'événements et de conduites : l'agression verbale (paroles violentes), le harcèlement, la délinquance, le crime, le viol, le cambriolage, la guerre, l'émeute, le terrorisme, la torture, la révolution, le massacre de masse, etc. Il arrive que l'on dépasse les dimensions seulement physiques pour parler aussi de la violence morale et même de la violence symbolique[71]. Il se produit ainsi comme une inflation de terme qui, aidée par plusieurs glissements sémantiques, parvient à désigner de façon vague et générale plusieurs réalités hétérogènes. C'est ainsi que l'on considère comme violence toute action contraire à la morale de façon que violence devient presque synonyme de mal ou d'injustice. De façon plus symbolique, tout dégagement excessif d'énergie est considéré comme violence, et c'est en ce sens que l'on parle de la violence de la mer, de la violence d'un séisme et même des violences sociales pour désigner les rapports des forces ou les inégalités économiques. Comme on peut le remarquer, le terme violence n'a pas toujours un contenu précis, le langage ordinaire en fait un usage abusif et ce n'est pas parce que c'est un thème à la mode [72] que l'on désigne toujours la même chose

---

[70] X. CRETTIEZ, *Les formes de la violence*, Paris, La Découverte, 2008, p. 3.

[71] Voir P. BOURDIEU, *Réponses*, Paris, Seuil, 1992 ; P. BRAUD, *Violences politiques*, Paris, Seuil, 2004.

[72] Nous vivons dans des sociétés où l'on ne cesse de nous parler chaque jour de la « montée de la violence » et de nous en offrir des images à la télévision. Les politiciens s'emparent alors de ce thème et font de la « lutte contre la violence » leur sujet de prédilection.

quand il est utilisé. D'où l'urgence et la nécessité de définir cette notion, une tâche qui s'avère toutefois difficile et ardue.

En effet, notion « carrefour » du fait qu'elle se trouve à la croisée de plusieurs sciences humaines (sociologie, politique, psychologie, psychanalyse), la notion de violence est en même temps une des notions cruciales du discours philosophique dans la mesure où elle est présente dans presque tous les domaines de la philosophie (ontologie, métaphysique, cosmologie, morale, politique, anthropologie, psychologie, esthétique). Aussi acquiert-elle une « ubiquité » qui fait d'elle un concept difficile à saisir[73]. Principalement, la catégorie de violence, selon Hervé Vautrelle, s'inscrit dans deux dimensions essentielles : le domaine moral et le champ politique. « Cette double inscription fondamentale, note-t-il, fait d'elle une réalité ubiquiste, un " fait social total ", autrement dit un phénomène entretenant des liens organiques avec toutes les dimensions de la vie sociale (économique, juridique, religieux, symbolique) »[74]. Le projet de définir une pareille notion se complique par ailleurs par le fait que, d'une part, il faut envisager l'objectivité, la rationalité et la factualité de la violence, et que, d'autre part, il faut reconnaître le poids de la subjectivité dans la façon dont la violence est vécue, comprise, représentée, voulue ou subie. Il s'agit là d'une dualité de perspectives incontournable mais qui rend difficile le projet d'une définition[75]. Enfin, une autre difficulté est liée au fait que la notion de violence est très proche d'autres concepts dont elle partage des frontières communes comme force, agressivité, puissance, domination, etc. Comment dans ces conditions la distinguer et la définir par rapport à ces autres concepts ? A ce propos, Hannah Arendt fait remarquer que le manque de distinction entre les mots est une difficulté à laquelle butte la science politique contemporaine:

> « Il me paraît assez triste de constater qu'à son stade actuel la terminologie de notre science politique est

---

[73] H. FRAPPAT, *La violence*, Paris, Flammarion, 2000, p. 18.
[74] H. VAUTRELLE, *Qu'est-ce que la violence*, Paris, Vrin, 2009, p. 10.
[75] M. WIEVIORKA, *La violence*, Paris, Hachette Littératures, 2005, p. 13.

> incapable de faire nettement la distinction entre divers mots clefs, tels que « pouvoir », « puissance », « force », « autorité », et finalement « violence », dont chacun se réfère à des phénomènes distincts et différents »[76].

Il nous faut donc, malgré la difficulté de la tâche, chercher à distinguer et à préciser la signification de ces mots, pour en faire un usage correct et éviter des confusions et des amalgames. L'une des tâches de la philosophie ne consiste-t-elle pas à proposer des définitions claires des concepts, tant il est vrai qu'un mauvais usage du langage conduit à la méconnaissance des réalités qu'il décrit ?

Hervé Vautrelle limite la violence à « *l'usage individuel ou collectif de la supériorité physique sur autrui*, à la *contrainte exercée sur une personne par l'abus de la force* »[77]. Il rapproche cette définition de l'explication que donne Paul Ricoeur qui voit dans la violence la « destruction par quelqu'un d'autre de la capacité d'agir d'un sujet »[78]. En limitant la violence à « une intrusion de force dans l'intimité d'autrui »[79], H. Vautrelle exclut de son champ des comportements comme le mensonge, l'escroquerie, le vol, la colère. Il rejoint ainsi le sociologue Jean-Claude Chesnais qui, lui aussi, ne retient comme violence que l'atteinte corporelle effective contre les personnes :

> « La violence au sens strict, écrit Chesnais, la seule violence mesurable et incontestable est la violence *physique*. C'est l'atteinte directe, corporelle, contre les personnes ; elle revêt un triple caractère : brutal, extérieur et douloureux. Ce qui la définit est l'usage matériel de la force, la rudesse volontairement commise aux dépens de quelqu'un. »[80]

---

[76] DMV, p. 143.
[77] VAUTRELLE, H., *op. cit.*, p. 8.
[78] RICOEUR cité par VAUTRELLE, op. cit., p. 8.
[79] H. VAUTRELLE, *op. cit.*, p. 9.
[80] J.-C. CHESNAIS, *Histoire de la violence*, Paris, Éditions Robert Laffont, 1981, p. 12.

Entrent dans cette catégories : les meurtres, les assassinats, les empoisonnements, les homicides, les exécutions capitales, les coups et blessures volontaires, les viols. Par sa gravité, la violence physique peut entraîner la mort ; elle peut également mettre en cause l'ordre social, étant donné que celui-ci est fondé sur le respect implicite du corps d'autrui. Somme toute, « la caractéristique principale de la violence est la gravité du risque qu'elle fait courir pour la victime. C'est la vie, la santé, l'intégrité corporelle ou la liberté individuelle qui est en jeu »[81]. Aussi Chesnais refuse-t-il de parler de « violence économique » et de « violence morale » (ou « symbolique »)[82]. Remarquons toutefois que, dans sa définition de la violence, Jean-Claude Chesnais s'arrête à la première réalité qui se présente à l'esprit et que lui-même considère comme le noyau dur, le premier cercle : la violence physique. Alors que Hervé Vautrelle lui reconnaît le mérite d'avoir débroussaillé le concept de violence en le réduisant à la dimension physique, Hélène Frappat montre quant à elle l'imprécision de ce critère, affirmant que « la violence physique se redouble sans cesse des tortures morales qui la soutiennent »[83]. Aussi estime-t-elle que « l'opposition entre violence physique et morale, violence corporelle et psychique n'est décisive qu'en apparence : elle se révèle plus superficielle qu'essentielle car il est impossible d'isoler chacune de ces deux espèces de violence dans un domaine propre, séparé

---

[81] *Ibid.*, p. 12.

[82] Dans la ligne de Chesnais et selon Vautrelle, la « violence économique » n'est au fond qu'une atteinte aux biens et à la propriété, et c'est par un abus de langage que l'on parle en ce cas de violence. Ceci se comprend « parce que la confusion règne souvent dans nos sociétés de consommation entre l'être et l'avoir, et nous croyons que les objets sont par transsubstantiation des sortes d'appendices de notre corps » (VATURELLE, H., *op.cit.*, p. 13-14). L'abus de langage apparaît clairement dans le cas de la « violence morale » où l'on peut classer l'injure, la calomnie, la colère, la menace ou le chantage car le contenu de tout ceci est très subjectif et relatif : une injure peut amuser un homme sûr de lui et anéantir un homme fragile ; une menace ou une intimidation ne restent qu'une menace ou une intimidation. Ainsi, « malgré l'opinion commune, il n'y a pas à strictement parler de violence verbale ; bien que les mots cinglent, la parole n'ôte ni la vie ni la liberté, et ne nous touche qu'à proportion de notre sensibilité » (*Ibid.*, p. 14).

[83] H. FRAPPAT, *op. cit.*, p. 14.

de l'autre »[84]. Philippe Braud est du même avis ; il récuse lui aussi la dissociation entre violence physique et violence symbolique car « il n'y a jamais de violences physiques sans dimension psychologique ; c'est d'ailleurs celle-ci qui donne à la violence sa signification politique »[85]. Dans la mesure où la violence physique a pour effet l'infériorisation, voire l'humiliation, « il est nécessaire de réunifier sous un même concept violence matérielle et violence symbolique, parce que, dans l'un et l'autre cas, les blessures infligées à l'estime de soi sont fondamentalement de même nature. C'est la dimension psychologique de la violence physique qui lui confère le sens d'une meurtrissure »[86]. Cette ligne de pensée nous semble être plus respectueuse de la nature humaine, c'est-à-dire de l'union du corps et de l'esprit et de la conception de l'homme comme esprit incarné comme Merleau-Ponty n'a cessé de le souligner en s'opposant au dualisme.

Plusieurs auteurs qui cherchent à comprendre ce qu'est la violence préfèrent partir de l'étymologie du mot au lieu de chercher une définition unifiée et systématisante. Yves Michaud nous renseigne :

> « "Violence" vient du latin *violentia* qui signifie violence, caractère violent ou farouche, force. Le verbe *violare* signifie traiter avec violence, profaner, transgresser. Ces termes doivent être rattachés à *vis*, qui veut dire force, vigueur, puissance, violence, emploi de la force physique, mais aussi quantité, abondance, essence ou caractère essentiel d'une chose. Plus profondément, ce mot *vis* signifie la force en action, la ressource d'un corps pour exercer sa force, et donc la puissance, la valeur, la force vitale. Le passage du latin au grec confirme ce noyau de signification. Au *vis* latin correspond l'*is* homérique (ἴς) qui signifie muscle et

[84] *Ibid.*, p. 14. La séparation de la violence physique et de la violence morale est fondée sur un dualisme, et « ce dualisme ne nous permet pas de répondre à la question en énonçant deux concepts distincts de la violence » (p. 14).
[85] P. BRAUD, *Violences politiques*, Paris, Seuil, 2004, p. 15.
[86] *Ibid.*, p. 18.

encore force, vigueur et se rattache à *bia* (βία) qui veut dire la force vitale, la force du corps, la vigueur et, en conséquence, la violence, ce qui contraint et fait violence. »[87]

Étymologiquement donc, le mot violence est proche du mot force. Ainsi la violence serait la force en action, et il y a violence quand, à cette force en action, s'ajoute la contrainte. Plutôt que de chercher une définition qui dirait de manière univoque en quoi consiste la nature de la violence, en recourant à l'étymologie, on peut comprendre les différents usages qui sont faits du mot et comment il acquiert des significations spécifiques selon les contextes où il est employé, et l'on se rendrait même compte que mieux vaut parler des violences que de la violence.

Toutes ces considérations indiquent finalement que l'élucidation du concept de la violence exige que soit pris en compte le plan logique et conceptuel, la perspective morale et le domaine politique. Sur le plan logique et conceptuel, la violence doit être distinguée des concepts-satellites avec lesquels on la confond souvent : la force, la puissance, l'agressivité et le mal. Mais il convient d'abord de noter que *strictu senso*, il n'y a que l'homme qui est violent. Nous l'avons vu, le langage courant étend la violence aussi bien aux choses naturelles qu'aux choses morales. Ainsi parle-t-on par exemple d'un vent violent ou d'une passion violente. Il est toutefois prudent de mettre un frein à cette extension du concept à des éléments non-humains pour limiter son acception à la seule dimension anthropologique car, sans cette précaution et cette limitation, tout peut être considéré comme violent, même les couleurs et les cauchemars. En d'autres termes, la violence est une catégorie essentiellement anthropologique : il n'y a violence que de l'homme et par rapport à l'homme ; ni les choses ni les objets ne peuvent être violents. Ainsi, « toute

[87] Y. MICHAUD, *La violence*, Paris, PUF, 1986, p. 4.

violence est intersubjective, elle met en scène deux sujets au moins, fût-ce par l'intermédiaire d'un objet »[88].

2.1.1. La violence et la force.

Nous venons de le voir, par son étymologie, le terme « violence » se rapproche de celui de « force ». C'est la raison pour laquelle le langage courant tient souvent force et violence pour synonymes. Un amalgame règne de la sorte entre les deux notions au point que quand on parle de « faire violence à quelqu'un » on entend « le forcer ». Toutefois, aussi semblables qu'ils soient, les deux termes peuvent être dissociés. La première différence consiste dans le fait que la force est une énergie féconde qui « accomplit la nature d'un élément (et) l'épanouit en allant dans le sens de ses propriétés et de ses fonctions ; elle répond et correspond à l'essence d'un être »[89], alors que la violence agit contrairement à la nature d'un être dont elle perturbe l'ordre, en bousculant et en bouleversant l'équilibre d'un ensemble. Une seconde différence évidente : comme acte intentionnel, la violence implique un choix libre du sujet ou au moins un désir inconscient, alors que, comme fait naturel et physique, la force est un fait non intentionnel. Bien plus, la violence est une force qui agit, une force en acte. Elle « est donc systématiquement synonyme d'activité tandis que la force, même paralysée ou inefficiente, continue néanmoins d'être une force. En ce sens, il est loisible de soutenir que la force n'est que la possibilité de la violence »[90]. En définitive, contrairement à la force qui existe en soi, comme principe d'action et énergie contenue, comme puissance, toute violence est actuelle, et il n'y a violence que dans l'action violente c'est-à-dire quand la force est employée. Pour aller plus loin, nous pouvons dire que la violence est une force mal employée. C'est la raison pour laquelle Lalande la définit comme « l'emploi

---

[88] H. VATURELLE, *op. cit.*, p. 15.

[89] *Ibid.*, p. 15-16.

[90] *Ibid.*, p. 17.

illégitime ou du moins illégal de la force »[91]. Aussi s'accompagne-t-elle d'une quantification morale alors que la force a une neutralité énergétique qui la garde pure de toute détermination éthique. Comme on peut le remarquer, la difficulté à distinguer la force de la violence vient donc du fait que les deux notions sont proches l'une de l'autre et que le langage courant en fait généralement des synonymes. Selon Hannah Arendt, le terme « force » devrait être réservé aux forces de la nature ou des circonstances, « c'est-à-dire à la qualification d'une énergie qui se libère au cours de mouvements physiques ou sociaux »[92].

2.1.2. La violence et l'agressivité.

Comme avec la force, la violence entretient avec l'agressivité des rapports de proximité qui rendent possible la confusion : on assimile tout acte de violence à une agression, l'agressivité étant cette tendance à entrer en lutte avec l'autre ; de même, dans son déroulement, la violence s'accompagne souvent d'agressivité et il devient dans ces conditions difficiles de distinguer exactement ce qui revient à l'une et à l'autre. Toutefois, cette proximité n'implique pas une identité entre les deux notions. Freud distingue en l'homme deux pulsions antagonistes mais nécessaires : la pulsion de vie (*Éros*) et la pulsion de mort ou d'agressivité (*Thanatos*). Selon lui, « la violence est le résultat de la présence en l'homme d'une agressivité spontanée, constitutive de l'économie de notre vie psychique »[93], car la pulsion de destruction et l'élan de négativité habitent en chaque individu : « L'homme n'est pas cet être débonnaire, au cœur assoiffé d'amour, dont on dit qu'il se défend quand on l'attaque, mais un être, au contraire, qui doit porter au compte de ses données instinctives une bonne somme

---

[91] A. LALANDE, *Vocabulaire technique et critique de la philosophie*, Paris, PUF, 1988, p. 1210.
[92] DMV, p. 145.
[93] H. VAUTRELLE, *op. cit.*, p. 22.

d'agressivité »[94]. Comme pulsion, l'agressivité est une énergie qui, sans disparaître purement et simplement, se trouve des échappatoires, des « défoulements » en se dépensant et en s'investissant dans la réalité.

Avant tout physiologique, l'agressivité est une notion principalement corporelle, à la différence de la violence qui a un fondement psychologique et se rapporte à un état de conscience. En effet, la dimension de la volonté et du choix est fondamentale pour comprendre le phénomène de la violence. L'homme violent est un homme libre et qui agit, tandis que l'homme agressif n'agit pas vraiment car il se contente de réagir. Aussi l'homme violent est-il responsable de ses actes car au départ de sa conduite se trouve une intention de nuire, c'est-à-dire une décision précédée d'une délibération. Tous ces traits font de la violence un acte spécifiquement humain et interdisent de la confondre avec l'agressivité qui est une pulsion purement instinctive, naturelle et innée. Toute réduction de l'une à l'autre gomme la différence entre l'humanité et l'animalité. Et c'est parce qu'elle relève de l'humain que la violence est culturelle et concerne le comportement d'êtres doués de raison : « Il n'y a de violence que dans la sphère éthique et elle suppose la civilisation »[95]. C'est justement pour cette raison que la violence est considérée comme une action injuste, une action dans laquelle la force dont on dispose est mal employée. Cette connotation morale la rapproche du mal. Les deux notions sont-elles assimilables ?

2.1.3. La violence et le mal.

Si, malgré toute la complexité du terme et sa fluctuation, malgré le virage éthique lié aux circonstances des lieux et des temps, le mal représente l'ensemble des comportements qu'une société refuse, condamne et rejette, la violence n'épuise pas le

---

[94] FREUD cité par H. VAUTRELLE, *op. cit.*, p. 23.
[95] H. VAUTRELLE, *op.cit.*, p. 27.

domaine du mal dont elle n'est qu'un sous- ensemble [96]. En ce sens, la violence et le mal ne se confondent pas. Notons d'abord que l'évidence de la violence contraste avec l'ambiguïté du mal. En effet, l'acte violent est dénué d'équivoque et exclut tout révisionnisme, tant l'atteinte causée par lui est peu subjective. Par contre, la teneur de l'action mauvaise varie selon la contingence des interdits, les époques et les civilisations. Il est arrivé dans l'histoire des sociétés et des périodes où l'éducation faisait du vol un devoir[97]. Il en découle que « la violence est un *acte* tandis que le mal se rapporte à un *jugement*. La première est de l'ordre du fait brut, de l'événement vierge de toute appréciation et fait l'objet d'un constat flagrant : elle se remarque à sa visibilité immédiate. [...]. De son côté, le mal est une évaluation d'un acte élaborée a posteriori. Il est clair que l'action doit s'être déjà déroulée pour se voir attribuer un sens »[98]. C'est dire que le mal prend sens à partir d'un contexte social, moral ou idéologique où sont imposées ou proposées des valeurs considérées comme normes de la conduite. C'est pourquoi, alors que la violence s'impose à tous par son objectivité et est reconnaissable en tant que telle, le mal peut être contredit et contesté parce qu'il s'agit d'une évaluation, d'un jugement porté sur un acte posé. Ajoutons que si certaines violences sont des maux, tout mal n'est pas nécessairement violent car il existe, comme nous l'avons vu, des maux non-violents. Toutefois, si certaines violences peuvent paraître justes ou justifiées et qu'elles ne sont pas pour cela considérées comme mauvaises[99], un mal légitime et authentiquement positif est inconcevable car le mal est par essence négatif et nuisible.

---

[96] Il existe des comportements non-violents mais mauvais en ce qu'ils font du tort à autrui par le mal qu'ils lui font subir, tels le mensonge gratuit, l'escroquerie ou le vol.

[97] « Par exemple, lorsque Sparte était sans cesse en guerre, soit assiégée soit assiégeante, les enfants spartiates étaient entraînés à voler car ils étaient les seuls à pouvoir s'infiltrer dans le camp ennemi par d'étroits passages pour y dérober des armes ou de la nourriture. Cette éducation faisait alors du vol un devoir » (H.VAUTRELLE, *op. cit.*, p. 30).

[98] *Ibid.*, p. 30.

[99] Exemple : tuer quelqu'un est un acte violent. Mais en cas de légitime défense, en temps de guerre, suite à une sentence judiciaire, lors d'une révolution, l'on peut tuer et considérer cela comme juste et justifié.

2.2. Une typologie de la violence ?

Considérer la violence dans la perspective morale, c'est s'intéresser aux choix que les personnes adoptent dans leur action[100]. Cette violence individuelle est différente de la violence politique, celle qui nous concerne particulièrement dans cette étude. Remarquons d'abord que même si les typologies des formes de violence sont aussi nombreuses que les définitions mêmes du mot violence et qu'elles partagent avec ce mot la même complexité, toutes font une place à part à la violence politique[101]. On distingue cette dernière de la violence sociale : « Ce qui distingue violences politiques et violences sociales, souligne X. Crettiez, c'est à la fois l'objet des violences, le statut des acteurs qui la pratiquent, son discours de justification et ses effets »[102]. Cette distinction reste pourtant chancelante et fragile car les frontières ne sont toujours pas assez claires entre la violence sociale et la violence politique. En effet, un acte qualifié de politique par ses auteurs peut ne pas être perçu de la même manière par les adversaires ou les opposants. C'est donc l'élément de justification qui fragilise la distinction [103] car il implique des lectures orientées

---

100 Nous n'allons pas trop nous étendre sur cette dimension. Pour plus de détails, voir H.VAUTRELLE, *op. cit.*, p. 38-54. Il analyse dans ces pages les mécanismes de la violence individuelle.

101 H. VAUTRELLE, *op. cit.*, p. 54 ; H. FRAPPAT, *op. cit.*, p. 29-35 ; X. CRETTIEZ, *op. cit.*, p. 10-13 ; P. BRAUD, *Violences politiques*, Paris, Seuil, 2004 ; Y. MICHAUD, *op. cit.*, p. 20 ; M. WIEVIORKA, op. cit., p. 57-64, J.C. CHESNAIS, *op. cit.*, p. 13.

102 X. CRETTIEZ, *op. cit.*, p. 11.

103 Quand on cherche à dire si tel acte violent est politique ou non, on est déjà engagé dans un processus de légitimation. Ce qui fait qu'un même acte peut être considéré comme relevant d'une action politique par certains tandis que d'autres peuvent y voir une ambition fort éloignée de toute prétention politique, chaque lecture restant plus ou moins orientée. Xavier Crettiez donne l'exemple des émeutes de banlieue en France ou en Grande Bretagne. Inversement, une violence œuvrant dans le champ politique et revendiquée comme politique peut se révéler de fait fort éloignée de la catégorie politique. L'auteur donne ici l'exemple du terrorisme corse : « Le terrorisme corse a des effets importants sur le champ politique local comme national et se présente

des mêmes faits. La définition de la violence politique dépend donc des critères que l'on retient : les acteurs, les cibles, l'idéologie, les effets. Ces critères pouvant appartenir à plusieurs registres, cela fragilise la distinction entre les violences sociales et les violences politiques, certaines violences pouvant être à la fois sociales et politiques.

Yves Michaud inclut dans la catégorie de la violence politique la violence sociopolitique diffuse, la violence contre le pouvoir ou violence d'en bas, la violence du pouvoir ou violence d'en haut, le terrorisme et les guerres civiles[104]. Très attentif à la situation de l'évolution actuelle et aux projets et visées des acteurs, Michel Wieviorka invite à une révision de la notion de violence politique. C'est ainsi qu'il propose une typologie des violences politiques selon le rapport que ces violences entretiennent avec la chose politique. Il remarque que « les significations qui installaient hier la violence au niveau politique, tout en gardant le contact avec lui, s'en écartent aujourd'hui constamment, par le bas, en se privatisant, en prenant quelque distance par conséquent avec la sphère publique — c'est *la violence infrapolitique* —, et par le haut, en conférant à l'action des dimensions religieuses qui subordonnent le politique à un principe supérieur, le bien, le sacré — c'est *la violence métapolitique.* »[105]. Quoi qu'il en soit,

---

comme une volonté très politique de rupture avec l'État central. Pour autant, la mise à nu des logiques de la violence a pu montrer que derrières les cagoules et les bombes se cachaient parfois des motivations strictement matérielles et financières aux antipodes des discours idéologiques tenus » (X. CRETTIEZ, *op. cit.*, p. 11).

[104] Yves Michaud avertit que, même si elles sont faites en vue de la clarté, ces distinctions peuvent apparaître artificielles car en réalité les situations politiques se mêlent : « Une classification acceptable consiste à distinguer une violence politique diffuse (rixes, émeutes spontanées, révoltes), violence anti-pouvoir « d'en bas » (soulèvements et révolutions), violence du pouvoir, « d'en haut » (maintien de l'ordre, répression, terreur, tyrannie, coup, putschs), terrorisme, et enfin violence tenant à l'effondrement de la communauté politique (guerres civiles). Ces distinctions visent avant tout la clarté et les situations politiques réelles voient en fait ces formes se mêler » (Y. MICHAUD, *La violence*, *op. cit.*, p. 20).

[105] M. WIEVIORKA, *op. cit.*, p. 57. C'est nous qui soulignons. Xavier Crettiez commente en ces termes cette typologie qu'il considère comme

une typologie de la violence rencontre les mêmes difficultés que celles liées à sa définition.

On l'aura noté et souligné, la question de la violence est une question qui concerne directement la philosophie car elle soulève le problème de sa définition et de sa classification. Il ne s'agit pas seulement d'analyser le fait d'une expérience commune, mais aussi de s'interroger sur un concept. Les difficultés à définir et à classer, la multiplicité et l'hétérogénéité des définitions et classifications prouvent que nous sommes en présence d'une notion que la philosophie doit comprendre dans sa complexité et son ambiguïté. Mais la raison peut-elle comprendre la violence alors que celle-ci se présente souvent comme sa négation ?

2.3. Philosophie et violence

Dans certains cas, la violence est une action désordonnée, pulsionnelle, et donc irrationnelle. C'est pourquoi, dans le langage courant et même pour une certaine philosophie[106], l'on considère qu'elle est diamétralement opposée à la raison. Faculté qui permet à l'homme d'ordonner ses pensées et d'argumenter de façon logique et cohérente en vue de la connaissance ou de l'action, la raison s'oppose ainsi à la violence en tant que fille des passions et des sentiments, des émotions et des désirs, et dont la source se trouve dans la sensibilité du cœur. Aussi, penser la violence apparaît-il à

« utile » : « L'évolution de la violence plaiderait pour un spectre plus large, non seulement au cœur du politique, mais également à sa marge — comme l'attestent les guérilleros marxistes devenus de prospères narcotrafiquants — ou en son sommet, à l'image du terrorisme d'Al-Quaida, dont la radicalité du message comme des actes s'oppose à une logique de compromis politique. Les mutations de la violence rendent désormais inextricable la question de leur ancrage politique ou social » (X. CRETTIEZ, *op. cit.*, p. 12-13).

[106] Pour Platon par exemple, le mal et la violence proviennent de l'ignorance. Il suffit d'éduquer l'homme, de lui faire découvrir le bien, c'est-à-dire de lui permettre d'en prendre connaissance pour le détourner du mal et de la violence. Une relation intime existe donc entre le vrai et le bien, et il suffit de connaître le bien pour le pratiquer.

première vue comme une démarche paradoxale. En effet, comment la raison peut-elle penser ce qui se donne *a priori* comme le refus de la raison et le rejet de la logique ? La notion de violence ne semble-t-elle pas par excellence et par définition l'impensable dans la mesure où elle apparaît comme rebelle à toute tentative de rationalisation ? En d'autres termes, la question revient à celle-ci : « La raison peut-elle comprendre le contraire de la raison, c'est-à-dire son autre ? »[107].

Mais la violence doit-elle toute entière être rejetée du côté de l'irrationalité pure, de la folie et de l'absurdité ? Pareille thèse ne peut être soutenue jusqu'au bout quand on sait qu'il existe des violences calculées, méthodiquement préparées et organisées. Dans ces cas, la violence est une action préméditée et elle se produit selon des règles, des méthodes et des stratégies bien étudiées et sophistiquées. L'ambiguïté devient grande quand on sait qu'il en existe même d'autres qui sont considérées comme justes et justifiées, comme celle par laquelle on cherche à se libérer d'une violence première de l'oppression ou de l'aliénation. N'a-t-on pas vu dans l'histoire des gens recourir à la violence pour se débarrasser de la dictature ou de la tyrannie politique ? On considère alors ces violences comme légitimes parce que servant des causes légitimes. Mais, parler de « causes légitimes » soulève un autre problème parce qu'il ne s'agit pas seulement de considérer l'objectivité des faits, mais aussi et surtout la justification subjective qui en est donnée. C'est dire que la violence diffère certes de la raison, mais elle n'en est pas le contraire absolu. Il lui arrive d'instrumentaliser la raison en la mettant au service de ses fins. L'homme qui utilise la violence n'est donc pas systématiquement et nécessairement un homme fou qui s'adonne à l'arbitraire et à la déraison. En d'autres termes, il n'est pas privé de raison, mais il limite celle-ci à un seul vecteur de signification, se refusant de considérer la complexité de la réalité, il « passe idéologiquement d'une multitude de sens à un seul sens »[108]. L'on peut donc dire que la violence n'est pas

[107] H. VAUTRELLE, *op. cit.*, p. 7.
[108] *Ibid.*, p. 36.

uniquement une action désordonnée et pulsionnelle ; dans la mesure où elle a ses règles, elle obéit à une certaine rationalité. En définitive, qu'elle soit considérée comme rationnelle ou irrationnelle, on peut toujours essayer de la comprendre car elle reste un phénomène explicable ou interprétable.

Or l'interprétation de la violence butte sur sa complexité comme première difficulté. Nous l'avons vu, la violence est un mal et comme telle elle entraîne la réprobation. Les réactions qu'elle suscite s'orientent en deux directions : d'une part, c'est un mal qu'il faut venger, et alors la violence appelle la violence dans un cycle infini ; d'autre part, à cause de sa présence massive dans l'histoire, on la considère comme un destin inexorable lié à la condition humaine et auquel il faut se résigner. La violence offre ainsi une image très complexe : si son appréciation est nette (c'est un mal), ses implications sont ambiguës (faut-il se venger ou se résigner ? que penser des violences considérées comme légitimes ?). C'est cette complexité qui constitue le problème que la réflexion doit prendre en charge. Autrement dit, dans son explication de la violence, la réflexion doit se donner pour tâche d'en comprendre la nature, les causes et le sens. C'est pourquoi la philosophie porte en elle la question de la violence qu'elle cherche à comprendre alors que la violence ne comprend pas, c'est-à-dire ne prend pas avec elle le discours philosophique en ce qu'elle est refus systématique de philosopher. Aussi Eric Weil a-t-il pu dire que « la violence est un problème pour la philosophie, la philosophie n'en est pas un pour la violence, qui se rit du philosophe »[109]. C'est dire que la violence n'a de sens que pour la philosophie, et que celle-ci est refus de la violence. En effet, « le philosophe veut que la violence disparaisse du monde »[110]. Mais le discours, fût-il absolument cohérent et logique, suffit-il pour abolir la violence ? Le discours philosophique ne reconnaît-il pas parfois la violence comme moyen nécessaire uniquement quand elle vise la libération d'une violence première et l'établissement d'une situation de

[109] Eric WEIL cité par H. VAUTRELLE, *op. cit.*, p. 33.
[110] Eric WEIL cité par H. FRAPPAT, *op.cit.*, p. 42.

non-violence ? Même alors, il importe de savoir discriminer les diverses formes de violence pour pouvoir porter sur elles un jugement adéquat. Or, s'il est plus facile de condamner les formes illégitimes de violence, la discrimination et le jugement des violences deviennent une tâche beaucoup plus complexe dans la sphère historico-politique. Phénomène complexe, la violence restera toujours ainsi un problème pour la philosophie, une question qu'elle ne peut ni éluder ni résoudre mais qu'elle doit toutefois comprendre et interpréter. L'histoire de la pensée occidentale offre deux orientations majeures dans l'interprétation de la violence : l'interprétation historique et l'interprétation anthropologico-existentielle. L'une, que donnent les philosophies ou idéologies de l'histoire, s'attache à l'origine historique de la violence et en explique le déroulement successif ; l'autre recourt à l'analyse phénoménologique pour en déterminer le sens existentiel[111].

[111] Les interprétations historiques se ramènent à quatre modèles principaux : la violence par corruption (l'origine de la violence se trouve dans la corruption de la société) ; la violence libératrice (une violence qui, opposée à la violence première, restitue à l'individu sa liberté et supprime la domination de l'homme sur l'homme) ; la violence par ignorance (l'origine de la violence se trouve dans l'ignorance, par conséquent, le progrès du savoir mettra fin à la violence) ; la violence dialectique (la dialectique de puissance ou de liberté, la lutte et la guerre sont créatrices de l'histoire). Le point commun entre tous ces modèles est que tous jugent la violence comme un mal, qu'ils le considèrent comme inévitable, provisoire ou dialectiquement nécessaire. Ils en donnent surtout une interprétation sociopolitique. Quant à l'interprétation anthropologico-existentielle, elle souligne que la violence est un mal dont l'homme est l'auteur, c'est un agir nuisible infligé par un agent à un patient, contre la volonté de ce dernier et en faveur du premier. Sa réalité phénoménale, quoique multiforme, peut se ramener à deux grandes catégories : la violence passionnelle (suscitée par la passion) et la violence calculatrice (suscitée elle aussi par un sentiment passionnel d'hostilité, mais qui est maîtrisé par le recours à la raison calculatrice qui rationalise l'action et la rend plus efficace en vue du but à atteindre). Dans les deux cas, la violence est ontologiquement considérée comme un mal qui dépersonnalise l'adversaire ; il est un mal personnel personnellement ressenti avant d'être un mal social. (Voir P. RAYNAUD, S. RIALS (dir.), *Dictionnaire de philosophie politique*, *op. cit.*, p. 844-848).

2.4. Conclusion

Il est difficile de donner une définition qui puisse dire de manière univoque en quoi consiste la nature de la violence. L'étymologie du terme nous renseigne cependant qu'il y a violence quand il y a usage de force pour exercer la contrainte sur autrui. Les significations spécifiques du terme varient selon ses usages en fonction des contextes où il est employé. Il reste que, parce qu'il s'agit d'une force en action, la violence porte atteinte à l'intégrité physique et/ou morale de la personne humaine. Il y a plusieurs formes de violences. La violence politique est celle qui apparaît sur la scène politique en rapport avec l'acquisition, l'exercice ou le maintien du pouvoir. Elle peut s'entendre comme violence du pouvoir ou comme violence contre le pouvoir. Le philosophe se pose la question de sa nature, de son origine et de son sens. C'est dire que, depuis toujours, la philosophie porte en elle la question de la violence et cherche à en donner une interprétation. Dans les chapitres qui vont suivre, nous allons, pour notre part, nous limiter à suivre la compréhension que Maurice Merleau-Ponty et Hannah Arendt ont eue de la violence politique. Sans minimiser ni négliger la valeur du champ moral, c'est l'expression de la violence dans le champ politique qui va plus nous intéresser.

Chap. 3. LA THÉORIE MERLEAU-PONTIENNE DE LA « VIOLENCE PROGRESSIVE »

3.0. Introduction

L'expérience de la guerre, à laquelle il a consacré en 1945 l'article « La guerre a eu lieu », a profondément marqué la philosophie de Merleau-Ponty qui, à partir de ce moment et de cet événement, dans son type aussi bien que dans son style, va s'orienter autrement. Comment comprendre cette expérience et comment en rendre compte philosophiquement ? L'expérience de la guerre, c'est l'expérience de la violence qui déchire le tissu social et affecte les relations humaines. D'où cette violence tire-t-elle son origine ? Le concept merleau-pontien d'« empiétement » voit le jour dans le contexte de cette réflexion soucieuse d'élaborer une approche phénoménologique et anthropologique de la violence. En même temps, en 1947, Merleau-Ponty publie *Humanisme et terreur* où il essaie de comprendre le communisme et la violence qu'il engendre. En effet, le sous-titre de ce livre est *Essai sur le problème communiste*. Quant au titre, il est assez révélateur dans la mesure où il place côte à côte la terreur et l'humanisme, comme pour suggérer qu'il y a une forme de terreur qui conduit à l'humanisme. Les réactions suscitées par la publication de *Humanisme et terreur* donneront lieu à la *Note sur Machiavel* qui est l'expression de la philosophie politique personnelle de Merleau-Ponty. Ces principaux textes, ainsi que d'autres écrits de l'auteur, nous livrent sa théorie de la violence qui va de l'empiétement des libertés à la justification de la violence communiste pour enfin aboutir à la condamnation de son institutionnalisation. En refaisant le même parcours dans ce chapitre, nous poserons également la question de la philosophie de l'histoire : Merleau-Ponty en a-t-il une ? Si oui, dans quelle mesure est-elle déterminante dans sa compréhension du communisme ? Enfin, que faut-il penser de la justification même que le philosophe français donne de la violence communiste ?

3.1. « Empiétement » et approche anthropologique de la violence

Pour Merleau-Ponty, l'année 1945 n'est pas une année comme les autres : elle inscrit dans l'histoire une vérité durable qu'il s'agit de retenir bien au-delà des sentiments[1], et cette vérité va orienter autrement sa philosophie morale et politique ainsi que sa conception de l'histoire et du rapport à autrui. En effet, dans son article « La guerre a eu lieu » publié en 1945, se trouve en jeu « la position même du philosophe, le type de philosophie qu'il pratique, le style de cette philosophie »[2], tous profondément marqués par l'expérience de la guerre et de l'occupation qui a été pour le phénoménologue français l'occasion de sortir d'une philosophie de la vie intérieure et de dénoncer la « philosophie optimiste » d'avant-guerre et son idéalisme. Cette philosophie de la conscience ou spiritualisme, en privilégiant la vie intérieure, ferme les yeux sur la vie extérieure. C'est elle justement que, dans l'article que nous avons cité, Merleau-Ponty remet en cause en soulignant le manque de maturité et de lucidité politique qu'elle a entraîné :

> « Nous avions secrètement résolu d'ignorer la violence et le malheur comme éléments de l'histoire, parce que nous vivions dans un pays trop heureux et trop faible pour les envisager. Nous méfier des faits, c'était même devenu un devoir pour nous (...). Nous habitions un certain lieu de paix, d'expérience et de liberté, formé par une réunion d'expériences exceptionnelles, et nous ne

---

[1] « Nous ne voulons pas que cette année 1945 devienne pour nous une année entre les autres années [...] puisqu'il s'agit ici d'écrire et non pas de raconter nos peines, ne devons-nous pas dépasser nos sentiments pour en trouver la vérité durable ? » (SNS, p. 183).

[2] J.C. ESLIN, « Critique de l'humanisme vertueux », dans *Esprit*, 6, 1982, p. 8.

savions pas que ce fût là un sol à défendre, nous pensions que c'était le lot naturel des hommes. »[3]

Ce à quoi Merleau-Ponty s'en prend, c'est cette façon de vivre dans laquelle l'homme n'assume pas sa position dans le monde, c'est le fait de croire à un universel qui irait de soi au point de penser qu'entre tous les hommes une communication parfaite est possible, comme s'ils n'avaient pas de corps et comme s'il n'existait pas entre eux des frontières qui les séparaient et les divisaient, comme s'il n'y avait pas entre les hommes les rapports de force et la violence. Or la guerre a eu lieu, et l'expérience du conflit et de l'occupation doit amener à une philosophie de la contingence, une philosophie attentive à l'événement et aux faits réels. C'est la raison pour laquelle Merleau-Ponty demande d'avoir « assez d'énergie pour regarder la violence en face, pour la voir là où elle demeure »[4]. Il ne s'agit pas d'emblée de légitimer la violence, mais de lui assigner son lieu propre dans la vie et l'histoire de l'humanité.

Cela consiste à reconnaître d'abord que « la violence est notre lot en tant que nous sommes incarnés »[5]. En effet, pour Merleau-Ponty, l'homme n'est pas une conscience pure ; il est plutôt un être incarné, situé dans l'espace et le temps, toujours en relation avec autrui et avec le monde. Le problème de la violence ne peut pas se poser pour une conscience pure, il ne se pose que pour une conscience originellement engagée dans le monde, qui entre en contact et en conflit avec d'autres consciences incarnées. Ceci nous donne déjà de voir que la théorie merleau-pontienne de la violence est conforme à son anthropologie où se trouve affirmée l'unité de l'âme et du corps, où l'homme est compris comme un être toujours déjà en relation avec les autres et avec le monde. Cette conception a pour premier ennemi le concept de « pureté », qu'il s'agisse d'une conscience pure, d'une morale pure ou d'une politique pure, ou, en d'autres termes, d'une morale et d'une politique

---

3 SNS, p. 169.
4 HT, p. XXXVII.
5 HT, p. 118.

aux « mains pures »[6]. Car, comme il l'écrit dans « La guerre a eu lieu », « personne n'a les mains pures [...]. Nous avons désappris la " pure morale " et appris une sorte d'immoralisme populaire, qui est sain. L'homme moral ne veut pas se salir les mains »[7]. La violence est toujours présente du fait que l'on est toujours mêlé aux autres et que l'on ne peut pas ne pas empiéter sur leur liberté. Du coup, empiéter devient synonyme de se salir, et l'empiétement est immoral, impur parce qu'il implique confrontation, mélange et mêlée.

Nous trouvons pour la première fois le verbe « empiéter » sous la plume de Merleau-Ponty dans l'article « Autour du marxisme » rédigé en août 1945 :

> « Il y avait dans le maurassisme de 1900 une réaction saine contre les illusions kantiennes de la démocratie. L'optimisme démocratique admet que, dans un État où les droits de l'homme sont garantis, aucune liberté n'*empiète* plus sur les autres libertés et la coexistence des hommes comme sujets autonomes et raisonnables se trouve assurée. C'est supposer que la violence ne fait dans l'histoire humaine qu'une apparition épisodique, que les rapports économiques en particulier tendent de soi à réaliser la justice et l'harmonie, et enfin que la structure du monde naturel et humain est rationnelle. Nous savons aujourd'hui que l'égalité formelle des droits et la liberté politique masquent les rapports de force plutôt qu'elles ne les suppriment. [...] La faiblesse

6 Dans ses critiques, Merleau-Ponty vise directement le moralisme kantien, comme dans ces notes préparatoires d'une conférence donnée le 23 mars 1946 à l'Institut d'Études Politiques de l'Université de Paris, intitulée « Les aspects politiques et sociaux de l'existentialisme » : « Pur subjectivisme qui ne voit l'homme que comme une intériorité. Kant : raison, autonomie [...]. Intention d'universalité en moi a seule valeur. [...] Fais ce que dois. [...] Kant ne prend pas départ dans situations effectives de consciences incarnées [...]. Cherche à être, non à faire (Malraux). Or on n'est qu'en faisant. Morale devient technique de pureté de cœur. Ne pas se salir » (MERLEAU-PONTY cité par E. DE SAINT AUBERT, *Du lien des êtres aux éléments de l'être. Merleau-Ponty au tournant des années 1945-1951*, Paris, Vrin, 2004, p. 39).

7 SNS, p. 178-179.

> de la pensée démocratique tient à ce qu'elle est moins une politique qu'une morale. »[8]

Le terme revient deux ans plus tard, c'est-à-dire en 1947, dans la préface d'*Humanisme et terreur* :

> « Il y a ici une véritable régression de la pensée politique, au sens où les médecins parlent d'une régression vers l'enfance. On veut oublier un problème que l'Europe soupçonne depuis les Grecs : la condition humaine ne serait-elle pas de telle sorte qu'il n'y ait pas de bonne solution ? Toute action ne nous engage-t-elle pas dans un jeu que nous ne pouvons entièrement contrôler ? N'y a-t-il pas comme un maléfice de la vie à plusieurs ? Au moins dans les périodes de crise, chaque liberté n'*empiète*-t-elle pas sur les autres ? »[9]

Dans les deux textes, Merleau-Ponty se donne à une critique de fond des illusions d'une morale et d'une politique pures, ainsi que des « illusions kantiennes de la démocratie ». Il touche ici à « l'étrange et peut-être constitutive faiblesse des démocraties »[10] : leur refus de voir la violence et leur répugnance à l'égard de la force. Et s'il s'en prend ouvertement à la morale kantienne, c'est parce que celle-ci fait de l'autonomie de la personne humaine un de ses concepts clefs, c'est donc une morale de pureté, un subjectivisme radical dont la première règle est le respect de l'autonomie d'autrui. Or, la figure merleau-pontienne d'empiétement exprime cette idée essentielle qu'il est impossible de respecter l'autonomie d'autrui étant donné que nous sommes inextricablement mêlés aux autres et que chaque liberté empiète nécessairement sur celle des autres. L'empiétement moral ou politique ne peut être exclu des rapports humains.

---

[8] SNS, p. 124-125. Souligné par nous.

[9] HT, p. XXXIV. Souligné par nous.

[10] J.C. ESLIN, *op. cit.*, p. 9.

« Empiéter », « se salir les mains », ces concepts prennent naissance dans le contexte de la guerre. A l'époque, il se pose la question de savoir ce qu'il faut faire devant cette désolante situation. Deux attitudes opposées se présentent : résister ou collaborer, se compromettre ou tourner la face, se salir les mains ou les garder propres. Garder les « mains propres », c'est l'attitude de l'homme moral qui prétend protéger sa pureté. Elle se manifeste dans la défense radicale de l'optimisme démocratique et du subjectivisme, deux idées intimement liées qui, selon Merleau-Ponty, engendrent des conséquences de taille. L'optimisme démocratique consiste à croire dans la rationalité et l'autonomie de tous les êtres humains : tout homme est autonome et cette autonomie doit toujours être respectée. La violence apparaît quand l'homme perd sa dignité, mais elle ne fait que des apparitions épisodiques dans l'histoire pacifique de l'Humanité rationnelle. L'optimisme démocratique est donc soutenu par la foi en la paix et la bonté ; c'est l'étendard de la morale kantienne au centre de laquelle se trouve affirmée l'autonomie du sujet. Le respect de cette autonomie exige de ne pas s'immiscer dans la vie ou l'existence de l'autre. A l'époque de la Seconde Guerre Mondiale, ce principe de non-intrusion se traduit dans l'immobilisme et l'absence d'action, ce que Merleau-Ponty interprète comme un anti-humanisme car les hommes aux « mains propres » se voilent les yeux devant la situation concrète. Cette attitude est la ruse de ceux qui « dirigent leurs yeux et les nôtres vers le ciel des principes pour les détourner de ce qu'ils font »[11]. Nous sommes en présence d'une philosophie idéaliste pour laquelle ne compte que l'univers conceptuel des principes et non l'existence et la situation concrètes. L'optimisme démocratique est intimement lié à la thèse du sujet comme conscience pure qui évolue en dehors du monde et qui n'est affecté par rien de ce qui arrive dans ce monde. Merleau-Ponty n'a pas échappé à la tentation de cette philosophie de la vie tout intérieure et du sujet coupé du monde. C'est ce qu'il confesse quand il affirme :

[11] S, p. 364.

« Nous avions secrètement résolu d'ignorer la violence et le malheur comme éléments de l'histoire, parce que nous vivions dans un pays trop heureux et trop faible pour les envisager. Nous méfier des faits, c'était même devenu un devoir pour nous. On nous avait appris que les guerres naissent de malentendus qui peuvent être dissipés et de hasards qui peuvent être conjurés à force de patience et de courage. »[12]

Le « secrètement » de Merleau-Ponty s'explique en référence au subjectivisme radical des « mains propres ». En effet, parce que l'individu se définit comme une conscience pure, détachée du réel et que rien n'affecte, l'assomption de la violence serait en contradiction avec le principe fondamental du subjectivisme car elle impliquerait de reconnaître l'imbrication entre le cogito et le monde.

Dans le même contexte, enlever les « gants » de la pureté, se « salir les mains », c'est non seulement s'engager dans les événements du monde ambiant, mais aussi s'attaquer aux « mains propres » ainsi qu'aux idées qu'elles défendent. Le monde de l'optimisme démocratique est un monde des libertés absolues où règne le devoir de traiter chacun comme une fin en soi. Il en découle que toute action tentant à s'immiscer dans la liberté de l'autre ne peut être acceptée car elle tend à le transformer en moyen. Or, pour Merleau-Ponty, chaque liberté empiète nécessairement sur une autre. En tant que conscience incarnée, il y a en moi une « impureté » qui résulte de ma relation à l'autre et au monde. En d'autres termes, je suis intimement lié à l'autre et au monde dans lequel nous sommes tous insérés car, non seulement nous sommes *dans* le monde, mais nous sommes *du* monde. Mais, en même temps, il existe entre autrui et moi un écart qui fait que je ne coïncide pas parfaitement avec lui, pas plus que je ne peux coïncider parfaitement avec moi-même. Le geste par lequel je me donne à autrui est en même temps celui par lequel je m'en sépare. Autrement dit, entre autrui et moi, il n'y a ni fusion absolue ni

[12] SNS, p. 169.

écart absolu. Il résulte de cette ambiguïté que la violence et la coexistence sont les deux faces d'une même réalité : notre situation commune. Avoir les « mains sales » c'est donc prendre en compte la situation concrète de l'être humain, qu'elle soit paisible ou tumultueuse ; c'est reconnaître l'empiétement de nos libertés[13] et la violence qui en découle. Le vrai humanisme consiste alors à rendre plus humaines les relations entre les hommes, à assumer le moment historique qu'ils partagent comme la violence qui surgit inévitablement entre eux quand ils se rencontrent. On comprend en ce sens l'intérêt et la préférence de Merleau-Ponty pour Nicolas Machiavel qu'il considère comme un vrai humaniste[14].

L'empiétement est donc une modalité d'expression fondamentale de la condition humaine et il est une figure qui nous donne à voir le lien substantiel qui existe entre la violence et la condition humaine. Merleau-Ponty affirme de façon on ne peut plus vigoureuse cette idée dans *Humanisme et terreur* :

> « Nous n'avons pas le choix entre la pureté et la violence, mais entre différentes sortes de violence. *La violence est notre lot en tant que nous sommes incarnés.* Il n'y a pas même de persuasion sans séduction, c'est-à-dire, en dernière analyse, sans mépris. La violence est la

---

[13] « Ma liberté et celle d'autrui se nouent l'une à l'autre à travers le monde » (SNS, p. 179). « Si même je décide de respecter [la] liberté d'autrui, de ne pas influer sur autrui, *j'empiète* en réalité sur sa liberté, je le confirme dans la solitude, la disponibilité. Donc ma liberté étant toujours exemple ou intervention sur autrui, est incompatible avec la sienne. Et si enfin, pour respecter [la] liberté d'autrui, je me dévoue à lui, alors c'est la mienne qui cesse. Pluralité des consciences impossible » (MERLEAU-PONTY, Notes de préparation des *Conférences de Mexico*, cité par DE SAINT AUBERT, *Du lien des êtres…*, *op. cit.*, p. 63-64).

[14] « Si l'on appelle humanisme une philosophie de l'homme intérieur qui ne trouve aucune difficulté de principe dans ses rapports avec les autres, aucune opacité dans le fonctionnement social, et remplace la culture politique par l'exhortation morale, Machiavel n'est pas humaniste. Mais si l'on appelle humanisme une philosophie qui affronte comme un problème le rapport de l'homme avec l'homme et la constitution entre eux d'une situation et d'une histoire qui leur soient communes, alors il faut dire que Machiavel a formulé quelques conditions de tout humanisme sérieux » (S, p. 363).

situation de départ commune à tous les régimes. La vie, la discussion et le choix politique n'ont lieu que sur ce fond. Ce qui compte et dont il faut discuter, ce n'est pas la violence, c'est son sens ou son avenir. C'est la loi de l'action humaine d'enjamber le présent vers l'avenir et le moi vers autrui. Cette intrusion n'est pas seulement le fait de la vie politique, elle se produit dans la vie privée [...]. Si l'on condamne toute violence, on se place hors du domaine où il y a justice et injustice, on maudit le monde et l'humanité, – malédiction hypocrite, puisque celui qui la prononce, du moment qu'il a déjà vécu, a déjà accepté la règle du jeu. »[15]

Ainsi, l'empiétement est la loi de la condition humaine du fait que nous sommes des êtres incarnés qui entrons en relation, en contact les uns avec les autres, et ce contact nous mélange les uns aux autres de telle sorte que la « pureté » ne peut être soutenue que par des philosophies de la conscience pure et toute intérieure. C'est le cas d'un moralisme de type kantien qui se place hors-jeu, c'est-à-dire hors de l'engagement dans le monde ; quand il maudit la violence, il maudit l'humanité parce qu'il maudit ce que Merleau-Ponty appelle la « chair », et c'est en ce sens que la pureté qu'il revendique apparaît comme la pire des impuretés. Merleau-Ponty développe donc, dans *Humanisme et terreur*, une approche anthropologique de la violence, même si, à première vue, il se donne comme objectif de « comprendre la violence marxiste ». Comme le fait remarquer Emmanuel De Saint Aubert, cette réflexion philosophique doit être bien dégagée de son contexte ou prétexte politique[16]. En d'autres termes, la violence marxiste comme circonstance politique et historique qui pousse Merleau-Ponty à écrire *Humanisme et terreur* n'est qu'une occasion dont se sert le philosophe pour aborder la problématique plus générale de la violence dans son rapport à l'homme, comme il reviendra sur le même thème dans *Note sur Machiavel*. Nous y reviendrons. Ce que nous pouvons retenir, c'est que Merleau-

[15] HT, p. 117-118. Souligné par nous.
[16] E. DE SAINT AUBERT, *Du lien des êtres…*, op. cit., p. 44.

Ponty défend la thèse selon laquelle la violence se trouve au fondement des relations humaines. Développée dans le contexte immédiat de l'après-guerre, sa réflexion porte un intérêt particulier à cette reconnaissance de la place de la violence charnelle des conflits humains. Et c'est l'idée d'empiétement des libertés qui nous donne d'en comprendre la signification :

> « Quand on vit ce que Péguy appelait une période historique, quand l'homme politique se borne à admirer un régime ou un droit établis, on peut espérer une histoire sans violence. Quand on a le malheur ou la chance de vivre une époque, un de ces moments où le sol traditionnel d'une nation ou d'une société s'effondre, et où, bon gré mal gré, l'homme doit reconstruire lui-même les rapports humains, alors la liberté de chacun menace de mort celle des autres et la violence reparaît. »[17]

Ainsi donc, le berceau effectif de l'empiétement n'est pas chez Merleau-Ponty une description phénoménologique de la perception, mais « la relecture d'une expérience personnelle et collective du conflit humain, d'une condition humaine paradoxale qui commence toujours par dénier l'inévitable empiétement qui nous lie à autrui avant de le reconnaître et de l'assumer »[18]. L'expérience de la guerre et de l'occupation a donc été décisive dans la remise en cause du cartésianisme et du moralisme de type kantien, chantres de la « pureté » qui ont tous en commun de refuser toute forme d'empiétement entre moi et autrui. La violence communiste se comprend sur le fonds de cette violence originaire dont est marquée la condition humaine du fait de l'empiétement des libertés.

---

[17] HT, p. XIII.
[18] E. DE SAINT AUBERT, *Du lien des êtres* ..., op. cit., p. 53.

3.2. Comprendre la violence communiste.

C'est le refus de toute philosophie de maîtrise et de surplomb – une philosophie qui s'enferme dans les limites du for intérieur sans considération du monde réel historique concret – et notamment le refus de l'idéalisme qui pousse Merleau-Ponty à se rapprocher du marxisme, à lui accorder le privilège et le traitement de faveur que nous ne pouvons pas aujourd'hui partager avec lui. D'ailleurs lui-même a du changer d'avis et évoluer dans son appréciation du communisme[19].

---

[19] La lecture que fait Merleau-Ponty de Marx et du marxisme peut être considérée comme un jugement politique sur le devenir de la révolution marxiste qui non seulement récuse tout principe de jugement extérieur à la philosophie qui la légitime, mais aussi et même la possibilité d'un jugement intérieur, et cela au nom des principes. Cela fait surgir « le problème communiste » auquel bute *Humanisme et terreur* : « comment juger un processus historique dont les traits négatifs se présentent comme justifiés par la dialectique de l'Histoire elle-même, et un régime qui « juge » ses opposants – voire ses anciens partisans soudain « renégats », frappés de « traîtrise objective » – au nom d'une science de l'Histoire » (J.C. MONOD, *Du marxisme wébérien au nouveau libéralisme*, dans *Les Études philosophiques*, n°2, 2001, p. 186). Mais, livre de jugement, *Humanisme et terreur* est aussi un livre de doute car, si d'une part Merleau-Ponty donne des raisons de ne plus croire au communisme en décelant dans le marxisme même les germes des dérives des régimes communistes, d'autre part il s'efforce à répondre à ce doute en donnant des raisons de croire encore, malgré tout. C'est la période de ce que lui-même appellera « attentisme marxiste ». Celui-ci sera radicalement remis en question par les *Aventures de la dialectique* qui, en critiquant non seulement la pratique effective des régimes communistes mais aussi la pensée ou la théorie qui les porte, adoptent un point de vue nettement et clairement « a-communiste ». C'est dire que Merleau-Ponty est attentif à ce que l'Histoire dit de la doctrine et que, parce qu'il est philosophe, il examine le problème communiste en tant que problème philosophique. Merleau-Ponty avait très tôt fréquenté les textes de Marx. Dans son interrogation philosophique, il se rapproche du marxisme quand, à la manière de la phénoménologie, le marxisme prend en considération l'existence concrète de l'homme et son insertion dans un réseau de relations qui le lient à la nature, aux choses et aux autres et trouve que le sens est toujours en devenir dans la *praxis* interhumaine. Il s'en éloigne cependant et même s'y oppose quant à la conception de l'histoire : là où le marxisme voit la logique, la cohérence et la rationalité, il insiste, lui, sur la contingence, l'irrationalité et l'incertitude de l'histoire.

Mais, si nous voulons comprendre sa théorie de la violence, il est indispensable de la rattacher à sa fascination pour le marxisme. En effet, à cette époque, Merleau-Ponty, comme beaucoup d'autres intellectuels de sa génération, sont attirés par le marxisme. C'est qu'ils voient en lui une pensée qui ne se limite pas seulement aux bonnes intentions, mais qui se penche concrètement sur l'histoire, avec le corollaire de contradictions et de violences qu'elle porte. Alors que les libéraux – ceux qui ne sont remplis que de bonnes intentions – ferment les yeux sur la violence pour ne même pas voir celle qui est présente au sein de leur propre société libérale et celle dont eux-mêmes sont les auteurs, le marxisme est une pensée politique assez lucide qui fait de la violence son élément et son instrument de travail. La fascination pour le marxisme va donc de pair avec la critique de la « mystification libérale » :

> « On discute souvent le communisme en opposant au mensonge ou à la ruse le respect de la vérité, à la violence le respect de la loi, à la propagande le respect des consciences, enfin au réalisme politique les valeurs libérales. Les communistes répondent que, sous le couvert des principes libéraux, la ruse, la violence, la propagande, le réalisme sans principes font, dans les démocraties, la substance de la politique étrangère ou coloniale et même de la politique sociale. Le respect de la loi ou de la liberté a servi à justifier la répression policière des grèves en Amérique ; il sert aujourd'hui même à justifier la répression militaire en Indochine ou en Palestine et le développement de l'empire américain dans le Moyen-Orient. La civilisation morale et matérielle de l'Angleterre suppose l'exploitation des colonies. La pureté des principes, non seulement tolère, mais encore requiert des violences. Il y a donc mystification libérale. Considérées dans la vie et dans l'histoire, les idées libérales forment système avec ces violences. »[20]

---

[20] HT, p. IX.

C'est donc à ce libéralisme bourgeois, hypocrite et aveugle sur sa propre violence que s'attaque Merleau-Ponty. C'est un « libéralisme agressif, qui est un dogme et déjà une idéologie de guerre. On le reconnaît à ceci qu'il aime l'empyrée des principes, ne mentionne jamais les chances géographiques et historiques qui lui ont permis d'exister, et juge abstraitement les systèmes politiques, sans égard aux conditions données dans lesquelles ils se développent. Il est violent par essence et n'hésitera pas à s'imposer par la violence, selon la vieille théorie du bras séculier »[21]. Il est porté par un optimisme démocratique enclin à « supposer que la violence ne fait dans l'histoire qu'une apparition épisodique » [22] alors qu'elle se trouve au fondement de la condition humaine, qu'elle est intimement liée à l'histoire politique et sociale de l'humanité et présente dans tous les régimes politiques.

L'humanisme libéral compte parmi ses idées les plus chères l'idée de la non-violence et celle de la liberté. Or, la non-violence prétendue du libéralisme cache mal la violence que ce régime exerce dans ses frontières et en dehors d'elles. En d'autres termes, le principe de non-violence appartient à un système de violence et « la pureté des principes, non seulement tolère, mais encore requiert des violences »[23]. Quant à la liberté dont parle le libéralisme, elle est plus une liberté formelle qu'une liberté réelle [24]. Or, « il est essentiel à la liberté de n'exister qu'en acte »[25] . L'humanisme libéral se veut donc une morale universelle qui transcende les particularités et l'historicité. Valable en tout lieu et en tout temps, cette morale est considérée comme la seule et unique source de liberté. C'est

---

[21] HT, p. XX.
[22] SNS, p. 124.
[23] HT, p. IX.
[24] La mystification libérale fait de la liberté une idole. Cette liberté « inscrite sur un drapeau ou dans une Constitution » mais qui ne passe pas dans la vie de tous doit être critiquée : « Nous devons rappeler, écrit Merleau-Ponty, qu'elle commence à être une enseigne menteuse, — un « complément solennel » de la violence, — dès qu'elle se fige en idée et qu'on se met à défendre la liberté plutôt que les hommes libres » (HT, p. XIX-XX).
[25] HT, p. XX.

cet universalisme que critique Merleau-Ponty car il est en lien avec la violence du libéralisme, la violence d'une raison universelle qui ne peut tolérer qu'il existe une autre source de liberté : la liberté révolutionnaire. Aussi le phénoménologue français se laisse-t-il attirer par le marxisme comme doctrine qui s'attache à la réalisation des valeurs humaines dans des situations concrètes plutôt qu'aux valeurs nominales d'un universalisme abstrait. En ce sens, la violence du libéralisme est de se croire seul détenteur de la Raison et de la Vérité, au-delà des limites sociales et historiques. Par contre, pour le marxisme, le sujet pratique est un sujet concrètement engagé dans la situation sociale et historique. Son action engage d'autres sujets ainsi que le destin de l'humanité. Elle est une action violente qui vise la création d'un nouvel ordre. Mais cette violence est préférable à la violence libérale car elle contribue à l'avènement d'un humanisme vrai.

La conviction de Merleau-Ponty est alors que la méditation du marxisme peut permettre de fortifier les démocraties[26], car en dépassant l'alternative de «l'optimisme démocratique »[27], le marxisme propose une conception concrète de l'histoire. Sans être un déterminisme, le marxisme est, comme herméneutique, une théorie concrète de la liberté qui met en lumière la dialectique de la conscience et de la situation comme le fait la phénoménologie. En mettant en lumière la liberté qui est à l'œuvre dans la dimension véritable de l'existence comme coexistence et historicité, il révèle sa vérité profonde, il poursuit et accomplit l'œuvre de la phénoménologie car celle-ci se donne pour tâche de comprendre ce fait dernier qu'est la transformation du hasard en raison :

---

[26] « La faiblesse de la pensée démocratique tient à ce qu'elle est moins une politique qu'une morale, puisqu'elle ne pose aucun problème de structure sociale et considère comme données avec l'humanité les conditions d'exercice de la justice. Contre ce moralisme-là, nous sommes tous ralliés au réalisme, si l'on entend par là une politique qui s'occupe de réaliser les conditions d'existence des valeurs qu'elle a choisies » (SNS, p. 125).

[27] SNS, p. 124.

> « Les hommes en train d'assumer la nature qu'ils subissent d'abord, de briser les structures données de la société, et de passer par la *praxis* au "règne de la liberté"— ou, comme dit Hegel, à "l'histoire absolue" —, voilà le noyau humain de la religion et, au sens heideggérien, le contenu "métaphysique" du marxisme. »[28]

Par son contenu métaphysique, le marxisme se confond avec ce que Merleau-Ponty appelle « la philosophie existentielle »[29], l'existentialisme étant lui-même l'accomplissement réciproque de la phénoménologie et du marxisme, la théorie de la conscience de l'une s'unissant à la théorie de l'histoire de l'autre pour comprendre l'homme, le monde et l'histoire au-delà de l'alternative du destin et de l'arbitraire, du sens et non-sens, de la logique objective et des intentions subjectives. Il reste toutefois que la théorie marxiste, avec son souci de saisir le mouvement historique dans sa totalité et selon toutes ses composantes, doit, pour être crédible, déboucher sur une pratique conforme à son contenu métaphysique. Parce que, comme le dit Merleau-Ponty :

> « Quelle que soit la philosophie qu'on professe, et même théologique, une société n'est pas le temple des valeurs-

---

[28] SNS, p. 155.

[29] SNS, p. 162. « La philosophie existentielle consiste, comme son nom l'indique, à prendre pour thème non seulement la connaissance ou la conscience entendue comme une activité qui pose en pleine autonomie des objets immanents et transparents, mais l'existence, c'est-à-dire une activité donnée à elle-même dans une situation naturelle et historique, et aussi incapable de s'en abstraire que de s'y réduire. La connaissance se trouve replacée dans la totalité de la *praxis* humaine et comme lestée par elle. Le « sujet » n'est plus seulement le sujet épistémologique, mais le sujet humain qui, par une continuelle dialectique, pense selon sa situation, forme ses catégories au contact de son expérience et modifie cette situation et cette expérience par le sens qu'il leur trouve. En particulier ce sujet n'est plus seul, n'est plus la conscience en général ou le pur être pour soi — il est au milieu d'autres consciences également situées, il est pour autrui et par là subit une objectivation, devient sujet générique. *Pour la première fois depuis Hegel, la philosophie militante réfléchit, non pas sur la subjectivité, mais sur l'intersubjectivité* » (SNS, p. 162-163).

idoles qui figurent au fronton de ses monuments ou dans ses textes constitutionnels, elle vaut ce que valent en elle les relations de l'homme avec l'homme. »[30]

Ainsi, les relations humaines, c'est-à-dire le lien humain dont est faite une société, se révèlent être le critère à l'aune duquel elle doit être jugée. C'est pourquoi, au sujet de la théorie marxiste, la question qui doit être posée est celle de savoir si la violence communiste « est révolutionnaire et capable de créer entre les hommes des rapports humains »[31]. En d'autres termes : « le communisme est-il capable de réaliser effectivement les valeurs humaines qui sont les siennes et qui restent, dans une pensée libérale, purement " nominales " ? L'action communiste peut-elle être à la hauteur de la métaphysique marxiste ? »[32]. C'est cette question directrice qui se trouve au centre de *Humanisme et terreur*, – « ce livre étrange et séduisant » selon Jean-Claude Eslin[33]– et qui exige que soit examiné le rapport entre la théorie et la pratique effective du communisme. « Le communisme est-il égal à ses intentions humanistes ? Voilà la vraie question »[34] telle que la pose directement Merleau-Ponty lui-même dans la préface de son livre.

La pensée libérale refuse de reconnaître la violence comme milieu de la coexistence. Or, tel doit être le point d'où il faut partir tant il est vrai que Hegel a mis en lumière le fait que la situation fondamentale de l'existence humaine comme existence est une situation de lutte et de conflit :

> « L'histoire est donc essentiellement lutte, — lutte du maître et de l'esclave, lutte des classes, — et cela par une nécessité de la condition humaine et en raison de ce paradoxe fondamental que l'homme est indivisiblement conscience et corps, infini et fini. Dans le système des

---

30 HT, p. X.
31 HT, p. XIII.
32 V. PEILLON, *La tradition de l'esprit. Itinéraire de Maurice Merleau-Ponty*, Paris, Grasset, p. 139.
33 J.C ESLIN, « Critique de l'humanisme vertueux », op. cit., p. 11.
34 HT, p. XIV.

consciences incarnées, chacune ne peut s'affirmer qu'en réduisant les autres en objets. Ce qui fait qu'il y a une histoire humaine, c'est que l'homme est un être qui s'investit au dehors, qui a besoin des autres et de la nature pour se réaliser, qui se particularise en prenant possession de certains biens et qui, par là, entre en conflit avec les autres hommes. »[35]

On voit comment Merleau-Ponty met à jour la matrice hégélienne[36] de toute politique authentiquement marxiste pour souligner la place de la lutte et de la violence dans l'histoire et les relations humaines. Les analyses hégélienne de la dialectique du maître et de l'esclave et marxiste de la lutte des classes sont ici intégrées à une anthropologie qui reconnaît la violence comme situation fondamentale de la coexistence du fait que chaque conscience incarnée, dans son désir de s'affirmer, entre nécessairement en lutte avec l'autre, et c'est cette lutte qui est le moteur de l'histoire. Nous pouvons ici remarquer comment, conformément à son intention philosophique, Merleau-Ponty tient à la définition de l'homme comme union indivisible de la conscience et du corps (conscience incarnée) et comment cette définition entre dans la compréhension de la violence :

« Chaque conscience [...] poursuit la mort de l'autre [...]. Mais la conscience ne peut rien sans son corps et

---

[35] HT, p. 110.

[36] Merleau-Ponty voit le fondement de la politique marxiste dans l'analyse du fonctionnement économique et dans sa conception de l'homme et des relations interhumaines, le fonctionnement économique et la réalisation de l'homme étant ainsi les deux problèmes majeurs du marxisme. « Le nœud des deux ordres de problèmes se trouve dans cette idée hégélienne que chaque système de production et de propriété implique un système de relations entre les hommes de sorte que nos relations avec autrui se lisent dans nos relations avec la nature et nos relations avec la nature dans nos relations avec autrui. On ne peut saisir en définitive toute la signification d'une politique marxiste sans revenir à la description que Hegel donne des rapports fondamentaux entre les hommes » (HT, p. 109-110).

> ne peut quelque chose sur les autres qu'en agissant sur leur corps. »[37]

La violence, dans la situation originaire, est donc liée à la nature même de l'homme en tant que mélange ou métis, et sa dénégation par la pensée libérale est une hypocrisie qui fausse la question dès le départ.

Mais, une fois que l'on a reconnu la violence comme situation fondamentale, on n'a pas résolu le problème car il reste à se poser la question de son sens. Toutes les violences sont-elles au même titre des expressions de cette situation originaire ? La violence est-elle le dernier mot de la coexistence ? La discussion politique ne s'arrête donc pas avec la reconnaissance de la violence, elle doit plutôt être engagée à partir de ce lieu :

> « La violence est la situation de départ commune à tous les régimes. La vie, la discussion et le choix politique n'ont lieu que sur ce fond. Ce qui compte et dont il faut discuter, ce n'est pas la violence, c'est son sens ou son avenir. »[38]

Réfléchir sur le sens de la violence communiste revient donc à se demander si, comme le pensait Marx, elle est « progressive »[39], c'est-à-dire si elle tend à se dépasser en vue de l'établissement des rapports plus humains entre les hommes.

La théorie de la « violence progressive » consiste à justifier la violence en lui accordant un caractère progressif. Elle entend justifier la violence du communisme en tant qu'entreprise de longue haleine qui exige pour sa réalisation des sacrifices et le recours à une certaine violence. C'est cette théorie que Merleau-Ponty développe dans *Humanisme et terreur*. L'idée maîtresse en est simple : qu'ils soient libéral, communiste ou

[37] HT, p. 110.
[38] HT, p. 118.
[39] HT, p. 189.

fasciste, tous les régimes contiennent en eux la violence et l'exercent d'une manière ou d'une autre car celle-ci existe partout. Pour cette raison, le principe libéral de non-violence comme critère de différenciation politique n'est d'aucune utilité. En effet, le libéralisme masque ses propres violences présentes dans l'exploitation de l'homme par l'homme, la répression policière, les colonies, l'impérialisme, etc. Ce libéralisme reste idéaliste dans la prédication de son humanisme. En s'attaquant à la « terreur » stalinienne, l'humanisme qu'évoquent les libéraux se réfère à la morale kantienne qui exige que l'homme soit traité non comme un moyen mais comme une fin. Cet idéalisme est pourtant démenti par la vérité des faits car la société humaine est un théâtre de lutte entre les maîtres et les esclaves, les bourreaux et les victimes. Et, parce qu'il est porté par une philosophie qui ignore les faits et le contact avec le réel au bénéfice de pures idées et de bonnes intentions, l'humanisme que prêchent les libéraux n'est qu'un doux rêve. En fait, la politique comme telle est terreur, elle « est par essence immorale »[40], et « l'action politique est de soi impure »[41].

Comme on peut le remarquer, l'idée de violence progressive apparaît quand, critiquant la classification libérale des régimes politiques, Merleau-Ponty présente et justifie une typologie d'un autre ordre fondée non sur ce que sont les régimes, mais sur ce qu'ils prétendent être. Tous les régimes se valent dans la mesure où ils reposent tous sur la violence. Mais on peut toutefois établir entre eux des différences car dans certains la violence tend à se perpétuer tandis que dans d'autres elle tend à être supprimée ou à se dépasser. Ces derniers régimes sont de toute façon préférables aux premiers. La philosophie marxiste de l'histoire nous permet de différencier la violence qui tend à se perpétuer de celle qui tend à se supprimer. La révolution prolétarienne étant la condition de réalisation de l'humanité, seule la violence prolétarienne est l'unique qui tend à se supprimer. Parce que le régime soviétique se réclame de l'idéal

[40] HT, p. XXXVII.
[41] HT, p. XXVIII.

prolétarien et prétend mettre fin à la dialectique maîtrise-servitude, on doit lui reconnaître un certain privilège. Les deux violences ne peuvent donc pas être confondues car « la violence fasciste (et libérale) appartient à l'histoire immuable ; la violence communiste est peut-être la maladie infantile d'une nouvelle histoire, le détour que l'humanité doit accomplir si elle entend accéder un jour à l'humanisme »[42]. La dialectique hégélienne du maître et de l'esclave constitue l'arrière-fond philosophique qui sous-tend la réflexion que mène Merleau-Ponty dans *Humanisme et terreur,* et la révolution communiste est comprise par lui comme la phase finale de cette dialectique : à la violence des maîtres capitalistes va succéder celle des prolétaires qui, longtemps opprimés, vont livrer à leurs anciens maîtres une lutte dont la finalité est l'instauration de l'humanisme, c'est-à-dire une société sans classes et sans État .

Parce qu'il réalise le contenu métaphysique du marxisme, le prolétariat a une grande responsabilité historique : en tant que présent vivant de l'histoire, il est le trait d'union entre le passé et l'avenir ; c'est lui qui élève le particulier à l'universel. L'on comprend pourquoi le marxisme repose sur la théorie du prolétariat. Merleau-Ponty écrit :

> « La théorie du prolétariat n'est pas dans le marxisme une annexe ou un appendice. C'est vraiment le centre de la doctrine, car c'est dans l'existence prolétarienne que les conceptions abstraites deviennent vie, que la vie se fait conscience. Les marxistes ont souvent comparé la violence révolutionnaire à l'intervention d'un médecin dans un accouchement. C'est dire que la société nouvelle existe déjà et que la violence se justifie, non par des fins lointaines, mais par les nécessités vitales d'une nouvelle humanité déjà ébauchée. C'est la théorie du prolétariat qui distingue absolument une politique marxiste de toute autre politique autoritaire et rend superficielles les analogies formelles que l'on a souvent signalées entre

[42] E. WERNER, *De la violence au totalitarisme. Essai sur la pensée de Camus et de Sartre*, Paris, Calmann-Lévy, 1972, p. 18-19.

> elles. Si nous voulons comprendre la violence marxiste et faire le point du communisme d'aujourd'hui, il nous faut revenir à la théorie du prolétariat. »[43]

C'est donc en revenant à cette théorie que l'on comprend en quoi et comment la violence communiste a un sens distinct de toutes les autres violences. En effet, « sous le nom du prolétariat, Marx décrit une situation telle que ceux qui y sont placés ont et ont seuls l'*expérience pleine* de la liberté et de l'universalité qui, pour lui, définissent l'homme »[44]. A la manière du corps propre de la conscience perceptive qui est comme un troisième genre d'être du fait qu'il est à la fois sujet et objet, le prolétariat articule en lui la subjectivité à l'objectivité ; c'est pourquoi, seul, il peut atteindre à la vérité entière et à la liberté pleine. « Seule intersubjectivité authentique »[45] qui éclaire naturellement l'histoire, le prolétariat est considéré comme la conscience de l'universelle humanité. En conséquence, la violence qu'il exerce dans la poursuite de ses tâches révolutionnaires n'a pas pour but de se perpétuer ; en tant que violence de la vérité comme vérité humaine, elle est distincte de toute autre violence :

> « Les intérêts de cette classe portent dans l'histoire les valeurs humaines, et le pouvoir du prolétariat est le pouvoir de l'humanité. »[46]

Ces valeurs humaines, qui ne sont que nominales dans la pensée libérale, le prolétariat les réalise selon le marxisme authentique. Aussi Merleau-Ponty souligne-t-il que « la théorie du prolétariat comme porteur du sens de l'histoire est la face humaniste du marxisme »[47]. C'est que, loin d'être une pensée qui renonce aux valeurs de la pensée libérale, le marxisme authentique, qui s'accomplit dans l'humanisme prolétarien, est plutôt une pensée dont l'objectif est de les réaliser :

---

[43] HT, p. 122.
[44] HT, p. 122.
[45] HT, p. 125.
[46] HT, p. 133.
[47] HT, p. 126-127.

> « On ne saurait donc trop souligner que le marxisme ne critique la pensée formelle qu'au profit d'une pensée prolétarienne plus capable que la première de parvenir à l'“objectivité”, à la “vérité”, à l'“universalité”, en un mot de réaliser les valeurs du libéralisme. »[48]

Que cette réalisation passe par la violence entre dans la logique de l'action révolutionnaire. Ainsi, dans la perspective marxiste, seul le prolétariat est apte à dénouer la violence.

En considérant l'état du monde à l'époque où il écrit son livre, Merleau-Ponty estime que l'humanisme bourgeois se berce d'illusions parce qu'il se voile la face pour ne pas regarder sa propre violence ; il n'est qu'un moralisme aux bonnes intentions mais déconnecté du réel. Mais celui qui, dans les actes et effectivement, veut réaliser l'humanisme, celui-là jouit d'un privilège absolu. Bourgeois et communistes sont tous violents, mais ce qui les distingue est que les premiers se contentent du monde tel qu'il est, ils sont partisans du *statu quo*, tandis que les seconds veulent le transformer. Cette transformation ne peut pas ne pas passer par la violence dans la mesure d'ailleurs où celle-ci n'est qu'une réponse à la violence première. Pour toutes ces raisons, la violence communiste est préférable à la violence libérale. Bien plus, elle est une violence accoucheuse de l'humanisme parce que, contrairement à d'autres formes des violences, elle tend à se dépasser. Ainsi donc, telle qu'il l'élabore en 1947, la théorie de la violence progressive de Merleau-Ponty s'appuie sur deux affirmations fondamentales : « d'une part une affirmation pessimiste : la politique ne peut, dans les circonstances présentes, revêtir qu'un caractère terroriste — de l'autre, une affirmation optimiste : à

---

[48] HT, p. 134. S'il considère la morale du capitalisme comme une mystification, le marxisme n'est pas pour autant une renonciation aux valeurs : « Le marxisme n'est pas un immoralisme, c'est la résolution de considérer les vertus et la morale non seulement au cœur de chacun, mais dans la coexistence des hommes. L'alternative du réel et de l'idéal est dépassée dans la conception du prolétariat comme porteur concret des valeurs » (HT, p. 135).

plus ou moins long terme, le terrorisme se muera en humanisme »[49]. C'est précisément le thème de la violence progressive qui relie l'une à l'autre les deux affirmations. Or, parler d'une violence progressive nous situe d'emblée dans le temps et surtout face à l'avenir parce que, au fond, c'est l'ambition eschatologique qui légitime et justifie la violence présente. Nous sommes ainsi conduits au problème de la philosophie de l'histoire parce que la problématique de la violence soulève la question du sens de l'histoire. Quelle philosophie de l'histoire Merleau-Ponty professe-t-il ?

3.3. De l'attentisme marxiste à l'a-communisme.

A l'époque de *Humanisme et terreur* (1947), la critique de Merleau-Ponty se fait contre l'humanisme vertueux et en faveur du marxisme. Pourquoi le phénoménologue français se laisse-t-il séduire par le marxisme ? Quelle philosophie de l'histoire sous-tend sa théorie de la violence progressive ? Pour répondre à ces questions, il convient d'abord de voir comment le marxisme se situe face à l'histoire. Le marxisme comprend essentiellement l'histoire comme un champ de lutte. Parce que chaque conscience incarnée cherche à s'affirmer en réduisant les autres en objets, la violence est le milieu de la coexistence[50]. Toute politique authentiquement marxiste porte en elle cette idée hégélienne qui comprend la situation fondamentale de l'existence humaine comme une situation de lutte et de conflit. Aussi incombe-t-il au prolétariat la responsabilité du dépassement humaniste de la violence et de la réalisation du contenu métaphysique du marxisme en instaurant entre les hommes des rapports humains. Pour Merleau-Ponty en 1946, c'est l'idée du prolétariat comme classe universelle qui distingue le marxisme de toute autre philosophie de l'histoire : « La théorie du prolétariat comme porteur du sens de l'histoire

[49] E. WERNER, *op. cit.*, p. 139.

[50] Pour Merleau-Ponty, l'histoire est essentiellement lutte en raison de ce paradoxe fondamental selon lequel l'homme est indivisiblement conscience et corps, infini et fini.

est la face humaniste du marxisme »[51]. En insistant sur les relations intersubjectives comme moteur du devenir historique contrairement à Koestler[52], Merleau-Ponty considère que les sujets sont à la fois inscrits dans le champ social et extérieurs à ce champ. C'est pourquoi il entend bien montrer que, par le prolétariat, le marxisme est capable de donner du sens au devenir historique. C'est donc avec raison que R. Barbaras voit dans *Humanisme et terreur* un double plan de lecture : ce livre se présente comme « un plaidoyer ultime pour voir dans le marxisme un outil de déchiffrement historique pertinent » et comme « la dernière tentative de conférer à l'histoire une rationalité »[53]. Aussi cet essai pose-t-il la question du sens de la violence d'abord comme forme particulière de rapport à autrui pour voir ensuite si la violence révolutionnaire vise l'établissement entre les hommes des rapports humains.

Selon la conception merleau-pontienne de l'histoire, il existe entre les subjectivités et le champ historique un rapport d'institution réciproque dans le sens que les subjectivités relèvent du champ historique en même temps qu'elles l'instituent et le relancent. Pour qu'il y ait production de sens, l'on doit tenir ensemble les faits, les sujets et l'interaction des sujets. En d'autres termes, prise séparément, aucune de ces instances n'est productrice de sens car celui-ci naît seulement de leur rencontre. C'est parce qu'il s'oppose à toute perspective

---

[51] HT, p. 126-127.

[52] Dans HT, en entrant en débat avec Koestler, Merleau-Ponty mène « une réflexion sur le devenir de la responsabilité historique des sujets dans le cadre d'une philosophie qui veut prendre totalement en charge l'aspect interindividuel de la signification de l'action » (R. BONAN, *Le problème de l'intersubjectivité dans la philosophie de Merleau-Ponty*. Vol 1. *La dimension commune*, *op. cit.*, p. 198). S'opposant au dualisme moral irréductible de Koestler et à son corollaire historique qu'est une « philosophie 'pendulaire' de l'histoire », il insiste sur la dimension interindividuelle des rapports humains concrets comme milieu propre du politique et de l'histoire, c'est-à-dire sur les relations intersubjectives comme moteur du devenir historique. Alors que Koestler professe un manichéisme où l'individu et sa logique s'opposent à la collectivité et ses exigences, Merleau-Ponty considère quant à lui que les sujets sont à la fois inscrits dans le champ social et extérieurs à ce champ.

[53] R. BARBARAS, « Notices sur les œuvres de Merleau-Ponty », *L'univers philosophique*, Paris, PUF, p. 1543.

subjectiviste ou objectiviste[54] que Merleau-Ponty s'intéresse au marxisme dans lequel il voit une philosophie qui surmonte des oppositions tranchées et abstraites. C'est à propos que R. Bonan note :

> « Mais, l'aspect qui certainement a le plus accroché le regard du philosophe est la volonté du marxisme, du moins celui du jeune Marx, d'assigner à l'histoire une finalité non-transcendante et de la décrire comme une forme d'intersubjectivité concrète. Ce véritable point focal de l'interprétation merleau-pontienne en révèle la signification et la portée car il permet de comprendre le sens de la terreur historique ainsi que la critique adressée à l'humanisme libéraliste. »[55]

C'est dire que l'intersubjectivité demeure pour Merleau-Ponty le critère de l'évolution historique et la mesure de référence de toute critique politique et sociale. C'est donc en référence à ce critère que le communisme aussi bien que le libéralisme doivent être jugés et appréciés. Plutôt que de jouer à l'hypocrisie ou à la mystification, mieux vaut regarder en face la violence présente dans toutes les formes de régimes et poser à son sujet la question de savoir si elle est « capable de créer entre les hommes des rapports humains »[56]. Pour le communisme en particulier, la question revient à celle-ci : la violence révolutionnaire est-elle un moyen en vue de l'instauration d'une société plus humaine ? La réponse doit être positive car, selon Marx, la violence prolétarienne a des visées humanitaires. En effet, la lutte du prolétariat comme classe sociale impliquée dans la *praxis* a une signification universelle car elle est la lutte d'une classe dont la caractéristique principale est, à la différence de la bourgeoisie, l'absence d'intérêt particulier.

---

[54] L'objectivisme et le subjectivisme sont les conséquences du dualisme cartésien qui instaure une séparation absolue entre le sujet et l'objet. Merleau-Ponty réclame la synthèse des philosophies du sujet et des philosophies de l'objet pour comprendre la vérité du champ historique.

[55] R. BONAN, *Le problème de l'intersubjectivité dans la philosophie de Merleau-Ponty*. Vol 1. *La dimension commune*, *op. cit.*, p. 202.

[56] HT, p. XIII.

Parce qu'il est porteur du sens de l'histoire, le prolétariat est la seule intersubjectivité authentique, c'est-à-dire la seule capable de conduire l'humanité vers le vrai humanisme.

Mais cette position, Merleau-Ponty ne va pas la soutenir longtemps : il sera obligé par la force des circonstances à passer de l'« attentisme marxiste »[57] à l'« a-communisme ». *Humanisme et terreur* remarquait déjà un écart entre la théorie marxiste et la pratique communiste[58]. Le communisme reste violent, mais rien ne permet d'affirmer que cette violence se dépasse en vue de l'avènement de l'homme purement homme :

> « Si l'on essaye d'apprécier l'orientation générale du système, on soutiendrait difficilement qu'il va vers la reconnaissance de l'homme par l'homme, l'internationalisme, le dépérissement de l'État et le pouvoir effectif du prolétariat [...] Le communisme est de plus en plus tendu, il montre de plus en plus sa face d'ombre. » [59]

---

[57] *Humanisme et terreur* est traversé par une tension entre la théorie politique marxiste et la pratique politique qui se déduit de cette théorie et que Merleau-Ponty désigne comme « l'attentisme marxiste ».

[58] Dans sa critique du communisme, Merleau-Ponty ne manque pas de faire un constat amer en reconnaissant les « démentis de l'expérience » : « Nous disons que la construction des bases socialistes de l'économie s'accompagne d'une régression de l'idéologie prolétarienne et que, pour des raisons qui tiennent au cours des choses, — révolution dans un seul pays, stagnation révolutionnaire et pourrissement de l'histoire dans le reste du monde, — l'U.R.S.S. n'est pas la montée au grand jour de l'Histoire du prolétariat tel que Marx l'avait défini » (HT, p. 151-152). « Nous nous trouvons devant un phénomène neuf. Il n'y a plus seulement, dans le cours du mouvement prolétarien, des détours inattendus, mais le mouvement prolétarien lui-même, en tant que mouvement conscient et spontané et comme dépassement de la sociologie éternelle, a cessé d'être le terme de référence de la pensée communiste » (HT, p.153). « Un homme situé dans son temps, s'il le regarde franchement, et non pas à travers ses souvenirs et ses rêves, voit bien une économie collectivisée en train de se construire. Il ne voit pas au pouvoir le prolétaire comme "homme de l'Histoire Universelle" ». (HT, p. 155).

[59] HT, p. XVI. Ce texte est précédé de cette affirmation qui souligne le décalage entre le dire et le faire des communistes : « La différence est de plus en plus grande entre ce que les communistes pensent et ce qu'ils écrivent,

Mais, malgré ce constat amer de l'écart entre la théorie et la pratique, Merleau-Ponty continuait à accorder du crédit à la théorie marxiste. Par contre, dans *Les Aventures de la dialectique*, il en arrive à critiquer non seulement la pratique marxiste (les régimes communistes), mais la théorie marxiste elle-même. Le marxisme soviétique (théorie matérialiste de l'histoire) lui apparaît comme une théorie qui illustre le mieux la conception naturaliste de l'histoire[60]. Or, cette théorie est d'abord réfutée dans la pratique par un simple constat de fait : l'histoire accepte le compromis, la contingence, l'équivoque des faits et situations. Cette situation de fait implique du même coup une révision de la théorie : l'histoire n'est pas « un mouvement fatal », et elle n'a pas non plus « un caractère purement rationnel »[61].

Un certain marxisme et presque tous les régimes communistes figent des oppositions en situant le vrai dans l'objet et le faux dans le sujet, en séparant radicalement le vrai, objet de la science, du faux de l'idéologie. Or, une vraie dialectique devrait interdire une telle conception ; elle devrait interdire aux marxistes de prétendre « être dans le vrai » dans la mesure où se prévaloir d'un absolu du vrai c'est tomber dans le dogmatisme. Le vrai marxiste a « la conviction d'être, non dans la vérité, mais au seuil de la vérité, qui est à la fois toute proche [...] et à la distance infinie d'un avenir qui est à faire »[62]. Parce que l'histoire est toujours « à faire », aucune clôture dogmatique n'est envisageable. C'est pourquoi le discours dialectique contient l'exigence d'autorévision et d'autocritique. Or le « socialisme scientifique » contredit cette exigence avec sa prétention d'être dans le vrai. La « bonne dialectique » est

---

parce qu'elle est de plus ne plus grande entre ce qu'ils veulent et ce qu'ils font » (HT, p. XVI).

60 Une théorie naturaliste de l'histoire considère que l'histoire est toute rationnelle et qu'elle se développe selon des lois nécessaires. Le socialisme scientifique naturalise la dialectique et fonde la toute puissance du Parti sur une « vérité objective » à l'œuvre dans le mouvement des choses.

61 SNS, p. 289.

62 AD, p. 78.

pour Merleau-Ponty celle que l'on ne projette pas dans les choses et qui aide à maintenir la tension entre l'Histoire « faite » et l'Histoire « à faire ». Elle évite au marxisme de se figer en dogme, en lui rappelant que l'Histoire est constituée de « rapports réversibles », que son ouverture pratique la soustrait à tout savoir achevé, que son sens doit être débattu, repris :

> « La dialectique est la vie profonde de cette contradiction [...] Une histoire qui se fait et qui cependant est à faire, un sens qui n'est jamais nul, mais toujours à rectifier, à reprendre, à maintenir contre les hasards, [...] une histoire-réalité qui est juge ou critère de toutes nos pensées, mais qui elle-même n'est autre chose que l'avènement de la conscience, de sorte que nous n'avons pas à lui obéir passivement, mais à la penser selon nos propres forces. »[63]

Mais ce n'est pas seulement une certaine forme de marxisme ou quelques régimes communistes que Merleau-Ponty critique : sa critique s'adresse plus radicalement à Marx lui-même pour avoir « mis la dialectique dans les choses mêmes »[64]. En effet, lorsque la dialectique est tout entière située dans les choses, dans l'être, dans l'objet, l'histoire devient un processus constatable et prévisible. « Car, demande Merleau-Ponty, si la révolution est dans les choses, comment hésiterait-on à écarter par tous les moyens des résistances qui ne sont qu'apparentes ? Si la fonction révolutionnaire du prolétariat est gravée dans les infrastructures du capital, l'action politique qui l'exprime est justifiée comme l'Inquisition par la Providence »[65]. En situant la dialectique dans l'être et en faisant de l'avènement de la société sans classes un processus nécessaire, la voie était donc ouverte à la légitimation sans limites de la violence, au mépris de la démocratie, à la dérive policière et terroriste des régimes communistes.

---

[63] AD, p. 84.
[64] AD, p. 128.
[65] AD, p. 122.

A ce moment, la rupture de Merleau-Ponty avec le marxisme est consommée. C'est que, pour pouvoir critiquer et juger en toute rigueur le communisme, il fallait en sortir. C'est alors que le philosophe se rend compte que le communisme non seulement n'annule pas la violence inerte des structures économiques [66], mais qu'il y ajoute une violence politique et physique dont il n'avait pas pris la mesure en 1947. Aussi critique-t-il l'institutionnalisation de la violence dans le régime communiste car, en annulant la dialectique, le socialisme scientifique porte atteinte à l'altérité. Merleau-Ponty avait vu dans le marxisme une philosophie de l'intersubjectivité et salué dans l'avènement du prolétariat la reconnaissance de l'homme par l'homme. La *praxis* marxiste lui paraît être avant tout une action interhumaine car, en vertu de la dialectique marxiste, les sujets ne sont pas seulement juxtaposés, ils sont en interaction les uns avec les autres. Mais, « lorsque la dialectique est rompue, et le subjectif dissocié de l'objectif, le prolétariat est abandonné, et l'altérité alors en péril. C'est précisément ce qui se passe lorsque la terreur, détachée de tout horizon humaniste, devient terrorisme d'État. Merleau-Ponty dénonce le remplacement par Lénine d'une conception de l'histoire comme relation entre personnes, incarnée dans des choses, par une seconde nature opaque et tout entière mécanique »[67].

Dans la Révolution au pouvoir, la rupture de la dialectique porte atteinte à l'intersubjectivité fondamentale au respect de l'autre, ce qui explique en même temps l'indifférence de la violence exercée à l'endroit de l'autre. La transformation de la terreur en terrorisme d'État où la violence devient institutionnalisée est donc une radicale négation de l'autre. Merleau-Ponty se détourne alors du marxisme. Lui qui s'était d'abord préoccupé à mettre plus l'accent sur la logique et la rationalité de l'histoire dans *Humanisme et terreur*, cherchera, au terme, à tenir ensemble la logique de l'histoire et sa

[66] « C'est une question de savoir si, pour le prolétariat, le communisme vaut ce qu'il coûte » (AD, p. 199).

[67] Thamy AYOUCH, « De la terreur au terrorisme : les aventures d'une philosophie de l'histoire chez Merleau-Ponty », dans *Topique*, n°81, 2002, p. 133.

contingence. Cela veut dire qu'il a commencé d'abord par défendre le marxisme contre l'humanisme. Mais, dans *Les Aventures de la dialectique* (1955) il finit par juger le marxisme en URSS selon les critères humanistes qu'il dénonce par ailleurs. Ce qui donne lieu aux contradictions présentes dans son œuvre politique : elles s'expliquent par le fait que, critiquant l'humanisme vertueux, il fonde progressivement un humanisme moins vertueux et plus historique qui le rapproche du marxisme, puis, critiquant le marxisme au nom des principes humanistes, il s'en éloigne par la suite. Au vu de ce changement de position vis-à-vis du marxisme, la question du sens de l'histoire garde toute son importance et sa pertinence.

L'histoire a-t-elle un sens ? L'on ne peut échapper à cette question quand on veut réfléchir sur l'histoire. Elle s'est posée avec beaucoup plus d'acuité dans le contexte d'occupation et d'après guerre qui a vu naître l'existentialisme et qui a pu rappeler les hommes à plus de modestie. Elle s'est aussi posée à Merleau-Ponty qui n'y a jamais répondu de façon tranchée, tant il est vrai que toute sa réflexion sur ce problème se présente comme une continuelle recherche d'un introuvable équilibre à maintenir entre la rationalité et la contingence de l'histoire. Dans le contexte d'immédiat après guerre où Merleau-Ponty commence à publier ses articles politiques, les épisodes historiques sont évalués à partir des philosophies progressistes marxistes ou libérales qui toutes se fondent sur le postulat commun que l'histoire évolue vers un progrès de plus en plus grand. Entre d'une part les philosophies de la conscience moins préoccupées de trouver un sens à l'histoire et d'autre part les philosophies de l'histoire qui croyaient au sens et à la rationalité de l'histoire, Merleau-Ponty cherche une philosophie opposée tout aussi bien au spiritualisme qu'au matérialisme et qui articule ensemble rationalité et contingence. Mais il s'agit là d'une position pas très aisée à tenir comme on le sent déjà dans la polémique qu'il engage contre Thierry Maulnier en 1945 dans son article « Autour du marxisme »[68] où il lui est difficile de trancher catégoriquement la question de savoir si, pour le

[68] SNS, p. 120-151.

marxisme, l'histoire est logique ou contingente. Revenant sur la difficulté de Thierry Maulnier d'adhérer à une « dialectique unique de l'histoire »[69], Merleau Ponty écrit :

> « Le propre du marxisme est donc d'admettre qu'il y a à la fois une logique de l'histoire et une contingence de l'histoire, que rien n'est absolument fortuit, mais aussi que rien n'est absolument nécessaire.»[70]

C'est ainsi par exemple qu'un marxiste croit que, sans être fatale, la révolution de 1917 en Russie n'est pas non plus le fruit du hasard. Donc, le marxisme reconnaît qu'il existe des faits dialectiques, c'est-à-dire des faits où jouent ensemble le hasard et la nécessité. Mais il peut se faire que la logique et l'histoire divorcent, que l'histoire effective se déroule autrement que ce qui paraissait être la logique de l'histoire, car, en fait, il existe des diversions dans l'histoire. Et si les diversions constituaient alors la substance de l'histoire ? [71] En considérant le problème marxiste en lui-même, Merleau-Ponty en perçoit mieux les difficultés internes. Sa position oscille entre la logique de l'histoire et sa contingence qu'il veut pourtant tenir ensemble : au début de sa polémique il semblait privilégier la logique, mais, au terme, c'est à la contingence qu'il donne le pas :

> « L'histoire ne serait plus alors un discours suivi dont on pourrait attendre avec assurance l'achèvement et où chaque phrase aurait sa place nécessaire, mais, comme les paroles d'un homme ivre, elle indiquerait une idée,

[69] SNS, p. 145.

[70] SNS, p. 146.

[71] La dialectique de l'histoire ne s'enlise-t-elle pas et ne dévie-t-elle pas vers des aventures tout à fait non conformes ? Se posant cette question et anticipant sur les événements, Merleau-Ponty écrit : « Si nous quittons résolument l'idée théologique d'un fond rationnel du monde, la logique de l'histoire n'est plus qu'une possibilité parmi d'autres. Bien que l'analyse marxiste nous permette mieux qu'aucune autre de comprendre un très grand nombre d'événements, nous ne savons pas si, pour toute la durée de notre vie ou même pour des siècles, l'histoire effective ne va pas consister en une série de *diversions* dont le fascisme a été la première, dont l'américanisme ou le bloc occidental pourraient être d'autres exemples » (SNS, p. 147).

> qui bientôt s'effacerait pour reparaître et disparaître encore, sans arriver nécessairement à l'expression pleine d'elle-même. »[72]

Quand on parle du « sens de l'histoire », la question que l'on pose contient une alternative : l'histoire a-t-elle un sens *ou* est-ce l'homme qui donne son sens à l'histoire ? Merleau-Ponty va au-delà de cette alternative quand il affirme :

> « Nous donnons son sens à l'histoire, mais non sans qu'elle nous le propose. »[73]

Pour éviter tout dualisme opposant la subjectivité à l'objectivité, le sens de l'histoire procède selon lui de la conjonction des facteurs subjectifs et des facteurs objectifs. Ainsi l'action de l'homme devient historique quand elle est une lecture aussi exacte que possible du sens implicite contenu dans l'événement :

> « Le sens de l'histoire exige une reprise, un prolongement, une adhésion de la conscience, mais ceux-ci ne peuvent être arbitraires : ils doivent, pour faire sens, répondre à la proposition du présent. »[74]

Cette façon de comprendre le sens de l'histoire nous renvoie au problème de la liberté du sujet en interaction avec la liberté d'autres sujets. La liberté se fait voir comme un phénomène tragique selon une double détermination : le temps de l'histoire est un temps à la fois personnel et collectif. Comme temps personnel, il est marqué par la contingence, l'imprévisibilité et le risque ; comme temps collectif, il est non seulement le lieu de la contingence, mais aussi de la violence. En effet, l'existence humaine a une dimension historique du fait que la conscience s'engage dans le temps avec d'autres consciences. Voilà pourquoi l'histoire n'est ni une succession mécanique et

---

[72] SNS, p. 147.
[73] PP, p. 513.
[74] *Ibid.*

nécessaire de causes et d'effets à laquelle la conscience ne peut rien, ni une simple réalisation de ce que la conscience seule a décidé. L'une et l'autre position sont une méconnaissance et une ignorance des phénomènes, et qui dit phénomène exige de tenir ensemble l'interaction et l'implication mutuelle entre le sujet et l'objet, c'est-à-dire, ici, entre la situation et la liberté pour qu'il y ait histoire :

> « L'homme est une idée historique et non pas une espèce naturelle. En d'autres termes, il n'y a dans l'existence humaine aucune possession inconditionnée et pourtant aucun attribut fortuit. L'existence humaine nous obligera à réviser notre notion usuelle de la nécessité et de la contingence en nécessité par l'acte de reprise. Tout ce que nous sommes, nous le sommes sur la base d'une situation de fait que nous faisons nôtre et que nous transformons sans cesse par une sorte d'échappement qui n'est jamais une liberté inconditionnée. »[75]

La théorie marxiste ne reconnaît pas la place du facteur subjectif dans l'histoire. A son opposé, la théorie libérale soutient que la conscience est tout et l'histoire son simple produit. Les deux manquent la vérité de l'histoire. Merleau-Ponty brise les catégories historiques valables jusque-là. En partant de la considération de la perception comme « modèle » des opérations humaines, il est conduit à récuser tout modèle dualiste en matière de pensée de l'histoire[76]. Attentif aux notions de structure et de dialectique, il conçoit l'histoire comme « *Gestalt* » [77] et adopte ainsi une « troisième voie » après la critique et le rejet aussi bien du subjectivisme que de l'objectivisme.

---

[75] PP, p. 199.

[76]« Le sujet de l'histoire ne crée pas de toutes pièces son rôle : en face de situations typiques, il prend des décisions typiques » (PP, p. 103). « L'histoire n'est ni une nouveauté perpétuelle, ni une répétition perpétuelle, mais le mouvement unique qui crée des formes stables et les brise » (PP, p. 104).

[77] « Être marxiste [...] pour parler un langage moderne, c'est penser que l'histoire est une *Gestalt*, au sens que les auteurs allemands donnent à ce mot, un processus total en mouvement vers un état d'équilibre » (HT, p.139).

Pour le subjectivisme, l'histoire est une succession des projets individuels. Merleau-Ponty reconnaît qu'il est vrai que l'histoire dépend des individus, mais elle n'est pas créée par leur volonté. L'objectivisme ne reconnaît ni le rôle des individus ni la contingence de l'histoire : l'histoire est rationnelle et les individus se fondent en elle. Contre l'objectivisme, Merleau-Ponty affirme la contingence de l'histoire. Il est vrai que le facteur objectif constitue l'histoire, mais pas de façon nécessaire car le monde humain reste un monde ouvert et infini. Ni totalement subjective ni totalement objective, l'histoire est plutôt une interpénétration du subjectif et de l'objectif, et cette interpénétration « traduit l'ambiguïté essentielle de l'histoire comprise comme champ expressif des subjectivités coexistantes »[78] . L'histoire indique un sens, nous offre des « lignes maîtresses » qu'il revient aux sujets de reprendre. Il n'y a donc pas un sens historique indépendant de la reprise des sujets[79].

Dans son déroulement, l'histoire est proprement « maléfique », « diabolique », et son tragique est celui de l'ambiguïté : l'histoire marche vers une issue dont on ne sait si elle sera bonne ou mauvaise et c'est cette imprévisibilité qui constitue justement son tragique. Les procès de Moscou dont il est question dans *Humanisme et terreur* révèlent en effet ce tragique de la contingence historique. Car, avant d'être confrontée à l'erreur, la vérité de l'histoire l'est d'abord à la dissimulation et à la violence. Boukharine[80], comme les autres

---

[78] R. BONAN, *Le problème de l'intersubjectivité dans la philosophie de Merleau-Ponty. La dimension commune*. Volume 1., *op. cit.*, p. 211.

[79] « Dire que l'histoire se déploie sur un plan transcendant serait tout à la fois en hypostasier le statut et soustraire l'homme à ses responsabilités ; dire en revanche que tout est en notre pouvoir serait ignorer la part « d'aventure » de toute entreprise historique qui doit composer avec la situation de fait et sa dynamique propre » (*Ibid.*, p. 212).

[80] Nikolaï Ivanovitch Boukharine (1888–1938) est un intellectuel, révolutionnaire bolchevique et homme politique soviétique. Il est l'auteur de nombreux ouvrages (livres théoriques, rapports politiques, articles de toutes sortes), comme *L'ABC du communisme* (1919), l'*Économique de la période de transition* (1920), *La Théorie du matérialisme historique* (1921), etc. C'est

révolutionnaires, étaient convaincus de marcher dans le sens de l'histoire et d'être ainsi dans la ligne de la révolution. Et pourtant, les procès de Moscou les déclarent coupables et criminels. L'histoire les abandonne, eux qui croyaient marcher dans son sens. L'action humaine, du fait qu'elle est action de l'un sur l'autre et action à plusieurs, porte en elle le « maléfice de la vie à plusieurs » et une impureté foncière. C'est en ce sens que se comprend le thème de la malédiction de l'histoire cher à Merleau-Ponty.

Ces précisions données et ces considérations faites, il nous faut à présent répondre à cette question : Merleau-Ponty a-t-il une philosophie de l'histoire ? Quelle est-elle ? A ce sujet, il nous faut d'abord indiquer la première constatation de Merleau-Ponty lui-même : l'on ne peut pas échapper à la philosophie de l'histoire, car, même le sceptique qui se refuse à voir un sens dans l'histoire obéit à une philosophie de l'histoire au moins implicite. Il écrit à ce propos :

> « La politique ne doit-elle pas renoncer à se fonder sur une philosophie de l'histoire, et, prenant le monde comme il est, quels que soient nos vœux, nos jugements ou nos rêves, définir ses fins et ses moyens d'après ce que les faits autorisent ? Mais on ne se passe pas de mise en perspective, nous sommes, que nous le voulions ou non, *condamnés* aux vœux, aux jugements de valeur, et même *à la philosophie de l'histoire*. On ne remarque pas assez que, après avoir démontré l'irrationalité de l'histoire, le sceptique abandonne brusquement ses scrupules de méthode quand il en vient aux conclusions pratiques. Il faut bien, pour régler l'action, considérer

---

le plus jeune des héritiers cités – et récusés— par Lénine dans son «testament » de 1922. Après la mort de Lénine, il choisit de soutenir Staline. Mais il échoue dans ses tentatives de résistance quand il prend conscience des orientations réelles de la politique de Staline. Malgré son respect formel des règles de la discipline du Parti, il est contraint d'avouer ses « crimes » dans une spectaculaire mise en scène judiciaire avant d'être fusillé lors du 3° procès de Moscou. Il est une des victimes de la « Grande Purge » de la fin des années 1930.

certains faits comme dominants et d'autres comme secondaires. Si réaliste qu'elle se veuille et si strictement fondée sur les faits, une politique sceptique est obligée de traiter au moins implicitement certains faits comme plus importants que d'autres et, dans cette mesure, elle renferme une philosophie de l'histoire honteuse, vécue plutôt que pensée, mais non moins efficace. »[81]

S'il récuse aussi bien le dogmatisme que le scepticisme, c'est parce que Merleau-Ponty veut tenir ensemble la rationalité et la contingence de l'histoire, en cherchant à maintenir l'équilibre entre les deux. Mais il s'agit là d'un équilibre instable, et si cet équilibre fait vaciller parfois la thèse de la rationalité et de la contingence, celle-ci reste néanmoins constante à travers toute l'œuvre et la pensée merleau-pontiennes. En effet, affirmer à la fois la rationalité et la contingence de l'histoire ne va pas sans difficultés, et ceci explique « l'allure hésitante et [...] dramatique de la philosophie de l'histoire de Merleau-Ponty »[82]. Ayant d'abord cru trouver dans le marxisme la réponse au problème de l'histoire, Merleau-Ponty s'en éloignera pour tomber dans un « a-communisme » pas très différent du scepticisme qu'il condamnait. Sa dernière pensée reste encore marquée par la recherche de ce sens fugitif, mais cette fois-ci dans une compréhension plus large du monde et de l'histoire, dans les profondeurs de l'être que traduira sa philosophie de la chair.

La pensée merleau-pontienne de l'histoire nous est accessible à travers la façon dont notre philosophe a compris le marxisme. Que représente ce dernier pour lui ? Sa réponse est claire dans son texte « Marxisme et philosophie » repris dans *Sens et non-sens* :

[81] SNS, p. 297.

[82] M. LAGUEUX, « Y a-t-il une philosophie de l'histoire chez Merleau-Ponty ? », dans *Dialogue*, vol.5, n°3, p. 406 ; publié en ligne le 09 juin 2010.

> « Le marxisme n'est pas une philosophie du sujet, mais pas davantage une philosophie de l'objet, c'est une philosophie de l'histoire. » [83]

Merleau-Ponty s'engage bien plus avant dans une vision marxiste de l'histoire :

> « Considéré de près, le marxisme n'est pas une hypothèse quelconque, remplaçable demain par une autre, c'est le simple énoncé des conditions sans lesquelles il n'y aura pas d'humanité au sens d'une relation réciproque entre les hommes, ni de rationalité dans l'histoire. En ce sens, ce n'est pas une philosophie de l'histoire, c'est *la* philosophie de l'histoire, et y renoncer, c'est faire une croix sur la Raison historique. Après quoi, il n'y a plus que rêveries ou aventures. »[84]

Comme on peut le remarquer, il y a identification du marxisme et de la Raison historique : si le marxisme n'est pas vrai et si la dialectique ne conduit pas à la société sans classes, l'histoire est alors un tumulte insensé. Le marxisme est, selon l'argumentation de Merleau-Ponty, une philosophie de l'histoire parce qu'il saisit l'histoire comme une totalité et qu'en outre, cette totalité a un sens : elle tend vers un état d'équilibre qui est « la reconnaissance de l'homme par l'homme ». Même par défaut, le phénoménologue français justifie « l'attentisme marxiste » comme la seule attitude possible en face de l'histoire et accorde un sursis même à un marxisme un peu décevant. « De toutes façons, commente Maurice Lagueux, cette solution temporaire pouvait refouler la difficulté impliquée dans la pensée de Merleau-Ponty : la rationalité était en quelque sorte mise en réserve et, de ce fait, restait à l'abri de la contingence historique »[85]. Nous l'avons vu, cette position va être abandonnée dans *Les Aventures de la dialectique* lorsque Merleau-Ponty se rend compte qu'il y a dans le marxisme une

---

[83] SNS, p. 158.

[84] HT, p. 165. C'est nous qui soulignons.

[85] M. LAGUEUX, *op. cit.*, p. 409.

équivoque qui, tel un germe, va le contaminer et que l'on retrouve déjà chez Marx lui-même : « cette équivoque était déjà là quand Marx a mis la dialectique dans les choses mêmes »[86]. L'équivoque consiste dans le fait que, le matérialisme dialectique, qui avait eu le privilège de comprendre la dialectique du sujet et de l'objet, de l'homme et de la chose, se trouve fortement compromis quand, minimisant l'action libre et contingente de l'homme, il met exclusivement l'accent sur la matière, sur les choses. Aussi Merleau-Ponty remet-il en cause « la philosophie objectiviste-subjectiviste de la *praxis* »[87]. Il critique donc l'idée de la logique de l'histoire qui ignore la contingence.

Au fond, ce qu'il reproche au socialisme scientifique, c'est qu'il « se donne l'assiette d'un savoir absolu »[88] et conserve « quelque chose de la croyance à la fin de l'histoire »[89]. Or Merleau-Ponty ne croit pas et n'a jamais cru ni au savoir absolu ni à la fin de l'histoire. C'est pourquoi « l'attentisme marxiste » de l'époque d'*Humanisme et terreur* sera remplacé par « l'a-communisme » de l'époque des *Aventures de la dialectique*[90], ce dernier livre démasquant et dénonçant la confusion du marxisme et de la Raison historique. On peut sans doute déceler des contradictions dans ces changements de position de la part de notre auteur, mais il est plutôt remarquable de noter que Merleau-Ponty pratique la « phénoménologie politique » : il a

---

86 AD, p. 128 ; voir aussi p. 125-126.

87 AD, p. 124.

88 AD, p. 122.

89 AD, p. 286. « Ce qui est donc caduc, ce n'est pas la dialectique, c'est la prétention de la terminer dans une fin de l'histoire ou dans une révolution permanente, dans un régime qui, étant la contestation de lui-même, n'ait plus besoin d'être contesté du dehors, et en somme n'ait plus de dehors » (AD, p. 285).

90 « Croyant échapper au scepticisme grâce au marxisme, Merleau-Ponty a craint que celui-ci ne le reconduise vers le dogmatisme. Dans ces conditions, se proclamer a-communiste ne revenait-il pas à sombrer dans le scepticisme ? Il y a certes un scepticisme valable auquel Merleau-Ponty a voulu faire sa place, celui qui aide à bien poser les problèmes. [...]. Mais le scepticisme qui consisterait à refuser tout sens à l'histoire, Merleau-Ponty ne s'y est pas résigné » (M. LAGUEUX, *op. cit.*, p. 414).

une vigilance pratique qui prend en considération les faits plutôt que leur habillage ou justification philosophique. Chacune de ses positions se justifie par son analyse de la situation présente et par une certaine lecture de l'histoire. Dans l'un et l'autre livre, il cherche à comprendre ; il est à la quête du sens. Or, une philosophie de l'histoire est une recherche du sens. Dans ses derniers écrits, notre philosophe a élargi cette recherche constante du sens en la tournant vers la question de l'être ; il a proclamé jusqu'au bout qu'il est dangereux de parler d'absolu et de finalité en histoire. Et à Maurice Lagueux de conclure : « Si la philosophie de l'histoire est une tentative passionnée pour arracher à l'histoire son secret quitte à apprendre, sans se déconcerter, qu'elle ne le connaît pas tout à fait elle-même, il y a une philosophie de l'histoire chez Maurice Merleau-Ponty »[91].

Cherchons à présent à comprendre l'attitude (philosophique et politique) de Merleau-Ponty vis-à-vis du marxisme. Qu'est-ce qui explique cette variation de positions que nous venons de mentionner et qui laisse croire que son œuvre politique contient des contradictions ? Faut-il vraiment parler de contradictions ? L'on se rappellera ici que ce qui intéressait avant tout Merleau-Ponty, c'était l'analyse de la réalité concrète. Pour lui, cette réalité concrète n'est pas la nature (physique ou sociale) au sens des positivistes. Elle est plutôt la rencontre dialectique entre l'âme et le corps, l'intérieur et l'extérieur, la subjectivité et l'objectivité. Cette conception de la réalité concrète implique une conception ouverte de la vérité[92]. Celle-ci se répercute à son tour sur le comportement concret qui, sans s'enliser dans la

91 *Ibid.*, p. 417.

92 C'est pourquoi, si le savoir philosophique « peut prétendre à une vérité, c'est parce qu'il représente une réalité qui ne se fige pas dans une constellation éternelle. En effet, la réalité ne peut se concevoir que comme une structure qui se fait et se défait. Il s'ensuit alors que la vérité qui s'obtient à un moment historique ne peut pas s'éterniser, elle doit au contraire se contrôler et s'ajuster aux nouvelles situations suscitées par le mouvement historique lui-même. Dès lors, la vérité reste toujours ouverte ; elle fournit un savoir non dogmatique mais vrai en tant qu'il thématise l'articulation interne et significative de la situation présente » (John Lucian BORG, « Le marxisme dans la philosophie de Merleau-Ponty », dans *Revue Philosophique de Louvain*, n°19, 1975, p. 507).

stagnation ni s'attribuer l'exclusivité du réel, reste un comportement créateur de nouvelles perspectives. C'est à la lumière de cette idée fondamentale de sa philosophie que Merleau-Ponty cherche à comprendre le marxisme. En d'autres termes, l'interprétation qu'il fait du marxisme correspond à cette intention philosophique dont nous avons dit qu'elle traverse toute son œuvre et sa pensée. Aussi cette intention philosophique principale reste-t-elle fondamentale dans la compréhension de son rapport au marxisme ponctué par deux moments importants.

Dans un premier temps, Merleau-Ponty voit dans le marxisme « une théorie de la compréhension », c'est-à-dire la réalisation de l'analyse philosophique de la réalité concrète, car le marxisme lui paraît mieux articuler la dialectique entre la subjectivité et l'objectivité. C'est pour cette raison qu'il appelle ce marxisme « philosophique ». S'il y attache de l'importance, « c'est parce que ce marxisme s'efforce de maintenir, de suivre et de développer la dialectique du réel ; c'est parce que ce marxisme lutte pour un savoir totalisant mais qui reste toujours ouvert, tourné vers la réalité concrète. Autrement dit, (dans ce marxisme qu'il appelle « rigoureux et conséquent »), Merleau-Ponty découvre une phénoménologie du monde réel, une vérité qui se fait et non déjà faite, un *logos* et une rationalité qui naissent à la rencontre du cogito et des situations et finalement un langage perspicace et loin d'être idéologique. Il ne fait aucun doute qu'un tel marxisme séduit l'esprit de notre auteur et influence sa philosophie socio-politique »[93].

A ce premier rapport de rapprochement succède, dans un deuxième temps, non seulement un rapport de critique, mais surtout de distancement. Quand il voit que le marxisme se transforme en socialisme scientifique, Merleau-Ponty s'en écarte. En effet, « de l'analyse de ce socialisme, il résulte que la dialectique perd son essence, que la vérité devient un univers clos, l'absolu lui-même ; le savoir s'approprie la réalité d'une manière exclusive et dogmatique et le langage se transforme en

---

93 *Ibid.*, p. 508.

une parole qui, ayant perdu la conscience de son origine, se met au dessus de l'histoire. Corrélativement, le comportement se sclérose et aboutit à une action dictatoriale et autoritaire ; les rapports dialectiques dont parle le marxisme " philosophique " dégénèrent ; la communication et la communion — en un mot le dialogue — sont remplacés par la bureaucratie, le fonctionnement et l'action " par procuration ". L'impasse que l'on constate dans la politique et dans l'action des régimes qui se réclament du marxisme est due aux présupposés du socialisme scientifique »[94]. La *praxis* marxiste devient « l'imposition d'une volonté, d'un sens qui se crée à l'insu de l'histoire. En ce sens, la *praxis*, la révolution est violence qui s'institutionnalise. Or un tel socialisme est en opposition avec la philosophie de Merleau-Ponty. Celle-ci a voulu être une interrogation permanente de la réalité tandis que celui-là est une réponse donnée dans l'absolu de ce qui est. On pourrait croire que l'une et l'autre se complètent mais une telle complémentarité ne pourrait être qu'illusoire, car la philosophie de notre auteur entend laisser ouvert le débat sur la compréhension concrète de la réalité, tandis que la philosophie du socialisme scientifique y met un point final. Obligé de choisir entre sa philosophie et le socialisme scientifique, Merleau-Ponty choisit le premier terme et abandonne le second »[95].

L'interprétation et la critique que Merleau-Ponty a faites du marxisme restent donc conformes à l'intuition et à l'intention originaires de sa philosophie et, en cela, l'auteur est resté fidèle à lui-même. Son souci premier ayant été de rendre compte de la réalité concrète, il adopta le marxisme pour étudier les aspects sociaux et politiques de cette réalité, étant donné que le marxisme lui paraissait comme modèle d'analyse concrète et compréhension véridique de l'existence sociale et politique. Mais les exigences de son dessein philosophique l'amenèrent à s'en éloigner progressivement à cause de la déformation de la dialectique, qui fit de la pratique communiste une *praxis* anti-

[94] *Ibid.*, p. 508-509.
[95] *Ibid.*, p. 509.

dialectique. Du moment que la dialectique cessait d'être la compréhension concrète de la réalité totale et l'explicitation de la coexistence intersubjective pour devenir un socialisme scientifique et donc dogmatique, le marxisme perdait le privilège que Merleau-Ponty lui avait d'abord reconnu. Comme le libéralisme, le marxisme est jugé, et finalement abandonné, par rapport à la réalisation du vrai humanisme.

En effet, Merleau-Ponty reconnaît la valeur de l'homme et affirme que « l'homme est pour l'homme l'être suprême»[96]. En ce sens, ce qu'il appelle « humanisme » n'est rien d'autre que la reconnaissance de l'homme par l'homme. C'est au nom de l'humanisme que se justifie la théorie de la violence progressive soutenue dans *Humanisme et terreur*. Au départ, la violence est reconnue comme un élément de fait. Le libéralisme est complice de la violence avec laquelle il s'accommode : non seulement son idée de non-violence n'est pas encore réalisée, mais elle cache la violence présente dans les politiques coloniales et impérialistes, dans l'oppression des mouvements sociaux et dans l'exploitation des autres. La violence du libéralisme est une violence qui tend à se perpétuer. Par contre, si le marxiste use de la violence, c'est pour en sortir ; sa violence comporte un avenir humaniste. Merleau-Ponty ne fait donc pas l'apologie de la violence pure, c'est-à-dire la violence pour la violence. S'il critique le libéralisme, c'est parce que ce dernier, en posant la non-violence comme principe d'une morale universelle qui transcende l'individualité et l'historicité, se refuse à tenir compte des situations concrètes et des hommes concrets, au nom d'un universalisme abstrait, tandis que le marxisme s'efforce de traduire les valeurs humaines dans des situations concrètes. Ayant été longtemps aliénés, les prolétaires sont désormais les seuls capables d'aller au-delà de leurs différences pour se reconnaître les uns les autres ; leur tâche est d'apporter les valeurs humaines dans l'histoire [97]. Le marxisme, tel que le comprend Merleau-Ponty, n'est donc pas le refus de

[96] HT, p. XIV ; p. 113.

[97] « L'alternative du réel et de l'idéal est dépassée dans la conception du prolétariat comme porteur concret des valeurs » (HT, p. 135).

la morale ; il est plutôt « la résolution de considérer les vertus et la morale non seulement au cœur de chacun, mais dans la coexistence des hommes »[98].

Jean-Claude Eslin a bien vu quand il affirme que « l'œuvre politique de Merleau-Ponty demeure formatrice par la manière dont elle veut tenir en même temps coexistence et violence »[99]. On sait le voir clairement quand Merleau-Ponty critique aussi bien le libéralisme que le marxisme. Quand la théorie marxiste devient un autre universalisme aveugle vis-à-vis des réalités concrètes, quand elle fige la dialectique et devient une théorie naturaliste en ignorant le rôle du sujet pour ne reconnaître que celui des choses, quand elle s'absolutise et croit détenir le monopole de la vérité, Merleau-Ponty peut alors conclure que « l'assurance d'être porteur du vrai est vertigineuse. Elle est par elle-même violence »[100] . Rejetant dos à dos les deux doctrines universalistes que sont le libéralisme et le marxisme, il en appelle à un « nouveau libéralisme »[101] . En parlant de cette position comme d'une « gauche non communiste »[102], il veut insister sur « ce double parti pris de poser le problème social en termes de lutte et de refuser la dictature du prolétariat. » [103]

Qu'il s'agisse donc du libéralisme ou du marxisme, la critique porte essentiellement sur la qualité des relations humaines, non telles qu'elles sont définies dans des théories et idéologies abstraites, mais telles qu'elles sont concrètement vécues au sein de la société, car « une société n'est pas le temple des valeurs-idoles qui figurent au fronton de ses monuments ou dans ses textes constitutionnels, elle vaut ce que

---

[98] HT, p. 135.

[99] J.-C. ESLIN, « Critique de l'humanisme vertueux », *op. cit.*, p. 8.

[100] AD, p. 181.

[101] AD, p. 312. Il y a vertige, en effet, quand le discours politique, s'ignorant comme discours, se considère comme seul détenteur de la vérité. « Le vertige dont parle Merleau-Ponty [...] désigne la place du sujet dans le discours de la politique marxiste, de toute politique sans doute » (B. SICHERE, *Merleau-Ponty ou le corps de la philosophie*, *op. cit.*, p. 159).

[102] AD, p. 311; p. 313.

[103] AD, p. 313.

valent en elle les relations de l'homme avec l'homme »[104]. Ce qui est en jeu et qui constitue le critère d'appréciation sociale ou politique, c'est l'intersubjectivité concrète, la reconnaissance de l'autre et la qualité de la communication. Mais, Merleau-Ponty ne s'y trompe pas : étant donné que l'homme est un être incarné et que chaque liberté empiète sur une autre, la communication dont il est question ne sera jamais une communication parfaite. Je ne peux jamais coïncider parfaitement avec autrui pas plus que je ne coïncide avec moi-même. Entre moi et l'autre existe un écart fondamental, et la communication se fait non contre cet écart mais à travers lui. En d'autres termes, la communication est à reconquérir sur une violence originaire. Violence et coexistence ne s'excluent donc pas absolument : elles expriment l'ambiguïté de la condition humaine et de l'homme lui-même comme paradoxe, c'est-à-dire mélange inextricable de l'âme et du corps, de la subjectivité et de l'objectivité, du sens et de non-sens, de la liberté et de la nécessité, de l'infini et du fini. Le vrai politique reconnaît la violence, mais il va au-delà du goût de la violence. Il en est de même pour le philosophe : plutôt que de fermer les yeux sur la contingence de l'incarnation et sur la violence, il doit remarquer que le monde social est un monde mutilé et fissuré. En conséquence, cette négativité doit l'intéresser et l'interpeller car c'est à lui qu'incombe la tâche de l'interpréter.

3.4. Critique de la justification merleau-pontienne de la violence

Humanisme et terreur de Merleau-Ponty se situe dans la suite des réactions soulevées par *Le zéro et l'infini* de Koestler, avec cette différence qu'il veut élever le débat au niveau philosophique. Il est aujourd'hui clair que ce livre de Merleau-Ponty contient des erreurs de jugement et d'appréciation. D'ailleurs, l'auteur lui-même le reconnaît, et s'il a écrit par la suite *Les aventures de la dialectique*, c'était justement pour revenir sur ces erreurs afin de les corriger. Mais sur le plan

---

[104] HT, p. X.

méthodologique, il n'apparaît pas suffisant de se référer à ce deuxième livre pour exonérer Merleau-Ponty de sa responsabilité dans son soutien au communisme soviétique et dans sa justification des Procès de Moscou. Après la catastrophe causée par les deux guerres mondiales, le socialisme avait représenté une alternative au capitalisme et avait soulevé une grande vague d'espoir parmi la population et dans la gauche française qui embrassa le marxisme et le Parti communiste. C'est ainsi que l'Union Soviétique devint pour les socialistes un modèle idéalisé. Mais, avec le recul du temps, nous savons que l'Union Soviétique a été un pouvoir cruel et oppressif et qu'elle n'a pas été une parfaite incarnation des idéaux marxistes. En considérant cela, *Humanisme et terreur* de Merleau-Ponty apparaît comme un livre troublant car il est difficile de fermer les yeux sur cette vérité si l'on veut se pencher sur la défense merleau-pontienne de l'Union Soviétique. Nous l'avons vu, le philosophe français pose la question de savoir si la violence peut être justifiée au nom de la révolution. Ce qui fait problème, c'est qu'il ne pose pas cette question au sujet d'une révolution contre les injustices, mais plutôt dans le contexte des purges soviétiques staliniennes. Nous connaissons sa réponse : cette terreur se justifie parce qu'elle est porteuse de l'humanisme.

Il convient alors de revenir sur cette théorie de la violence progressive dans le contexte où elle est soutenue. Dans les années trente, Staline élimine les dissidents et les opposants au régime accusés de trahison. Pour donner une base juridique à ces purges, il recourt à une justice sommaire. En 1946, séduit comme plusieurs intellectuels et autres compagnons de route à cette époque par le marxisme, Merleau-Ponty cherche à justifier ces procès au nom d'un avenir radieux qu'il voit surgir en URSS. La logique stalinienne rencontrait bien sûr des limites que le philosophe français reconnaît et dénonce dans son livre, mais, paradoxalement, cela ne l'empêche pas de la justifier, c'est-à-dire de préférer la terreur stalinienne à l'humanisme des libéraux. Il conçoit le marxisme comme une sorte d'identification à l'histoire et se situe dans la philosophie marxiste de l'histoire comme horizon indépassable. Certes, contre la rigidité d'un matérialisme jugé trop primaire, il fallait reconnaître la place de la contingence dans l'histoire et concevoir celle-ci comme une dialectique. C'est la raison pour laquelle il fait appel à Machiavel, mais pour défendre après la dictature du prolétariat. Merleau-Ponty ne résout-il pas « la question de la violence par le ressassement de la notion de légitime défense sociale, le rejet de l'idéalisme, et la sanctification par l'intention prolétarienne[105] » ? C'est ce qui pousse Jacques Borlo à situer où se trouve son erreur :

> « L'erreur de Merleau-Ponty n'est pas de ne pas s'illusionner sur l'humanisme occidental, fondé sur l'exploitation et le colonialisme au profit d'une élite dont il fait autant partie que Koestler. Son erreur est de reprendre textuellement le discours communiste d'alors sur la patrie des travailleurs et la violence dans l'intérêt de l'abstraction du prolétariat, spécialement quand il constate lui-même la constitution d'une élite, coupée des masses dont elle se revendique. L'argument choc de Merleau-Ponty contre le fait qu' "il ne s'agit que de différents usages de la violence" [...] est qu' "en URSS, la violence et la ruse sont officielles". Mais sur le plan formel où Merleau-Ponty échoue à se situer, il n'y a pas différents usages de la démocratie. Dans une dictature, on peut toujours admettre qu'il existe une liberté intérieure, souterraine. En Occident, c'est la démocratie qui est officielle.» [106]

Mais Jacques Bolo va sans doute un peu trop loin quand il *ne* voit dans *Humanisme et terreur que* l'apologie des Procès de Moscou, et le considère comme un livre académique de circonstance destiné aux poubelles de l'histoire[107]. C'est ignorer les questions philosophiques soulevées par le livre et la façon dont elles sont traitées.

---

[105] J. BOLO, « Merleau-Ponty, *Humanisme et terreur*, 1947 », http://www.exergue.com/h/2009-08/tt/humanisme-terreur.html

[106] *Ibid.*

[107] *Ibid.*

Une de ces questions concerne l'engagement. A la suite de Machiavel, Merleau-Ponty souligne que les circonstances peuvent transformer les intentions des hommes en leur contraire, suite à une dialectique qui somme toute n'est pas entièrement prévisible. Malgré cela, il faut pourtant choisir, prendre parti, car l'engagement ne peut pas être différé indéfiniment, même si, se faisant dans l'urgence de la situation, il peut comporter des erreurs. Voilà pourquoi Philippe Corcuff écrit :

> « De ce point de vue, *Humanisme et terreur* incarne une vérité forte, dans ses erreurs mêmes et le mouvement logique de leurs rectifications ultérieures, et constitue un des grands livres de philosophie morale et politique du XXe siècle. Non pas, comme *Les aventures de la dialectique*, dans la mesure où il pourrait nous fournir des repères dans la déshérence politique actuelle, mais dans sa puissance d'interrogation face à l'événement, qui déborde cet événement. Car […], c'est le livre de Merleau-Ponty qui associe le plus nettement le questionnement théorique et l'analyse politique d'une situation concrète. »[108]

Toutefois, obnubilé par la philosophie marxiste de l'histoire, Merleau-Ponty voit-il clairement ? Dans son livre, il a voulu montrer que le principe des Procès de Moscou se trouvait dans l'idée révolutionnaire de la responsabilité historique. Il établit une différence entre l'éthique de la responsabilité et l'éthique de conviction. Les communistes agiraient selon l'éthique de responsabilité « mais […] bizarrement ils ne voulaient pas l'avouer ». « C'est ce "bizarrement", note Jean-Claude Eslin, qui marque le défaut de l'analyse de Merleau-Ponty »[109]. C'est

---

108 P. CORCUFF, « Merleau-Ponty ou l'analyse politique au défi de l'inquiétude machiavélienne », dans *Les études philosophiques*, 2, 2001, p. 212.

109 J.C. ESLIN, « Critique de l'humanisme vertueux », *op. cit.*, p. 11.

que, dans l'hypothèse la plus favorable du philosophe français, les Procès de Moscou ne procèdent pas selon les critères de la justice bourgeoise parce qu'ils jugent « politiquement, au nom de ce qui n'est pas encore » et que leur justice se situe « au niveau de l'histoire universelle ». Mais au terme d'une pareille opération, y aurait-il encore d'éthique ? Au nom de l'avenir et de l'idéal, l'éthique révolutionnaire n'élimine-t-elle pas l'éthique tout court ? En justifiant tout en fonction des fins comme le libéralisme aussi justifie tout en fonction des intentions, le marxisme lui-même n'est-il pas un idéalisme de violence ? Tout ceci, Merleau-Ponty ne semble pas le voir clairement. Bien au contraire, il dédouane le marxisme, élabore à son sujet des raisonnements subtils dans lesquels les marxistes eux-mêmes ont du mal à se reconnaître, donne des leçons aux marxistes en distinguant un marxisme intelligent d'un marxisme vulgaire. Nous pouvons alors, et à juste titre, lui renvoyer ce qu'il dit du fascisme dans sa polémique avec Thierry Maulnier : « Sommes-nous libres de donner à un régime le sens qu'il nous plaît d'y trouver, ou bien n'y a-t-il pas moyen de saisir une logique concrète du système qui le conduit nécessairement, ou du moins probablement, à ses décisions ultimes ? »[110] D'où cette interrogation de Raymond Aron : « S'il faut juger les sociétés d'après ce qu'elles sont et non pas d'après ce qu'elles prétendent être, pourquoi définir l'entreprise communiste par le but qu'elle prétend viser et non par les régimes auxquels, provisoirement au moins, elle a donné naissance ? » [111]. Bref, parce qu'il considère le marxisme d'abord en ce qu'il veut et doit être et non dans ce qu'il est concrètement dans ses actes et conséquences, Merleau-Ponty n'échappe pas à l'idéalisme qu'il dénonce chez les libéraux.

C'est justement cet idéalisme qui lui fait croire que les Procès de Moscou font partie de l'évolution de l'histoire marxiste, qu'ils sont une simple phase à dépasser comme l'a été le capitalisme. Or, l'Union Soviétique est dirigée de main de fer

---

[110] SNS, p. 122.

[111] R. ARON, *Marxismes imaginaires. D'une sainte famille à l'autre*, Paris, Gallimard, 1970, p. 15.

par la dictature de Joseph Staline qui purge le Parti communiste des individus susceptibles de défier son autorité mais qui sont accusés de trahison et de crimes contre le peuple. A cet égard, sa conduite n'est pas différente de celle de Lénine car il marche sur ses traces. Preuve, s'il en fallait une, que la Russie n'avait pas changé, mais qu'elle avait seulement remplacé un régime autoritaire par un autre. Parce qu'« une dictature reste une dictature », faut-il alors la préférer à la démocratie sous prétexte qu' « en URSS, la violence et la ruse sont officielles » ? La démocratie n'est-elle pas elle aussi officielle en Occident ? Cela semble aujourd'hui choquant, mais Merleau-Ponty le fait dans *Humanisme et terreur* : il considère les rivaux de Staline comme des menaces contre l'Union Soviétique et même contre toute l'Europe. Il suggère que, sans l'unité soviétique et sans la direction de Staline, la Seconde Guerre mondiale aurait pu être perdue en faveur de l'Allemagne. Voilà pourquoi il affirme que la violence contre les traîtres du Parti communiste était donc excusable. Même si les individus jugés et exécutés étaient innocents, comme le reconnaissent plusieurs historiens, Merleau-Ponty estime que ces morts étaient encore des erreurs éventuellement mineures d'où surgirait une meilleure Union Soviétique dans l'avenir.

Cet argument fait froid au dos : ou il tente d'élever les morts au rang de martyrs ou il les rejette comme des vies sans signification qui n'avaient de valeur que dans la mesure où elles ont été sacrifiées sur l'autel du progrès historique marxiste. De toutes les façons, la terreur se justifie si une société plus égalitaire en découle. C'est ce qui fait réfléchir quand on sait que, de l'avis de Merleau-Ponty lui-même, l'histoire est imprévisible dans la mesure où elle se caractérise par l'incertitude et l'ambiguïté. Certes, nos intentions, une fois traduites en actes, acquièrent une signification indépendante de nous. Il est vrai que nous commettons des erreurs et que ce qui peut sembler être aujourd'hui un bon choix peut se révéler demain être une catastrophe. Toutefois, l'assassinat des innocents et l'utilisation de la terreur pour l'exercice du pouvoir sont difficilement défendables même si l'on prétend le faire au nom d'un avenir meilleur. Tout choix se faisant en fonction des résultats attendus, l'humanisme n'exige-t-il pas que des personnes humaines ne soient ni tuées ni sacrifiées au nom d'un avenir incertain ?

3.5. Conclusion

Humanisme et terreur élabore la théorie de la violence progressive. Merleau-Ponty part d'une constatation : tous les régimes pratiquent la violence, avec cette différence que les régimes libéraux sont hypocrites et mensongers parce qu'ils la pratiquent en réalité tout en la condamnant en théorie, alors que le régime communiste la pratique, la reconnaît et l'assume. Mais, dans le communisme, la violence n'est pas une fin en soi ; elle est appelée à se dépasser et constitue juste une étape qu'il faut franchir car ce qui compte finalement c'est l'instauration d'une société où l'homme est reconnu en tant qu'homme. A cette lumière, la violence du communisme est préférable à la violence des bourgeois libéraux : alors que celle-ci se déploie pour le maintient du statu quo, celle-là se développe en vue de l'instauration d'un avenir meilleur. La réflexion que mène Merleau-Ponty doit se lire selon la dialectique hégélienne du maître et de l'esclave qui en constitue l'arrière-fond philosophique : la violence des prolétaires, qui combat celle des maîtres capitalistes et lui succède, a pour finalité l'instauration de l'humanisme. Ainsi, humanisme et terreur ne s'opposent pas car la terreur historique a un sens : elle vise l'instauration d'une société meilleure.

Même si, à première vue, Merleau-Ponty se donne comme objectif de comprendre la violence marxiste, il développe, dans *Humanisme et terreur*, une approche anthropologique de la violence, c'est-à-dire qu'il comprend la violence comme le lot des hommes en tant qu'ils sont des consciences incarnées. Du fait que nous sommes le « mélange » du corps et de l'esprit, nous n'évoluons jamais en libertés séparées ; chaque liberté empiète nécessairement sur une autre ; chaque subjectivité entre nécessairement en lutte avec une autre. La violence trouve donc son origine dans ce paradoxe fondamental de l'intersubjectivité où autrui est à la fois sujet et objet, autre et pas autre, *alter ego*. De là naît la difficulté d'une communication parfaite avec lui car je ne peux coïncider avec lui, pas plus que je ne peux coïncider avec moi-même, dans la mesure où nous sommes tous traversés par une dualité constitutive. Mais autrui n'est pas seulement autre, il est aussi moi car nous sommes tous faits d'une même *chair* et, en ce sens, la communication est possible entre nous. Dans son œuvre, Merleau-Ponty ne sépare pas la coexistence et la violence, il ne les oppose pas ; il cherche plutôt à les tenir ensemble. Le champ politique, bien que profondément fissuré, n'est pas que le lieu de la lutte, il est aussi le lieu de l'altérité, et la qualité des relations humaines est l'aune à partir duquel doivent être jugés tous les régimes. Le philosophe français n'est donc ni le théoricien ni le défenseur d'une violence nue. Aussi s'écarte-t-il du communisme quand il remarque que celui-ci devient une institutionnalisation de la violence et que la terreur tourne en terrorisme d'État.

De la faveur accordée au communisme à la rupture avec lui, Merleau-Ponty se pose la question du sens de l'histoire. Sa réponse oscille entre la contingence et la rationalité de l'histoire. Mieux, il cherche à tenir ensemble la contingence et la rationalité de l'histoire, et cette position le maintient dans un équilibre instable qui est à l'origine de ce qui semble être des contradictions présentes dans son œuvre, du fait qu'il passe de l'attentisme marxiste de *Humanisme et terreur* à l'a-communisme des *Aventures de la dialectique*. Mais, au fond, l'attitude philosophique et politique du philosophe vis-à-vis du marxisme est dictée par son intention philosophique. Il s'approche du marxisme quand celui-ci lui semble être cette philosophie de la réalité concrète dont il s'est toujours préoccupé, une philosophie dialectique, respectueuse du paradoxe et de l'ambiguïté de l'Être et de l'histoire, une philosophie de l'intersubjectivité concrète. Il s'en éloigne quand il constate que le marxisme fige la dialectique en la plaçant dans les choses, s'éloigne de la réalité concrète, méconnaît la place et le rôle du sujet dans l'histoire, se transforme en une théorie incapable de se remettre en question et qui prétend détenir le monopole de la vérité. Qu'il s'approche du marxisme ou qu'il s'en éloigne, qu'il le défende ou qu'il le critique, Merleau-Ponty le fait au nom de son intention philosophique qui, en tant que telle, est restée la même. En ce sens, le philosophe reste toujours fidèle à lui-même. Mais, son changement d'attitude vis-à-vis du marxisme le dédouane-t-il de sa justification de la violence communiste ? L'humanisme exige que des êtres humains ne soient sacrifiés ni pour un avenir incertain ni pour un quelconque but. Si le philosophe français fait place à la violence dans sa compréhension du politique, Hannah Arendt, quant à elle, la considère, comme anti-politique et l'exclut par conséquent du domaine politique.

Chap. 4. LA THÉORIE POLITIQUE ARENDTIENNE DE LA VIOLENCE

4.0. Introduction

Comme Merleau-Ponty, Hannah Arendt a été marquée par l'expérience de la guerre. La période de l'histoire qu'elle a connue a été caractérisée par une extrême violence : la Deuxième Guerre mondiale, la *Shoah*, la bombe atomique, les guerres de colonisation et de décolonisation, le stalinisme, les guerres israélo-arabes, les révoltes estudiantines, la guerre du Viêt-nam, etc. Juive ayant fui l'Allemagne nazie, apatride en errance avant de devenir citoyenne américaine, elle a été confrontée à la violence et à l'horreur du XXe siècle. L'histoire du monde et son histoire personnelle font face à la violence. C'est toute cette expérience qu'elle assume dans sa pensée et qu'elle cherche à comprendre. Aussi son œuvre est-elle toute traversée par la réflexion sur la question du mal, et plus particulièrement sur le mal totalitaire. Arendt a cherché à comprendre la violence en se posant la question de son origine et de sa nature. Nous trouvons dans son livre *Du mensonge à la violence* une réflexion philosophique sur le concept de violence menée à partir des exemples concrets et de l'actualité. Mais la théorie arendtienne de la violence n'est pas à chercher uniquement dans ce livre : elle est présente dans toute son œuvre. Nous la retrouvons au fil de sa réflexion quand elle traite de l'antisémitisme, de l'impérialisme, du totalitarisme, de l'action, de la révolution. Cette théorie est célèbre pour la nette distinction, voire opposition, qu'elle établit entre le pouvoir et la violence, ce qui a soulevé de nombreuses critiques, dont celle de Jürgen Habermas. Mais s'il s'agit de prendre en compte toute l'œuvre de Hannah Arendt, la distinction entre le pouvoir et la violence est-elle si tranchée ? N'est-elle pas critiquable à partir de la notion de violence « prépolitique » également présente dans l'œuvre et la pensée de la philosophe allemande ?

4.1. La violence de l'impérialisme et du totalitarisme

Selon Arendt, le totalitarisme est le paradigme de la violence qui détruit le politique car la terreur des systèmes totalitaires établit une violence structurelle nouvelle en son genre : non seulement la domination totalitaire isole les hommes, mais elle détruit toute vie privée et se fonde sur la désolation entendue comme expérience d'absolue non appartenance au monde. Mais, la violence totalitaire a été précédée par la violence de l'impérialisme colonial qui, comme Arendt a essayé de le montrer, se trouve être une des origines du totalitarisme[1]. L'impérialisme trouve son origine dans l'appétit illimité des grandes puissances européennes qui se lancent à la conquête du monde dans la deuxième moitié du XIXe siècle pour répondre à leurs besoins économiques.

En effet, c'est la crise économique, alliée à la multiplication des escroqueries, aux scandales financiers et à la spéculation, qui a été le moteur de l'expansion impérialiste. C'est dans ce contexte que, par nécessité économique, la bourgeoisie se tourna vers la politique, les fonctionnaires de la violence considérant que le pouvoir était l'essence de toute structure politique et faisant de la politique l'instrument de leur domination et de leur enrichissement. La spécificité de l'apport des recherches de Hannah Arendt sur l'impérialisme est qu'elle ne le définit ni comme un simple problème de politique intérieure ni comme un simple problème de politique coloniale, mais plutôt comme un problème étroitement lié à l'émancipation politique de la bourgeoisie et au développement de l'État-nation dont les frontières ont été dynamitées dès les années 1870-1880 par le développement industriel et économique de l'Europe. La bourgeoisie, qui devient alors la classe dirigeante de la société, utilise toute la violence dont elle

---

[1] « Si le parallélisme qu'Arendt a fait entre le nazisme et le soviétisme a été critiqué, on oublie par contre qu'elle a montré que le totalitarisme trouve aussi ses origines dans l'impérialisme colonial ». M. AUDETAT, « Pouvoir, sciences et techniques, violence, guerre totale et d'anéantissement », dans *Lire Hannah Arendt aujourd'hui*, *op. cit.*, p. 360.

dispose pour atteindre ses propres objectifs économiques. Parce que l'État-nation n'est plus en mesure de fournir les conditions nécessaires à l'économie capitaliste et assurer la reproduction de la force du travail, il se lance dans une expansion dont le but primordial n'est ni la conquête ni l'annexion de nouvelles zones géographiques, mais plutôt l'accumulation du capital comme dernière visée de l'accumulation du pouvoir. L'impérialisme découle donc de la tentative de l'État-nation « de survivre en tant qu'État, dans les conditions d'une industrie et d'une économie moderne c'est-à-dire dans les nouvelles conditions de vie des peuples européens, qui très vite devaient devenir les conditions de vie de la terre entière »[2].

Première phase de la domination politique de la bourgeoisie, l'impérialisme contient en lui-même les germes et la possibilité du totalitarisme : la violence devient en effet le fondement du politique, et la destruction du corps de la communauté le moyen d'y parvenir. L'impérialisme met en péril l'État-nation car son ambition va bien au-delà des limites territoriales et des intérêts nationaux. L'accumulation illimitée du pouvoir pousse à l'accumulation illimitée du capital, ce qui fait apparaître sur la scène publique des fonctionnaires de la violence pour qui la violence et le pouvoir deviennent des buts conscients du corps politique. Il s'agit d'une philosophie politique qui présente une nouveauté :

> « L'aspect novateur de cette philosophie politique impérialiste n'est pas d'avoir accordé une telle prépondérance à la violence, ni d'avoir découvert que le pouvoir est l'une des réalités fondamentales de la politique. La violence a toujours été *l'ultima ratio* en matière d'action politique, et le pouvoir a toujours été l'expression visible de l'autorité et du gouvernement. Mais jamais auparavant ni la violence ni le pouvoir n'avaient représenté le but conscient d'un corps politique

---

[2]ARENDT, *Nationalstaat und Demokratie* (1963), citée par Kamil Majchrzak, « La démocratie en guerre. L'impérialisme et sa légitimation », dans *Lire Hannah Arendt aujourd'hui*, *op. cit.*, p.121.

> ou l'enjeu ultime d'une politique définie. Car le pouvoir livré à lui-même ne saurait produire autre chose que davantage encore de pouvoir, et la violence exercée au nom du pouvoir (et non de la loi) devient un principe de destruction qui ne cessera que lorsqu'il n'y aura plus rien à violenter »[3].

Avec l'avènement de l'État-nation, l'opinion commune considère qu'il est du devoir du gouvernement de garantir la liberté de la société aussi bien à l'intérieur qu'à l'extérieur, même en recourant à la violence. Dans l'exercice d'une telle violence, l'État doit être contrôlé par les gouvernés dans l'exercice de sa puissance parce qu'il dispose des moyens de la violence. Deux conceptions majeures émergent ainsi à l'époque moderne : celle qui voit en l'État et le politique une institution indispensable à la vie, et une autre qui voit en eux une institution indispensable pour la liberté. Aussi bien la politique intérieure (pour laquelle la vie est la fin suprême de la politique) que la politique extérieure (pour laquelle la liberté constitue la fin suprême de la politique) ont fait de l'État le « détenteur de la violence » dont la finalité est la vie ou la liberté. Dans ce contexte, la question du sens de la politique revient à celle de l'opportunité ou non de ces moyens de la violence publique. Elle se pose avec autant d'acuité que cette violence est devenue si puissante qu'elle menace non seulement la liberté mais la vie même[4]. Selon Hannah Arendt, l'État est le garant du droit et il est fondé sur la loi. Ainsi, la police et l'armée sont des institutions de l'État qui ont pour fonction constitutionnelle la défense de la loi. Du moment que ces institutions se détachent de la loi pour se mettre au service d'un pouvoir lui-même détaché de la loi, elles ne sont plus légitimes et deviennent de simples instruments de la violence. C'est ce qui se passa dans les colonies où prévalut non pas la loi mais la domination. La brutalité mise au service de la domination ne pouvait alors engendrer que des atrocités, des injustices et des abus. La transformation, dans les colonies, de la police et de l'armée en

---

[3] IMP, p. 42.
[4] IMP, p. 115-116.

purs instruments du pouvoir, de la domination et de la violence, a révélé la face la plus hideuse de l'impérialisme. Au lieu d'être le gardien de la loi et le garant de la constitution, l'État s'est transformé dans les colonies en gardien du pouvoir et de la violence.

Il convient de le souligner : le développement de l'impérialisme révèle un paradoxe dérangeant pour les philosophes. Car, alors qu'ils affirment dans leurs frontières la valeur des droits de l'homme, les pays occidentaux qui vont à la conquête du monde y exercent des violences extrêmes sur des populations indigènes : extermination des populations des Amériques, guerres inégales et répressions sanglantes en Asie et en Afrique, esclavage et travail forcé dans les colonies, vols et pillages des matières premières. C'est ce fossé entre les principes et la pratique réelle que Merleau-Ponty critique en termes de « mystification libérale ». Dans *Les Origines du totalitarisme*, Arendt établit un lien entre ces violences exercées aux confins du monde et leur retour dans les métropoles européennes. « Elle voit, note P. Braud, dans le totalitarisme la réinjection au cœur même du système politique de cette violence qui prévalait seulement à ses confins ; elle souligne comment le nazisme et diverses formes de fascisme ont réutilisé des technologies coloniales (distinction des populations selon leur origine raciale ou leur religion, pouvoirs arbitraires exercés sur les non-citoyens, camps d'internement ...) »[5]. En effet, Arendt affirme que la race et la bureaucratie ont été dans les colonies des moyens au service des fonctionnaires impérialistes :

> « Des deux principaux moyens politiques de domination impérialiste, la race fut découverte en Afrique du Sud et la bureaucratie en Algérie, en Egypte et en Inde ; la première représentait à l'origine une réaction semi-consciente face à des peuples dont l'humanité faisait honte et peur à l'homme européen, tandis que la seconde fut la séquelle de cette administration grâce à laquelle les

[5] P. BRAUD, *Violences politiques*, *op. cit.*, p. 39-40.

> Européens avaient essayé de gouverner des peuples étrangers en qui ils ne pouvaient décidément voir que des peuples inférieurs ayant grand besoin de leur protection particulière. La race, autrement dit, était le moyen d'échapper à une irresponsabilité où rien d'humain ne pouvait plus subsister, et la bureaucratie la conséquence d'une responsabilité qu'aucun homme, qu'aucun peuple ne sauraient endosser ni envers son semblable ni envers quelque autre peuple »[6].

C'est ainsi que se trouvaient dans les colonies maints éléments qui, une fois réunis, étaient « capables de créer un gouvernement totalitaire fondé sur le racisme. Des “ massacres administratifs ” étaient proposés par des bureaucrates aux Indes, tandis que les fonctionnaires en Afrique déclaraient qu' “ aucune considération éthique telle que les droits de l'homme ne sera autorisée à barrer la route ” à la domination blanche »[7].

Il en découle que, à cause des violences, des horreurs et de la folie pure et simple qui ont accompagné la conquête et l'exploitation des colonies et des colonisés, pour Hannah Arendt, l'impérialisme colonial et le nazisme sont comme des frères jumeaux. D'aucuns peuvent trouver aujourd'hui cette comparaison scandaleuse. C'est à leur intention que Marc Ferro écrit :

> « Ceux qui travaillent sur les régimes totalitaires, n'ont lu Hannah Arendt que d'un seul œil, semble-t-il. Ils ont ainsi omis de s'apercevoir qu'au nazisme et communisme elle avait associé l'impérialisme colonial. Entre ces régimes, en effet, il existe une parenté qu'avait bien repérée le poète antillais Aimé Césaire, au moins en ce qui concerne nazisme et colonialisme : “ ce que le très chrétien bourgeois du XXeme siècle ne pardonne pas à Hitler, ce n'est pas le crime en soi, ce n'est pas l'humiliation de l'homme en soi, c'est le crime contre

[6] IMP, p. 155-156.
[7] IMP, p. 178.

l'homme blanc [...] d'avoir appliqué à l'Europe des procédés colonialistes dont ne relevaient jusqu'ici que les arabes, les coolies de l'Inde et les nègres d'Afrique ". »[8]

Quoi que l'on puisse penser de la thèse de Hannah Arendt qui voit dans le totalitarisme la réinjection des violences coloniales au cœur de la politique occidentale, elle a le mérite de montrer qu'un potentiel de violence brutale est toujours présent même dans les sociétés dites démocratiques. De toutes les façons, la violence de l'impérialisme, dans sa forme extérieure ou intérieure, est une étape dans le surgissement de la violence totalitaire. Pour le dire en un mot, l'impérialisme se trouve aux origines du totalitarisme[9]. Toutefois, ce dernier se distingue de lui dans la pratique et l'exercice de la violence.

Dans sa compréhension du phénomène totalitaire, Arendt affirme que le gouvernement totalitaire a la terreur comme nature et l'idéologie comme principe. Le totalitarisme est pour elle un phénomène nouveau, et sa nouveauté tient dans l'usage qu'il fait de la violence et en particulier de la terreur, tout cela allant bien au-delà de ce à quoi on avait pu assister jusqu'alors. Aussi ce phénomène d'un genre nouveau a-t-il détruit nos

---

[8]M. FERRO, « Le colonialisme, envers de la colonisation », dans Marc FERRO (dir.), *Le livre noir du colonialisme, XVIe – XXIe siècle : de l'extermination à la repentance*, Paris, Robert Laffont, 2003, p. 10. La citation de Césaire est tirée de son *Discours sur le colonialisme*, Paris, Présence Africaine, 1955. Dans *Le livre noir du colonialisme*, une équipe d'historiens, d'anthropologues et de sociologues de grande réputation font un réquisitoire impitoyable contre le colonialisme occidental et les crimes commis par ses protagonistes dans les quatre coins du monde au nom de la supériorité de la race et de la civilisation blanches. Les auteurs ne dressent pas seulement la liste des cruautés, des horreurs, des violences, des excès et des méfaits du colonialisme, mais ils analysent aussi l'idéologie colonialiste en ce qu'elle a d'inhumain et de pervers, ainsi que les raisons de sa perpétuation au XXIe siècle sous de nouvelles formes.

[9]Il s'agit bien d'une « origine », d'un « élément », et non d'une « cause » du totalitarisme. En effet, contrairement à la cause qui disparaît après son effet, l'impérialisme ne disparaît pas avec la disparition des régimes totalitaires. La preuve en est qu'il continue encore aujourd'hui, même si c'est sous de nouvelles formes.

catégories de pensée et nos critères de jugement. L'originalité et la célébrité de Hannah Arendt viennent du fait qu'elle a donné au totalitarisme un statut de nouveauté radicale. En effet, elle a mis en évidence que l'état totalitaire moderne est *a priori* un phénomène radicalement nouveau que l'on ne peut confondre ni avec la tyrannie, ni avec le despotisme, ni avec les régimes de dictature militaire. Entre ces différents régimes et leur rapport à la liberté, il y a des différences de principe : la liberté est restreinte dans les régimes autoritaires, elle est abolie comme liberté politique dans les tyrannies et les dictatures, tandis qu'elle est totalement éliminée dans les régimes totalitaires. Ainsi, identifier purement et simplement le totalitarisme et l'autoritarisme (comme le font les libéraux), c'est faire la confusion entre l'autorité et la tyrannie, le pouvoir légitime et la violence. Comme essence du totalitarisme, « la terreur devient totale quand elle devient indépendante de toute opposition »[10]. En écrasant les hommes les uns contre les autres, elle détruit l'espace entre eux. Non seulement elle détruit la liberté, mais elle détruit sa source même qui est la capacité pour tout homme d'engendrer un nouveau commencement[11].

Montesquieu appelait « principe d'action » un principe qui, dans chaque type de régime, inspire le gouvernement et les citoyens dans leur activité publique et sert ainsi de norme pour juger toute action dans le domaine public : l'honneur dans une monarchie, la vertu dans une république et la crainte dans une tyrannie. Dans le régime totalitaire, la terreur a la double fonction d'essence du régime et de principe[12]. La domination totalitaire, qui commence par tuer en l'homme la personne juridique, puis la personne morale, aboutit enfin à la destruction de toute individualité. C'est la création des hommes superflus :

> « Les hommes, dans la mesure où ils sont plus que la réaction animale et que l'accomplissement de fonctions, sont entièrement superflus pour les régimes totalitaires.

---

[10] ST, p. 288.
[11] ST, p. 291.
[12] ST, p. 292-293.

Le totalitarisme ne tend pas vers un règne despotique sur les hommes, mais vers un système dans lequel les hommes sont superflus. »[13]

Avec les camps d'extermination apparaît un mal radical, c'est-à-dire « quelque chose qui n'aurait jamais dû se trouver dans la politique au sens usuel du terme »[14] : l'imposition d'un état où vie et mort sont également vidées de leur sens. Arendt affirme : « Une seule chose semble claire : le mal radical est, peut-on dire, apparu en liaison avec un système où tous les hommes sont, au même titre, devenus superflus »[15].

S'il en est ainsi de l'impérialisme et du totalitarisme, que dire des démocraties ? Sont-elles à l'abri des glissades qui les mènent tout droit à la tyrannie et à l'usage permanent de la violence ? Le recours à la violence peut-il être justifié dans certains cas ? Arendt se pose cette question à plusieurs reprises [16] et il apparaît bien clair que les régimes démocratiques eux-mêmes ne sont pas à l'abri de la violence. Notre philosophe n'en est que trop consciente :

> « Ce sont les guerres et les révolutions, et non le fonctionnement des gouvernements parlementaires et des appareils de parti démocratiques, qui constituent les expériences politiques fondamentales de notre siècle. Passer à côté équivaut à n'avoir pas vécu dans ce monde qui est pourtant le nôtre. »[17]

Or, « les guerres et les révolutions ont en commun d'être placées sous le signe de la violence »[18]. Cette expérience dans laquelle nous nous mouvons conduit malheureusement à

---

[13] ST, p. 274.
[14] ST, p. 252.
[15] ST, p. 278.
[16] Voir entre autres ses réflexions dans son article « *Is America by nature a violent society ?* » et dans son essai *On violence* traduit en français dans le livre *Du mensonge à la violence*.
[17] QQP, p. 174.
[18] QQP, p. 175.

l'identification de l'action politique à l'action violente. Voilà pourquoi, dans son souci de reprendre la question du politique dès le début, ou, ce qui revient au même, de repenser le politique, Hannah Arendt a accordé à la question de la violence une part importante de ses réflexions et soulevé des questions qui n'ont pas cessé d'enrichir le débat philosophico-politique. Quelles sont la nature et l'origine de la violence ? La violence fait-elle partie de l'essence du politique ? Une politique sans violence est-elle possible ? Par quel biais la domination et la violence se sont-elles introduites dans la politique ? Qu'est-ce qui en découle pour la pensée et la pratique politiques ? En abordant ces questions, elle veut combattre toute une tradition de pensée ainsi que ses préjugés pour réhabiliter le politique dans sa dignité. Parmi ces préjugés se trouve justement « l'idée selon laquelle le contenu de la politique est la violence »[19]. Pour sa part, elle oppose catégoriquement le pouvoir à la violence et place cette dernière à l'extérieur du politique.

4.2. L'opposition entre le pouvoir et la violence

Une des raisons qui explique l'attention portée aux travaux de Hannah Arendt est le fait qu'elle propose une nouvelle approche du politique qui permet de concevoir le pouvoir sans violence ni domination car, pour elle, la relation entre le pouvoir et la violence est une relation de mutuelle exclusion, le pouvoir étant par nature non-violent. Le pouvoir a une prééminence fondamentale sur la violence car il est fondé sur la force de l'opinion qui est un problème numérique ; il est une action menée de concert avec les autres :

> « Une des différences les plus caractéristiques qui permettent de distinguer le pouvoir de la violence est que le pouvoir a toujours besoin de s'appuyer sur la force du nombre, tandis que la violence peut s'en passer. »[20]

---

[19] QQP, p. 123.
[20] DMV, p. 142.

C'est parce que la violence n'a pas la force du nombre qu'elle recourt aux instruments pour s'imposer. « "Tous contre un", telle est la formule extrême du pouvoir, alors que celle de la violence est "un contre tous" »[21]. Parce qu'ils s'opposent par leur nature même, pouvoir et violence ne peuvent coexister : si l'un domine de façon absolue, l'autre se trouve éliminé. Toutefois, la violence peut détruire le pouvoir, mais elle est incapable de le créer[22]. De façon générale, c'est quand un pouvoir se sent diminuer qu'il recourt à la violence. Le règne de la pure violence traduit ainsi le manque ou l'absence de pouvoir. Mais il y a moyen de distinguer entre les différents règnes de violence que sont la terreur, la tyrannie et la domination totalitaire :

> « La terreur ne se ramène pas à la violence ; il s'agit de la forme de gouvernement qui s'instaure lorsque la violence, après avoir abouti à la destruction de tout pouvoir, se refuse à abdiquer et affirme au contraire son emprise. On a souvent remarqué que l'efficacité de la terreur dépend presque totalement du degré d'atomisation de la société. »[23]

Règne établi par la violence, la tyrannie s'attaque à ses adversaires, tandis que la domination totalitaire, fondée sur la violence, s'attaque non seulement à ses adversaires mais aussi à ses amis et partisans[24].

Quand elle élabore sa théorie politique de la violence, Hannah Arendt pense contre une immense tradition, celle qui a identifié pouvoir et domination. Si elle oppose ainsi la violence au pouvoir, c'est parce qu'elle cherche à réintroduire une

---

[21] DMV, p. 142.

[22] « Le pouvoir peut toujours être détruit par la violence ; l'ordre le plus efficace est celui que vient appuyer le canon du fusil, qui impose l'obéissance immédiate la plus complète. Mais il ne peut jamais être la source du pouvoir » (DMV, p. 154). « La violence peut détruire le pouvoir, elle est parfaitement incapable de le créer » (DMV, p.157).

[23] DMV, p. 156.

[24] DMV, p. 156.

théorie politique du consensus sur les règles qui a été fortement oblitérée par la tradition marxiste. Le pouvoir est irréductible à la domination et à la violence. C'est le manque de pouvoir qui entraîne la violence. Quant au pouvoir, il est le consentement au vivre ensemble et au politique. Celui-ci est essentiellement action, initiative, capacité de commencer quelque chose de nouveau. En tant qu'initiative, l'action se distingue donc de la fabrication. De la même manière, en tant que consentement, le pouvoir se distingue de la domination et de l'instrumentalité violente. En effet, selon Arendt, c'est par l'obéissance aux lois de sa communauté que l'homme participe au grand jeu du monde. Ceci révèle bien que le pouvoir est essentiellement *soutien* et *consentement* :

> « Les effondrements dramatiques du pouvoir, qui se produisent au cours des révolutions, révèlent soudainement à quel point l'obéissance civile — aux lois, aux gouvernants, aux institutions — n'est que la manifestation extérieure du *soutien* et du *consentement.* »[25]

La confusion entre la violence et le pouvoir naît de la tentation à penser ce dernier en termes de commandement et d'obéissance et du préjugé qui repose sur « la conviction que la domination est le concept central de la théorie politique »[26]. Or, comme il en découle de l'expérience et de la conception des anciens Grecs, le pouvoir n'est pas essentiellement fondé sur le lien entre le commandement et l'obéissance. Bien au contraire, « c'est le *soutien* populaire qui donne leur pouvoir aux institutions d'un pays, et ce *soutien* n'est que la suite naturelle du *consentement* qui a commencé par donner naissance aux lois existantes »[27]. Arendt développe donc sa thèse de l'exclusion mutuelle entre le pouvoir et la violence en rupture avec toute une tradition de pensée ayant développé les théories de la domination. En clair, elle pense contre cette tradition qui est

25 DMV, p. 149. C'est nous qui soulignons.

26 QQP, p. 123.

27 DMV, p. 141. C'est nous qui soulignons.

généralement d'accord pour « reconnaître que la violence n'est rien autre que la manifestation la plus évidente du pouvoir »[28]. Aussi s'oppose-t-elle à l'idée hobbesienne selon laquelle « sans épée les pactes ne sont que des mots »[29] et aux thèses marxistes sur la continuité de la politique et de la violence, en critiquant surtout leur radicalisation chez des auteurs comme G. Sorel et J.P. Sartre[30].

Contrairement à cette tradition qui fait l'apologie de la violence, tout autre est la théorie d'Arendt dont la grande originalité réside dans la distinction établie entre le pouvoir et la domination pour ne pas réduire la science politique à la question « qui gouverne ? ». Pour l'auteur de la *Condition de l'homme moderne*, « le pouvoir jaillit parmi les hommes lorsqu'ils agissent ensemble et se dissout dès qu'ils se dispersent »[31]. Cette définition minimale est explicitée et amplifiée de la manière suivante dans *Du mensonge à la violence* :

> « Le pouvoir correspond à l'aptitude de l'homme à agir, et à agir de façon concertée. Le pouvoir n'est jamais une propriété individuelle ; il appartient à un groupe et continue à lui appartenir aussi longtemps que ce groupe n'est pas divisé. Lorsque nous déclarons que quelqu'un est "au pouvoir", nous entendons par là qu'il a reçu d'un certain nombre de personnes le pouvoir d'agir en leur nom. Lorsque le groupe d'où le pouvoir émanait à l'origine se dissout (*potestas in populo* – s'il n'y a pas de

---

[28] DMV, p. 135.

[29] DMV, p. 108.

[30] Pour Marx, la violence est nécessaire à l'accouchement révolutionnaire de la société ; pour Sorel, elle est essentiellement créatrice et elle représente aussi le moyen d'action propre à la classe ouvrière qui s'oppose à la classe des consommateurs ; pour Sartre, la violence est essentielle à la création de l'homme : elle est « l'homme se recréant lui-même ». S'appuyant sur les distinctions faites dans *Condition de l'homme moderne*, Arendt rejette en bloc la confusion de Marx entre l'action et les processus naturels, la confusion de Sorel entre l'action et la fabrication, et le prolongement sartrien de l'argument de Marx : ce n'est pas le travail mais la violence qui crée l'homme.

[31] CHM, p. 220.

peuple ou de groupe, il ne saurait y avoir de pouvoir) son "pouvoir" se dissipe également. »[32]

Au sens propre, le pouvoir appartient donc à la communauté, jamais à un individu. Comme la paix, il est un absolu qui trouve en lui-même sa propre fin. En ce sens, il n'est pas un moyen au service d'une quelconque fin à atteindre. Aussi se passe-t-il également de toute justification du fait qu'il est inséparable de l'existence des communautés politiques[33]. Contrairement au pouvoir, la violence « exige toujours des instruments » et « se distingue par son caractère instrumental »[34]. « La violence est, par nature, instrumentale »[35]. Notons que Hannah Arendt ne donne pas une définition exhaustive et bien arrêtée de la violence. Elle incline plus à souligner son caractère instrumental et considère que, « sous son aspect phénoménologique, elle s'apparente à la puissance car ses instruments, comme tous les autres outils, sont conçus et utilisés en vue de multiplier la puissance naturelle, jusqu'à ce qu'au dernier stade de leur développement ils soient à même de la remplacer »[36]. Comme tout instrument, la violence est dirigée et justifiée par les fins qu'elle entend servir. C'est ainsi que la guerre est subordonnée à la paix. Or ce qui exige une justification extérieure ne saurait représenter le principe constitutif essentiel. Mais, même si elle peut être justifiable au nom des fins qu'elle prétend servir, la violence ne pourra jamais être légitime[37]. La seconde caractéristique (en plus de sa nature instrumentale) de la violence qu'il convient de mentionner est son imprévisibilité. Ce trait caractéristique de l'action humaine affecte de manière particulière la violence à tel point que Arendt parle d'un « élément d'imprévisibilité totale »[38]. Les

---

32 DMV, p. 144.
33 DMV, p. 152.
34 DMV, p. 146.
35 DMV p. 151. L'instrumentalité dont il est question ici peut être entendue en deux sens : le sens strictement instrumental où il s'agit des outils à utiliser, et le sens stratégique où il s'agit des moyens à utiliser en vue des fins à atteindre.
36 DMV, p. 146.
37 DMV, p. 153.
38 DMV, p. 107.

moyens utilisés dépassent souvent en importance les objectifs poursuivis et, dans ce contexte, l'avenir est imprévisible.

L'opposition de l'action et de l'instrumentalité est l'un des thèmes principaux de *Condition de l'homme moderne*. Sur ce fond, l'on comprend que le caractère instrumental de la violence fait d'elle une sorte d'inversion de l'action politique. En quel sens faut-il comprendre cette instrumentalité ? Etienne Tassin précise :

> « Si Arendt insiste pour la (violence) distinguer par son seul caractère instrumental, ce n'est pas qu'elle manque à saisir son essence, mais que dans son essence la violence est purement technique parce que toute technique, toute activité de fabrication, est en elle-même violente : elle contraint un matériau à se soumettre à une forme contraire à son élan propre au moyen d'une instrumentalisation. La violence n'est donc que la modalité instrumentale de l'usage des forces ou de la puissance. Si le caractère instrumental distingue la violence de la force, de la puissance, du pouvoir et de l'autorité, c'est qu'à l'inverse toute instrumentalisation des rapports procède de l'exercice violent d'une contrainte, d'un viol des êtres. Par où l'on comprend déjà que ni le pouvoir ni la force ni la puissance ne sont en eux-mêmes violents, même s'ils peuvent l'être, et que la violence, en raison de son caractère instrumental, se révèle au contraire comme ce qui détruit le pouvoir. »[39]

L'instrumentalité dont il est question n'est donc pas nécessairement l'usage d'outils car on peut être violent par des mots, des gestes ou des attitudes ; elle est caractéristique de la violence en tant que moyen d'une fin. Plus généralement, elle est caractéristique de toute violence politique.

---

[39] E. TASSIN, « Pouvoir, autorité et violence. La critique arendtienne de la domination », dans J.C GODDARD et B. MABILLE (dir.), *Le pouvoir*, Paris, Vrin, 1994, p. 285.

Mais d'autres analyses arendtiennes de la violence ne peuvent pas ne pas soulever quelques objections. La violence est-elle toujours imprévisible ? Il existe pourtant des violences qui ont été soigneusement et graduellement préparées. Ce qui est vrai, c'est que, même quand elle a été longuement préparée, la violence prend un caractère soudain lorsqu'elle éclate, et que l'on ne sait pas prévenir toutes les conséquences qu'elle va entraîner. Par ailleurs, ne semble-t-il pas que la violence intervient souvent quand on n'a plus de justification et que le moment même de la violence se situe au-delà de toute justification ? Selon Patrick Pharo, « la seule violence qu'on peut justifier est celle qui prétend échapper à l'arbitraire — comme par exemple celle de la légitime défense. Dans les autres cas la justification apparaît plutôt comme un prétexte »[40]. Est-il évident que le pouvoir se passe de justification ? La présentation des bilans gouvernementaux n'est-elle pas justement le moment rituel de justification ? Toutefois, malgré ces réserves, la thèse essentielle de Hannah Arendt est que la violence n'est pas sa propre fin : elle est toujours le moyen d'autre chose. Son caractère instrumental est donc typique du point de vue du rapport moyens-fins.

La théorie politique de la violence de Hannah Arendt s'élabore dans la réfutation d'autres explications couramment avancées. Elle rejette notamment l'hypothèse naturelle selon laquelle la violence s'explique par un instinct de mort ou d'agressivité inscrit dans la nature humaine, hypothèse qui reconnaît un rôle fonctionnel joué par l'agressivité. Pour l'auteur de *Du mensonge à la violence*, la violence n'est pas un phénomène naturel ; elle fait plutôt partie du domaine politique des affaires humaines[41]. Aussi le rapprochement de la violence avec la force vitale et la créativité lui apparaît-elle comme un amalgame approximatif. De même, la violence n'est ni bestiale

---

[40] P. PHARO, *L'injustice et le mal*, Paris, L'Harmattan, 1996, p. 158.

[41] Arendt écrit : « Ni la violence, ni le pouvoir ne sont des phénomènes naturels, c'est-à-dire des manifestations de ce processus vital ; l'une et l'autre font partie du domaine politique des affaires humaines, dont la qualité spécifiquement humaine est garantie par la capacité d'action de l'homme, son aptitude à l'initiative d'une action nouvelle » (DMV, p. 183).

ni irrationnelle. Dans la mesure où elle se propose un but à atteindre qui la justifie, elle est plutôt rationnelle.

Paul Ricœur note que la distinction entre pouvoir et violence constitue un lieu privilégié de la pensée d'Arendt dans le sens qu'en ce lieu se concentrent la plupart des difficultés auxquelles cette pensée s'affronte et des objections qu'on lui oppose. Mais il y a plusieurs autres distinctions, la pensée d'Arendt se donnant pour tâche de séparer les concepts et de combattre les confusions. Une question se pose cependant : ces distinctions « n'instaurent-elles pas des dichotomies qui empêchent tout usage dialectique de la médiation ? »[42]. Il est donc important de comprendre les raisons pour lesquelles Arendt oppose si radicalement la violence et le pouvoir.

Dans la conception que Hannah Arendt se fait du politique, il y a une étroite articulation entre l'agir politique et les actes de parole. Parce qu'elle est une actualisation et une réalisation de la liberté humaine, l'action coïncide totalement avec l'intersubjectivité langagière qui implique nécessairement la pluralité. En d'autres termes, la *praxis* et la *lexis* sont les deux aspects fondamentaux de l'agir ; elles sont les deux faces d'une même réalité. L'homme est donc est un être politique parce qu'il est un être d'action et de parole. C'est pourquoi, dans la *polis*, toutes les choses doivent se régler nécessairement par le biais des paroles et non par la violence :

> « L'action politique, dans la mesure où elle ne participe pas de la violence, s'exerce généralement au moyen du langage [...]. Seule, la violence brutale est muette, et c'est pourquoi elle ne saurait avoir de grandeur. »[43]

Les états que Arendt détermine comme hors-politiques sont caractérisés par l'absence de parole. La violence est justement un de ces états. C'est dire que Arendt ne nie pas l'existence

---

[42] P. RICOEUR, « Pouvoir et violence », dans *Politique et pensée*, *op. cit.*, p. 206.

[43] CHM, p. 63.

réelle de la violence, mais elle soutient plutôt que c'est un état hors du monde parce que la violence détruit l'espace du monde qui se trouve entre les hommes, cet « entre » qui les distingue et les relie en même temps. Parce qu'elle est muette et destructrice, la violence n'est donc pas politique. Elle intervient là où les hommes cessent de dialoguer et de communiquer, c'est-à-dire dans un espace qui n'a rien de politique. En effet, le facteur proprement « politique » de la *polis* se concentre autour de « l'être-l'un-avec-l'autre » et de « parler-ensemble-de-quelque-chose ». En conséquence, la guerre et la violence sont complètement exclues de ce qui est proprement politique. Toutefois, rappelle Arendt, en tant que totalité, la *polis* utilisait la violence à l'égard d'autres cités-états mais, ce faisant, elle se comportait, de façon « non politique ». En d'autres termes, le principe de la violence et de la contrainte dans les relations humaines qui est interdit à l'intérieur de la *polis* subsiste à son extérieur, c'est-à-dire dans la famille et dans les relations de la *polis* elle-même avec les autres unités politiques.

La *polis* est cet espace qui offre une stabilité aux hommes et à leurs actions et paroles. Elle se distingue des autres formes de communauté humaine en ce qu'elle est un espace de liberté où des hommes libres et égaux règlent leurs affaires par la discussion et la persuasion mutuelle. En cela, elle se distingue notamment du foyer domestique où règne la domination du maître sur sa maisonnée et ses serviteurs (esclaves). Les relations entres les hommes libres et égaux sont également différentes des relations des hommes qui sont à la guerre car là ils sont appelés à commander ou à obéir sous la pression de la contrainte. Dans la *polis*, entre des hommes libres et égaux, rien de pareil : il n'y a ni domination ni contrainte ; par conséquent toute violence y est exclue. Mais alors, une question se pose : comment en est-on arrivé à introduire la domination dans l'espace politique ? C'est, selon Arendt, à cause de la réduction de la *polis* à l'*oikia* et de la réduction de l'agir au faire, ainsi que de la substitution du gouvernement à l'action. Autrement dit, quand la *polis* a été pensée en termes de foyer domestique et que l'agir a été rabattu sur le faire, quand la politique a été réduite à la relation entre commander et obéir, gouverner et être gouverné, la politique s'est au fond effacée pour laisser place à la domination qui caractérisait les rapports du maître et des esclaves dans l'espace du foyer domestique[44]. Dans sa critique de la domination, Arendt dénonce ainsi le transfert dans l'espace politique de la violence exercée par les hommes sur la nature. L'évasion de la politique a pour cause majeure la substitution du faire à l'agir. Voilà ce qui explique l'entrée de la violence et de la domination dans les relations humaines ainsi que l'apparition des catégories de fins et de moyens car c'est sur le modèle de la domination de la nature que se conçoit le gouvernement des hommes : comme le menuisier qui fabrique un lit, le gouvernant « fait » sa cité. Aussi Arendt peut-elle écrire :

> « Il est vrai que la violence, sans laquelle ne se ferait aucune fabrication, a toujours joué un rôle important dans les doctrines et les systèmes politiques fondés sur une interprétation de l'action en termes de fabrication. »[45]

C'est pourquoi, le terme de violence est souvent utilisé quand elle parle de l'activité de l'*homo faber* : « L'élément de violation, de violence est présent en toute fabrication : l'*homo faber*, le créateur de l'artifice humain, a toujours été le destructeur de la nature »[46]. La substitution du faire à l'agir qui

---

[44] Platon, « le père de la philosophie politique en Occident » (QQP, p. 94) a proposé, sous la figure du philosophe-roi, la libération des nécessités vitales et du travail en vue de la domination du petit nombre, c'est-à-dire « la libération du petit nombre en vue de la liberté de philosopher grâce à la domination sur la multitude » (QQP, p. 97). Ainsi la multitude n'est là que pour exécuter les ordres du petit nombre. Pareille liberté qui vise la domination des autres est fondée sur la violence. Il y a ici une dégradation du politique à partir de la philosophie qui dépend de la distinction entre le petit nombre qui sait et qui commande et la multitude qui ne sait rien et qui obéit. L'émergence du couple conceptuel *domination / violence* marque désormais le centre de la réflexion philosophique à tel point que la liberté et la puissance sont rejetées au second plan (QQP, p. 94-100). Dans CHM, Arendt écrit : « Platon fut le premier à distinguer entre ceux qui savent sans agir et ceux qui agissent sans savoir » (CHM, p. 286).

[45] CHM, p. 292.

[46] CHM, p. 190.

va aboutir à la victoire de *l'homo faber* sur *l'animal rationale* est donc à l'origine de la violence et de ses conséquences meurtrières au nom d'adages du style : « On ne fait pas d'omelettes sans casser les œufs ».

Toutes les activités du foyer en tant que communauté naturelle sont régies par la nécessité. Dans une telle organisation familiale privée, la force et la violence se justifient comme les seuls moyens de maîtriser la nécessité et de se libérer. Aussi les philosophes grecs considéraient-ils la violence comme un acte prépolitique qui permettait de se libérer des contraintes de la vie pour donner ainsi accès à la liberté du monde. En d'autres termes, l'homme libre est d'abord l'homme qui s'est libéré des contraintes de la vie du foyer. A la différence de la liberté de la *polis*, la libération repose sur la violence et la domination. La libération est donc prépolitique car elle se fait en vue de la liberté dans la *polis*. *En identifiant la politique et la liberté, Arendt, fidèle à l'expérience grecque qu'elle évoque, ne considère pas comme nécessairement politiques les moyens par lesquels se fonde et se maintient l'espace politique*. C'est ainsi que l'acte légiférant, bien que nécessaire à la fondation de la *polis*, n'est pas lui-même politique. De même, tout ce qui concerne les relations avec les autres cités (notamment les guerres) n'était pas de la politique au sens strict. En clair, Hannah Arendt considère que « la contrainte et la violence ont toujours constitué des moyens pour garantir l'espace politique ou le fonder et l'élargir, mais qu'ils ne sont pas eux-mêmes politiques. Ils ne sont que des phénomènes annexes au politique, et c'est précisément pour cette raison qu'ils ne sont pas eux-mêmes politiques »[47]. Il en est ainsi de la violence qui accompagne la fondation romaine et les révolutions modernes. Comment est-elle pensée par notre philosophe ?

---

[47] QQP, p. 93-94.

4.3. Fondation, révolution et violence

Hannah Arendt s'est penchée sur le phénomène de la fondation comme action éminemment politique à partir de laquelle s'institue un espace de liberté et qui légitime toute autorité, étant donné que cette dernière n'existe qu'en référence à un acte fondateur. Elle considère à ce propos l'expérience romaine de la fondation comme « l'unique expérience politique qui a introduit l'autorité comme mot, concept et réalité dans notre histoire »[48]. Mais c'est pour nuancer aussitôt après : « Cette affirmation, écrit-elle, n'est pas entièrement vraie. Il existe dans notre histoire politique un type d'événement pour lequel la notion de fondation est décisive, et il y a dans notre histoire de la pensée un penseur dans l'œuvre duquel le concept de fondation est central, sinon suprême. Ces événements sont les révolutions de l'époque moderne, et ce penseur est Machiavel »[49] . Arendt va donc élaborer son concept de fondation à partir de la fondation romaine et des révolutions modernes et, comme nous le verrons, contre la pensée de Machiavel. Or, et l'expérience romaine de fondation, et les révolutions modernes sont des expériences politiques qui ont été émaillées de violence. Comment Arendt les analyse-t-elle ? Que pense-t-elle de la violence qui se manifeste en ces expériences ? Violence et fondation sont-elles liées ?

Malgré la légende à laquelle elle a donné lieu, Hannah Arendt considère la fondation de Rome comme un événement politique dont l'esprit devait être conservé et augmenté à tel point que, pour un romain, « s'engager dans la politique voulait dire d'abord et avant tout conserver la fondation de la cité de Rome »[50]. La légende nous renseigne pourtant que la fondation du Lavinium par Enée fut précédée par une guerre de libération, de même que Rome est née d'un acte fratricide, Romulus ayant tué son frère jumeau Remus. Mais, pour Arendt, le véritable acte de fondation de Rome comme communauté politique réside dans l'alliance conclue entre les patriciens et les plébéiens au terme de longues luttes intestines et conservée

---

[48] CC, p. 178.
[49] CC, p. 178-179.
[50] CC, p. 159.

dans les « célèbres lois des Douze Tables »[51]. Quoi qu'il en soit – et c'est cela qui est intéressant pour notre propos – la légende et l'histoire se rejoignent sur ce point que la fondation de Rome a été précédée par la guerre et la violence. Pour Arendt, cette violence a un caractère *prépolitique*, c'est-à-dire qu'elle prépare le terrain à la naissance d'une communauté politique : la *res publica*. En ce sens, la guerre ne visait pas seulement la défaite de l'ennemi ou le rétablissement de la paix ; elle était plutôt l'occasion de nouer de nouvelles alliances, de faire des ennemis de naguère des « amis » et des « alliés » de Rome[52]. La fondation est donc un acte politique par lequel s'institue un corps politique où règne la liberté. En tant que telle, elle suit la simple violence et se situe au-delà d'elle. Cela se donne également à voir dans la fondation qui a uni les différents États d'Amérique et d'où est sortie la Constitution des États-Unis d'Amérique. Comme toutes les fondations, elle fut elle aussi précédée d'un acte de libération, à savoir la guerre d'indépendance.

La thèse de Hannah Arendt est bien connue : elle oppose la Révolution américaine (bonne) à la Révolution Française (mauvaise). Si la première a abouti à la naissance d'un corps politique où règne la liberté, la seconde, en se fourvoyant dans des questions sociales, s'est pervertie dans la violence et la terreur. Cette thèse se comprend à partir du concept arendtien de révolution : elle est par excellence l'acte de fondation d'un nouveau corps politique dont le sens est la liberté et non la libération. La révolution est dans la vie des états ce que chaque naissance est dans la succession des générations : un nouveau commencement, une nouvelle création. Dans l'idéal révolutionnaire, le citoyen retrouve la joie de l'action et son pouvoir de changer quelque chose, de commencer quelque chose de neuf. En un mot, il fait l'expérience de la liberté. C'est pourquoi la priorité accordée aux préoccupations privées et à la satisfaction des besoins vitaux et sociaux ne va pas sans danger ni ambiguïté pour la révolution. On le voit en considérant la

---

[51] ER, p. 277.
[52] ER, p. 277.

Révolution Française. En effet, celle-ci avait considéré les droits naturels de l'Homme —droit à la satisfaction des besoins naturels, au vêtement, à la vie et à la reproduction de l'espèce – – comme le contenu même et la fin dernière du gouvernement et du pouvoir. L'Ancien Régime se voyait accusé d'avoir privé ses sujets non des droits de la liberté et de la citoyenneté, mais des droits de la vie et de la nature. Et quand la Révolution n'a voulu se préoccuper que des droits naturels de l'homme, elle est elle-même tombée dans la terreur et la violence. C'est ce que souligne Arendt :

> « Partout où l'on a laissé la société envahir, recouvrir et finalement absorber le domaine politique, elle a imposé ses propres mœurs et ses propres critères « moraux », les intrigues et les perfidies de la haute société, auxquelles les couches inférieures ont répondu par la violence et la brutalité. »[53]

Dans le même sens, elle ajoute :

> «La Révolution, quand elle cessa de vouloir fonder la liberté et qu'elle s'attacha à délivrer l'homme de la souffrance, renversa les barrières de l'endurance et libéra, pour ainsi dire, les forces de destruction de l'infortune et de la misère. »[54]

Le grand malheur de la Révolution française est donc qu'elle épuise tout son élan dans la résolution de la misère. C'est là que se découvrent les limites de la « politique du cœur » et les conséquences néfastes de l'intrusion des sentiments dans le domaine politique.

Ce qui compte, pour Hannah Arendt, c'est l'idéal révolutionnaire et sa visée qui est de transformer radicalement la société en apportant plus de justice et plus de liberté. Au nom de cet idéal, « *elle passe sous silence la violence qu'il implique,*

---

[53]ER, p. 151.
[54]ER, p. 161.

pour n'en retenir que l'idée d'un nouveau commencement et d'une nouvelle fondation »[55]. C'est que, pour elle, la violence apparaît comme un phénomène accessoire qui ne fait pas en tant que tel partie de l'essence de la révolution. La Révolution française a été violente mais elle a échoué, tandis que la Révolution américaine, accompagnée de peu de violence, a été un succès. Si donc elle admire l'idéal révolutionnaire, Arendt n'en fait pas autant pour la violence révolutionnaire. Bien au contraire, elle critique cette dernière et sur ce point sa pensée se distingue nettement de la pensée marxiste car, non seulement révolution et violence ne sont pas nécessairement liées, mais l'idéal révolutionnaire risque d'être perverti par l'exercice de la violence.

Nous ne le dirons jamais assez : le projet de Hannah Arendt est de déterminer les conditions de possibilité d'un monde qui échappe à la domination, et surtout à la violence. Pour y parvenir, *Condition de l'homme moderne* étudie les trois activités humaines fondamentales que sont le travail, l'œuvre et l'action. Par sa condition humaine de pluralité, l'action se révèle être la seule activité politique. Il en découle que, pour préserver notre monde de la violence, les trois activités doivent s'articuler sans aucun impérialisme de l'une sur l'autre, car, tout en étant distinctes, elles ne sont pas exclusives[56]. Il y a perversion du politique et apparition de la violence quand une

---

[55] G. EVEN-GRANBOULAN, *Une femme de pensée. Hannah Arendt*, Paris, Anthropos-Economica, 1990, p. 260. Souligné dans le texte.

[56] Une certaine critique (marxiste) reproche à Arendt d'avoir négligé et sous-estimé le travail, en le réduisant à la satisfaction des besoins biologiques et en niant le rôle qu'il joue dans les relations sociales. C'est ici qu'il faut rappeler ce que fait remarquer Amiel : « Un des buts explicites d'Arendt est de récuser « l'impérialisme » d'une des activités sur les autres » (A. AMIEL, *Hannah Arendt : politique et événement, Paris*, PUF, 1996, p. 21). Arendt ne dévalorise pas le travail, elle y voit au contraire un facteur d'équilibre qui peut conduire au bonheur : « Le bonheur du travail, c'est que l'effort et sa récompense se suivent d'aussi près que la production et la consommation des moyens de subsistance, de sorte que le bonheur accompagne le processus tout comme le plaisir accompagne le fonctionnement d'un corps en bonne santé » (CHM, p. 154-155). Sa critique porte donc non sur le travail mais sur ce qu'il est devenu dans la société moderne.

activité supplante les autres, quand il y a confusion entre elles ou réduction de l'une à l'autre. Plus explicitement, la violence naît de la réduction de l'action à la fabrication, celle-ci contenant nécessairement un élément de violence. Avec le surgissement de la violence sur la scène publique, le politique cesse d'être appréhendé en lui-même pour être pensé dans les limites de la catégorie moyens-fins. C'est ce que fait malheureusement le marxisme qui adopte la glorification de la violence comme unique moyen de « faire » cité, une glorification qui fait son apparition à l'époque moderne :

> « L'aphorisme de Marx : " La violence est l'accoucheuse de toute vieille société grosse d'une société nouvelle ", c'est-à-dire de tout changement en Histoire et en politique, ne fait qu'exprimer la conviction de l'époque et tirer les conséquences de sa croyance la mieux enracinée : l'Histoire est " faite " par les hommes comme la nature est " faite " par Dieu. »[57]

Arendt remarque que, parmi les thèses de Marx, il y en a une sur la violence : « La violence est la sage-femme de toute vieille société grosse d'une nouvelle »[58], ce qui revient à dire que « la violence est la sage-femme de l'histoire ». Par cette thèse, comme par bien d'autres encore, Marx défie et remet en cause toute une tradition de pensée. En effet, traditionnellement, la violence est « l'*ultima ratio* dans les rapports entre nations et la plus honteuse des actions domestiques puisqu'on la considère toujours comme le signe caractéristique de la tyrannie »[59]. Mais, pour Marx, « la violence ou plutôt la possession des moyens de violence est l'élément constitutif de toutes les formes de gouvernement ; l'État est l'instrument de la classe dirigeante au moyen duquel elle opprime et exploite, et tout le domaine de l'action politique est caractérisé par l'emploi de la violence »[60].

---

[57]CHM, p. 292-293.
[58] *Le Capital* de Marx cité par ARENDT, CC, p. 33.
[59] CC, p. 34.
[60] CC, p. 34-35.

Cette thèse contient en elle une contradiction fondamentale qui reste insoluble :

> « Si la violence est la sage-femme de l'histoire et par conséquent l'action violente, parmi toutes les formes d'actions humaines, celle de plus haut rang, que se passera-t-il quand, après l'aboutissement de la lutte des classes et la disparition de l'État, aucune violence ne sera même plus possible ? Comment les hommes seront-ils capables de la moindre action significative authentique ? »[61]

On le voit donc clairement : quand les marxistes voient en la violence l'accoucheuse de l'histoire, Arendt, elle, en souligne le danger :

> « Comme n'importe quelle action, la pratique de la violence peut changer le monde, mais il est infiniment probable que ce changement nous conduise vers un monde plus violent. »[62]

Même s'il n'emploie jamais le mot « révolution », Machiavel fut le premier à se représenter une révolution, et le concept de fondation, comme l'affirme Arendt, est central dans son œuvre. Chez lui, comme dans les révolutions modernes, la notion de fondation est décisive. Machiavel est celui qui s'est opposé au concept grec du « bon pour » et au concept chrétien d'une bonté absolue, concepts propres à la sphère privée et qui n'avaient pas de place dans le domaine public. Comme Robespierre après lui, il a défendu des célèbres thèses sur « la nécessité de la violence pour la fondation de nouveaux corps politiques et pour la réforme de corps politiques corrompus »[63]. Comme les Romains, Machiavel et Robespierre ont pensé que la fondation était l'action politique centrale, mais à la différence d'eux, ils ont pensé que pour cette fin suprême, tous les

[61] CC, p. 36-37.
[62] DMV, p. 181.
[63] CC, p. 181.

moyens, et principalement le moyen de la violence, étaient justifiés. Parce qu'il a découvert l'expérience de la fondation et qu'il l'a interprétée comme justification des moyens violents pour une fin suprême, Machiavel est « l'ancêtre des révolutions modernes »[64]. Il avait voulu répéter l'expérience romaine de fondation en vue de parvenir à une Italie unifiée. Malheureusement, avant Robespierre, il a lié fondation et violence. C'est dire qu'il a identifié fondation et fabrication. C'est pourquoi sa notion d'autorité a contribué à la confusion entre pouvoir et violence, confusion contre laquelle s'élève toute la théorie politique d'Arendt. Notre philosophe reproche donc à Machiavel d'avoir conçu la fondation en termes de fabrication. Or l'œuvre de fabrication comporte toujours une violence. En ce sens, confier à quelqu'un la tâche de « faire » une République, c'est faire de lui un tyran.

Ces prises de positions arendtiennes ne peuvent pas ne pas soulever quelques questions. D'où parle Hannah Arendt et d'où tient-elle ses affirmations ? L'histoire romaine lui donne-t-elle raison ? Parce que notre philosophe se réfère à l'expérience romaine de la fondation et à la pensée de cette fondation chez Machiavel, nous nous proposons de revenir sur ses analyses pour en vérifier la solidité en considérant d'abord l'histoire de Rome puis la façon dont cette histoire est reprise dans la pensée de Machiavel.

Remarquons de prime abord que Arendt considère les Romains comme le « peuple le plus politique »[65]. Comme le note Christian Delmas, cette assertion est « pour le moins surprenante, non pas par elle-même, mais parce qu'elle est employée par une personne qui n'a cessé de traquer les

---

[64] CC p. 182.

[65]CHM, p.42. Quand on connaît l'aversion de Hannah Arendt pour la « philosophie politique », on ne peut pas ne pas s'interroger sur une telle affirmation d'autant plus qu'elle semble provenir d'un ralliement à ce corpus qu'elle n'a cessé de combattre, c'est-à-dire la philosophie politique. Une lourde pesanteur de domination et même de violence ne pèse-t-elle pas sur ces notions de politique étrangère, d'acte de fondation et de trinité romaine que notre philosophe analyse ?

systèmes politiques où régnaient la violence »[66]. Car si, comme y insiste Arendt, le pouvoir tire sa légitimité de l'autorité et que celle-ci est à son tour légitimée par la fondation, la fondation romaine s'est faite dans la violence, que l'on considère la légende ou l'histoire. Or, Hannah Arendt nous semble être aveugle sur certains points du récit de la fondation[67]. C'est le cas quand elle écrit :

> « C'est pourquoi il est hautement significatif que la guerre de Troie qui s'est répétée sur le sol italien, et à laquelle le peuple romain attribuait son existence politique et historique, ne se soit pas à son tour terminée par l'anéantissement des vaincus mais par une alliance et un pacte. »[68]

Sans doute Arendt veut-elle souligner la richesse de ces concepts romains — alliance, pacte, loi — en tant que concepts essentiellement politiques qui trouvent leur origine dans l'action humaine et mondaine impliquant la pluralité, parce que cette action met ensemble et lie des personnes humaines tenues par des promesses mutuelles. Mais la victoire d'Enée sur Turnus a été suivie de la destruction d'Albe, de Véies et de Carthage pour ne citer que celles-ci. N'est-ce pas autant de « mondes » qui ont été anéantis ? Cette question vaut la peine

---

[66]C. DELMAS, *Hannah Arendt. Une pensée trinitaire. Une nouvelle approche de son œuvre*, Paris, L'Harmattan, 2006, p. 250.

[67] Sans contester les sources d'Arendt (Virgile, Mommsen), on ne peut s'empêcher de se demander si elle n'est pas aveugle sur certains points du récit de la fondation romaine. Car, certains auteurs, comme M. Serres, souligne la violence qui l'a marquée. Alors, Christian Delmas s'interroge : « Qui a raison ? Qui a raison entre Arendt qui prétend que l'autorité incarnée par le Sénat est non violente ou M. Serres qui définit le Sénat ou l'ensemble des Pères par "la trace de sang au revers de leur toge" ? Les deux, à en croire René Girard : "Le sacré, c'est la violence, mais si le religieux adore la violence, c'est toujours en tant que celle-ci passe pour apporter la paix ; le religieux est tout entier orienté vers la paix, mais les moyens de cette paix ne sont jamais dénués de violence sacrificielle". Mais même sacrificielle, la violence reste la violence. Dans le sacré, pour Girard, il y a toujours un bouc émissaire. "Tout bouc émissaire est une victime. C'est le sang de la victime qui scelle la culture et la religion" » (C. DELMAS, *op. cit.*, p. 248).

[68]QQP, p. 154-155.

d'être posée à Arendt parce que nous savons qu'elle affirme ailleurs :

> « Lorsqu'un peuple — qui occupait une position telle dans le monde que personne ne peut immédiatement la reproduire, dans la mesure où ce peuple présente toujours une vision du monde que lui seul peut incarner —, une ville ou même seulement un groupe de personnes est détruit, ce n'est pas seulement un peuple, une ville ni même un certain nombre d'hommes qui est détruit, mais une partie du monde commun qui se trouve anéantie : un aspect sous lequel le monde se montrait et qui ne pourra plus jamais se montrer. [...]. La politique au sens strict du terme n'a pas tant affaire aux hommes qu'au monde qui est entre eux et qui leur survivra ; dans la mesure où elle est devenue destructrice, et où elle provoque la ruine du monde, elle se détruit et s'anéantit elle-même. »[69]

Certes, les guerres romaines ont été suivies d'alliances et de pactes, « il n'en demeure pas moins que cette apparente évolution s'effectue sous la menace terrifiante de l'ombre de l'aigle romain. Plus sourdes, mieux atténuées par des promesses civilisatrices, la domination et la violence n'en continuent pas moins de régner. Rome c'est Spartes qui veut apparaître aux vaincus sous des traits athéniens »[70]. Nous savons bien sûr que Arendt ne considère pas la guerre comme la fin mais plutôt comme le commencement d'un nouvel espace politique. Mais de quelle politique parle-t-elle ? Les vainqueurs et les vaincus sont-ils égaux ? L'ombre humiliante de la défaite qui pèse sur les vaincus ne les empêche-t-elle pas de parler et d'agir librement ? Même s'ils ont été maîtres dans la conclusion des alliances avec les vaincus, les Romains ont aussi détruit et anéanti des peuples et des villes. Parce que tout anéantissement d'un peuple ou d'une ville est une destruction du monde et donc de la politique, en quoi sont-ils le « peuple le plus politique » ?

---

[69]QQP, p. 153-154.
[70] C. DELMAS, *op. cit.*, p. 239.

Par ailleurs, en considérant cette fois-ci la légende, Romulus fonde Rome après le meurtre de son frère Remus ; tous les deux étaient les fils d'une vestale — Rhea Silvia — qui a été violée par Mars, le dieu de la guerre. L'origine de Rome est donc imbibée de sang. Comment dès lors admettre qu'elle puisse légitimer une autorité qui semble débarrassée de la violence, c'est-à-dire l'autorité du Sénat ? M. Serres ne définit-il pas le Sénat ou l'ensemble des Pères par « la trace de sang au revers de leur toge »[71] ?

Ces considérations indiquent que Arendt traite la fondation romaine comme un événement et l'analyse rétrospectivement. Cette analyse lui fait découvrir que la tradition, la religion et l'autorité sont les conditions indispensables de la persistance du politique chez le peuple romain. C'est dire que la fondation romaine est un événement essentiellement politique à tel point que son déclin sera aussi le déclin du politique. Or, comme nous venons de le souligner, cet événement comprend en lui la violence : celle du fratricide et celle des guerres. Si donc Arendt magnifie cet événement au point de considérer les romains comme « le peuple le plus politique du monde », c'est qu'elle fait, à notre avis, une différence entre des violences qui lient et des violences qui délient, les violences de Rome étant dans la première catégorie tandis que celles du nazisme sont dans la seconde. Car, nous ne voyons pas Hannah Arendt protester contre les guerres romaines, toute guerre étant par définition une violence. Ce qui la préoccupe, ce sont plutôt les conséquences de la guerre. Celle-ci, comme la fondation, est traitée comme un événement en ce sens que la question importante qui se pose est celle de l'« après » : qu'est-ce qui arrive « après » la guerre ? Quelles sont les conséquences de la guerre ? Si elle « n'est pas la fin mais le commencement du politique », elle n'est donc pas condamnable. Par contre, si elle entraîne la destruction du politique, elle est condamnable[72]. Il

---

[71] M. SERRES cité par C. DELMAS, *op. cit.*, p. 248.

[72] Arendt consacre le fragment 3c de *Qu'est-ce que la politique* à la question de la guerre. La perspective d'une « guerre totale » ou « guerre d'anéantissement » à laquelle la menace nucléaire pourrait conduire l'humanité lui apparaît comme une catastrophe qui mettrait fin au politique

nous semble alors que notre philosophe est plus préoccupée par la préservation du monde que par l'éradication de la violence. Ce qui est intéressant pour nous, c'est que son traitement de la fondation romaine donne à réfléchir sur la violence « prépolitique » et soulève à ce titre une question importante pour nous : l'opposition entre violence et politique est-elle si radicale ? Nous y reviendrons. Il nous a fallu d'abord considérer l'analyse de la fondation romaine comme expérience politique d'après la légende et l'histoire. Parce que Arendt considère Machiavel comme le théoricien de la fondation, nous reviendrons sur son interprétation du Florentin qui n'est pas sans poser de problèmes. Mais il convient au préalable de jeter un regard critique sur cette théorie de la violence que nous venons d'exposer.

---

parce qu'elle conduirait à la destruction du monde et de la vie humaine. Avec la bombe atomique, en effet, une limite à la violence a été outrepassée. D'une part parce que l'énergie nucléaire se révèle être une « force surnaturelle », d'autre part parce qu'aucun pouvoir de produire ne vient plus contrebalancer le pouvoir de destruction de l'atome (QQP, p. 100). « C'est seulement à ce stade, écrit-elle, où la guerre ne présuppose plus comme donnée la coexistence des partis ennemis et où elle entend régler les conflits qui naissent entre eux au moyen de la violence, que la guerre a effectivement cessé d'être un instrument de la politique et qu'elle a commencé, en tant que guerre d'anéantissement, à faire éclater les limites établies par le politique et par conséquent à l'anéantir lui-même » (QQP, p. 132). Mais, si, pour Hannah Arendt, le péril atomique et le totalitarisme sont les deux grands défis de notre temps dans la mesure où ils constituent une menace pour l'espace politique, il demeure que sa position sur la bombe reste relativement floue, c'est-à-dire intermédiaire entre le pacifisme et la doctrine de la dissuasion. Elle pense donc que la détention de l'arme atomique n'entraîne pas *ipso facto* un régime vers le totalitarisme et que les progrès technologiques peuvent rendre les conflits moins suicidaires et permettre le retour à des guerres de type traditionnel. Voir sur ce point son article « La guerre froide et l'Occident » paru en 1962.

4.4. Critique de la théorie arendtienne de la violence

4.4.1. J. Habermas critique H. Arendt

La théorie politique de Hannah Arendt a été l'objet de plusieurs critiques. Dans le cadre limité de cette étude, nous allons nous arrêter à la critique formulée par Jürgen Habermas dans la mesure où elle présente pour nous un intérêt particulier : elle touche directement le concept arendtien du politique et surtout, pour ce qui nous concerne, la distinction (voire l'opposition) qu'Arendt établit entre le pouvoir et la violence. A vrai dire, Habermas entretient avec l'œuvre d'Arendt un rapport équivoque qui peut être abordé aussi bien comme un rapport de proximité que comme un rapport d'opposition ou de conflit. Parmi ce qui rapproche les deux auteurs, l'on peut noter, de part et d'autre, le souci de restaurer l'espace public, le paradigme de l'interaction et de la communication, le procès de la technique comme mode d'appréhension du politique, la critique de la domination, le refus de réduire la dimension du politique et la volonté de tenir ensemble la réflexion spéculative et l'analyse critique. Habermas utilise les mêmes thèmes que Arendt : « consensus », « espace public », « communication sans contrainte », « intersubjectivité intacte », etc. Toutefois, le rationalisme critique de Habermas s'oppose à l'ontologie politique d'Arendt et, de cette différence découlent des points qui semblent inconciliables, comme leurs attitudes opposées face à la modernité ainsi que le poids et le sens que chacun donne à la domination[73].

---

[73] Habermas réactive le cadre conceptuel de la politique classique, et, sur ce point, il sait gré à Arendt d'avoir, par d' « importantes études », rappelé l'importance de la distinction aristotélicienne entre pratique et technique. A son tour, il remarque le fossé qu'il y a entre l'« ancienne politique » et la politique des Modernes (Voir le chapitre premier « La doctrine classique de la politique dans ses rapports avec la philosophie sociale » dans *Théorie et pratique*, Paris, Payot, 2006 p. 73-108). Toutefois, son entreprise n'a pas pour but de congédier la politique moderne, mais plutôt de la réorienter et de la reconstruire. Contrairement donc à Arendt qui se livre à une critique bien plus

S'agissant du concept de pouvoir, Habermas salue chez Arendt le refus de rabattre le communicationnel sur l'instrumental : « Hannah Arendt disjoint le concept de pouvoir du modèle téléologique. Le pouvoir se construit par l'agir communicationnel ; il constitue un effet collectif de la discussion dans laquelle la recherche de l'accord est une fin en soi pour tous ceux qui y sont impliqués »[74]. En d'autres termes, il est opposé à la conception instrumentale de l'action politique. Chez l'un et l'autre se trouve le souci d'affirmer la spécificité du politique et de la réhabiliter face au modèle de l'action téléologique ou instrumentale. Ce qui fait dire à Habermas : « Arendt insiste à juste titre sur le fait que la réduction, par la technique et l'économie, de la pauvreté ne constitue en aucun sens une condition suffisante pour la garantie pratique et politique de la liberté publique »[75]. Aussi semble-t-il être prêt à accepter le concept arendtien de « consentement » qui est très proche de son propre concept de « consensus » et de « l'entente », obtenu par l'argumentation libre des participants, dans une « situation de parole idéale »[76].

Il critique cependant le concept arendtien du pouvoir du fait qu'il reste prisonnier d'« une théorie de l'action d'inspiration aristotélicienne » car, « en distinguant la *praxis* des activités non politiques du travail et de l'œuvre d'un côté et de la pensée

---

radicale de la modernité, Habermas reste indéfectiblement attaché à cette dernière comme projet culturel et comme processus historique.

[74] J. HABERMAS, « Le concept de pouvoir chez Hannah Arendt », dans *Mana – Revue de sociologie et d'anthropologie*, n°10-11, 2002, p. 184.

[75] Ibid., p. 191.

[76] Voir J. HABERMAS, *Théorie de l'agir communicationnel*, 2 vol, Paris, Fayard, 1987. Au niveau de l'activité, Habermas distingue le *travail* de l'*interaction*. Ce sont ces distinctions qu'il retrouve chez Arendt mais sur le plan strictement politique. C'est dire que Hannah Arendt élabore avec son concept de pouvoir le modèle d'un consensus instauré dans une communication sans contrainte et dont la force se mesure non pas à un succès quelconque (escompté par ceux qui exercent l'autorité) mais à la "prétention rationnelle immanente au discours" ; le pouvoir se forme dans l'action communicationnelle, il est "un effet collectif de la discussion dans laquelle la recherche d'un accord est une fin en soi pour tous les participants".

de l'autre, Arendt limite de façon exclusive le pouvoir politique à la *praxis*, à la parole et à l'action en commun des individus »[77]. Du point de vue de Habermas, Arendt réduit donc la politique à la *praxis* au sens d'Aristote, de même qu'elle fait de l'image de la *polis* grecque le calque de toute politique. Il s'agit là d'une réduction qui prive sa théorie de toute prétention descriptive du fait qu'elle s'attache à dégager quelque chose comme l'essence du politique :

> « Arendt stylise l'image qu'elle a de la *polis* grecque au point d'y voir l'essence de la politique en tant que telle, elle construit des distinctions conceptuelles rigides entre le "public" et le "privé", entre l'État et l'économie, la liberté et le bien-être, l'activité politique pratique et la production, auxquelles la société bourgeoise moderne et l'État moderne se soustraient.[...] Elle devient victime d'un concept du politique qui est inapplicable aux conditions modernes. »[78]

C'est dire que, selon Habermas, les dichotomies conceptuelles rigides d'Arendt sont inadéquates pour saisir la complexité des phénomènes politiques modernes.

Ainsi en est-il de l'opposition radicale entre le pouvoir et la violence. Elle s'explique par le fait que Hannah Arendt concentre l'unique action dialogique et consensuelle dans une conception épurée du politique d'où sont exclus par conséquent les éléments stratégiques. En d'autres termes, Arendt élimine de la politique les éléments stratégiques qui participent, selon elle, de la violence et non du pouvoir, alors que, pour Habermas, les éléments stratégiques sont essentiels à la politique. Plus profondément, Habermas reproche à Arendt son autonomisation rigoureuse d'une essence du politique fondée sur le pouvoir et l'action qui l'empêche de penser le fait politique majeur de la modernité, à savoir la domination. Pour le dire en d'autres termes, en opposant radicalement l'action communicationnelle

---

[77] J. HABERMAS, « Le concept de pouvoir chez Hannah Arendt », p. 192.
[78] *Ibid.*, p. 190-191.

et l'action stratégique, Arendt se prive des moyens de saisir le fait de la domination comme fait politique. Sa thèse de l'autonomie du politique ne peut alors penser la domination que comme un fatum inexplicable, comme quelque chose d'extérieur à la politique. Elle se trouve dans l'incapacité à la penser conjointement aux enjeux « politiques » qu'elle a isolés. Aussi n'arrive-t-elle pas à rendre compte de la dimension nécessairement politique d'éléments qui relèvent de la violence. Somme toute, selon Habermas, l'action instrumentale et l'action stratégique font nécessairement partie de la politique car il est impossible de concevoir sérieusement cette dernière en dehors de son rapport essentiel à l'organisation de la vie collective et au devenir social de l'homme.

La critique habermassienne s'en prend donc non seulement au manque d'efficacité descriptive de la théorie arendtienne, mais bien plus à son point de vue normatif : par sa référence nostalgique au modèle de la *polis* grecque, Arendt se coupe des faits, se borne à considérer comme « souhaitable » tout épanouissement du pouvoir et met ainsi en avant une perspective « curieuse » :

> « Un État déchargé du traitement administratif des problèmes sociaux ; une politique purifiée de toute préoccupation socio-économique ; une institutionnalisation de la liberté politique indépendante de la gestion de la richesse publique ; une démocratie radicale qui limite son efficacité libératrice au point précis où la répression sociale commence – cette voie est inimaginable pour *toute* société moderne. »[79]

Ainsi, la critique de Habermas s'éclaire : en opposant à l'extrême et de façon exclusive le modèle du pouvoir communicationnel et celui de la violence et de la domination illégitime, Arendt s'empêche de penser les phénomènes nouveaux que la coexistence de ces deux réalités fait surgir : le pouvoir se transforme au contact de la violence. En s'appuyant

[79] *Ibid.*, p. 191-192.

sur la force de son point de vue critique qui l'invite à confronter sans cesse la réalité politique et l'histoire, Habermas souligne que l'exercice du pouvoir a toujours des phénomènes nouveaux qui relèvent de la violence ou au moins de la domination :

> « Il nous faut comprendre la force exercée par le biais de l'action stratégique comme la capacité d'empêcher la réalisation des intérêts d'autres individus ou d'autres groupes. En ce sens, la force a toujours fait partie des moyens de conquête et de maintien des positions de pouvoir légitime. Dans les États modernes, cette lutte de pouvoir politique fut même institutionnalisée. De ce fait elle est devenue une composante normale du système politique. »[80]

D'une part, Habermas reconnaît à Arendt le mérite d'avoir rompu avec une tradition qui avait identifié, « à tort, le pouvoir avec la capacité de mener une action stratégique réussie » ; avec elle, il affirme que « les luttes stratégiques pour le pouvoir politique ne font naître ni ne maintiennent ces institutions dans lesquelles ce pouvoir est ancré. Les institutions politiques ne vivent pas de la force mais de la reconnaissance »[81]. Mais, d'autre part, il refuse d'exclure l'action stratégique du concept de politique ; contre Arendt, il affirme la nécessité de penser le politique aussi par « ses relations avec l'environnement économique et social dans lesquelles il est impliqué par le biais du système administratif »[82]. A travers le concept de pouvoir, Habermas repense l'ensemble de la politique dans sa théorie critique qui se distancie de la conception arendtienne du politique trop tributaire d'Aristote :

> « Ce concept arendtien d'un pouvoir généré communicationnellement ne peut devenir un instrument pénétrant que si on le soustrait du joug d'une théorie de l'action d'inspiration aristotélicienne. En distinguant la

[80] *Ibid.*, p. 194.
[81] *Ibid.*, p. 194.
[82] *Ibid.*, p. 192.

praxis des activités non politiques du travail et de l'œuvre d'un côté et de la pensée de l'autre, Arendt limite de façon exclusive le pouvoir politique à la *praxis*, à la parole et à l'action en commun des individus. »[83]

C'est la raison pour laquelle, refusant cette « limitation conceptuelle du politique à la pratique », Habermas estime que « le concept de politique doit s'étendre à la compétition stratégique pour le pouvoir politique et à l'exercice de ce pouvoir à l'intérieur du système politique »[84]. Il distingue ainsi d'une part l'exercice du pouvoir (la domination) et d'autre part la formation du pouvoir, et, selon lui, le concept de *praxis* n'est utile que dans la formation du pouvoir politique :

> « La *conquête* et le maintien du pouvoir politique doivent être distingués à la fois de la domination – c'est-à-dire de l'exercice du pouvoir politique – et de la *production* du pouvoir politique. Dans ce dernier cas, mais seulement dans ce dernier cas, le concept de *praxis* est du plus grand secours. »[85]

Cette distinction ne revient pas à une opposition entre une dimension descriptive et une dimension théorique du concept dans la mesure où c'est justement cela que Habermas reproche à Arendt. Tout le sens de sa critique consiste à tenir ensemble le point de vue normatif et le point de vue descriptif. A cette condition, l'analyse permet à la fois d'appréhender adéquatement la réalité politique (marquée par la domination) et d'orienter la pratique vers l'émancipation[86].

---

[83] *Ibid.*, p. 192.
[84] *Ibid.*, p. 196.
[85] *Ibid.*, p. 193.
[86]Cette distinction se comprend mieux si on la rapporte à la typologie plus fondamentale des trois sphères d'activités qu'établit Habermas :
- L'activité communicationnelle fonde, produit et sous-tend le pouvoir ; elle est la légitimité du pouvoir ; elle est ce qui en autorise l'exercice et ce qui en assure le maintien : "le pouvoir légitime ne surgit que parmi ceux qui forment des convictions communes dans une communication non contrainte".
- L'activité stratégique est à l'œuvre dans le cadre de la concurrence entre ceux qui sont susceptibles d'occuper une position d'autorité, d'exercer le

Par là on touche le sens du projet de Habermas comme penseur de la domination et penseur de l'émancipation : penser la politique revient pour lui à rendre compte des voies laissées ouvertes pour la transformer. Or c'est précisément cela dont le discours théorique et statique de Hannah Arendt ne peut ou ne veut rendre compte : l'émancipation, qui demeure l'intérêt du discours critique, impose donc cette rationalisation de la domination, c'est-à-dire une analyse permanente des dérives stratégiques et instrumentales qui retirent à l'exercice du pouvoir la force et le bien fondé que lui assurait sa légitimité initiale. Habermas poursuit donc sa réflexion sur le pouvoir et sur le politique à partir de ces deux dimensions que sont la domination et la légitimité. A la conception de Hannah Arendt qui ne voit dans la domination qu'un dérèglement de l'exercice du pouvoir, Habermas oppose une catégorie de domination qui ajoute à la dimension politique une dimension économico-sociale. En partant de la trilogie travail-œuvre-action, Arendt distingue la sphère économico-sociale et la sphère politique, et considère l'introduction du social dans le politique comme une perversion de ce dernier. Contre elle, Habermas soutient qu'une conception qui limite et cantonne l'économie à la sphère de l'*oikia* ou au domaine privé se coupe des transformations majeures que la modernité a opérées dans l'ordre politique[87]. Si

---

pouvoir, ainsi que dans les décisions qu'ils sont amenés à prendre en vue de se maintenir dans cette position (en faisant ce que Habermas appelle des "compromis" à savoir un partage de la plus-value sociale inégal et pourtant légitime).

- L'activité instrumentale qui concerne exclusivement le rapport moyens-fins de l'action (c'est le modèle weberien) désigne l'activité gouvernementale dans sa dimension exécutive.

[87]Où finit la société et où commence le règne de la politique ? Pour avoir distingué la société de la politique, l'on a souvent reproché à Hannah Arendt d'avoir négligé les facteurs économiques dans sa théorie politique. Et pourtant, Arendt n'ignore pas les facteurs économiques ; elle veut plutôt remettre l'économie à sa place et donner la prééminence à l'action politique, contrairement à la tendance trop répandue aujourd'hui selon laquelle c'est l'économie qui détermine la politique. A son avis, les activités économiques ont une fonction purement privée ; ce qui signifie que *l'économie vise en dernier ressort le bien-être de l'individu.* Arendt « aura donc toujours le souci de distinguer les revendications politiques s'attachant à faire reconnaître des

la politique est le milieu de l'hétérogénéité dans le sens que la sphère économico-sociale et la sphère politique n'entretiennent pas une relation d'extériorité, penser la domination revient à ramener le sens de l'émancipation à un unique paramètre, c'est-à-dire que la pratique émancipatrice demeure exclusivement tournée vers la communication, et donc vers les obstacles à la légitimité.

Sur ce point de la légitimité, la conception arendtienne manque une fois encore d'efficacité descriptive comme le remarque Habermas :

> « Certes, le fait que la domination politique ne puisse durer qu'aussi longtemps qu'elle est reconnue comme légitime plaide en faveur de sa thèse [la thèse d'Arendt]. Mais, en sa défaveur plaide le fait que les institutions et les structures fondamentales qui sont stabilisées sous la forme d'une domination politique ne peuvent être qu'en de rares occasions l'expression d'une "opinion sur laquelle nombreux sont ceux qui s'accordent en public". »[88]

Reprenant alors le fil directeur de sa critique, il affirme :

> « On peut concilier ces deux faits si l'on admet qu'une violence structurelle se constitue au sein des institutions politiques (mais pas uniquement en leur sein). Cette violence structurelle ne se manifeste pas elle-même *en tant que violence*. Elle bloque plutôt, en restant inaperçue, ces communications grâce auxquelles les

droits et les revendications économiques qui, si importantes qu'elles puissent apparaître aux individus concernés, ne sauraient jamais constituer l'essentiel » (G.E. GRANBOULAN, *op. cit.*, p. 98). Comme le souligne J. Habermas, une société libérée de l'économie est « inimaginable » pour l'homme contemporain. Mais, ce que Arendt refuse, c'est « l'éconocratie », c'est-à-dire la domination de l'économie si aisément acceptée par nos contemporains » (G.E. GRANBOULAN, *op. cit.*, p. 278).

[88] J. HABERMAS, « Le concept de pouvoir chez Hannah Arendt », p. 197.

convictions effectives contribuant à la légitimation se forment et se transmettent. »[89]

Comme le commente Jean-Marc Ferry, « Habermas considère que le principe d'organisation de notre vie collective dérive d'un problème fondamental : partager la plus-value sociale de façon inégale et pourtant légitime »[90]. Il faut donc comprendre par « violence structurelle » le fait que « la distribution asymétrique des chances de satisfaction des besoins est codifiée dans un système de normes qui est respecté »[91]. La violence structurelle est la part d'idéologie que contient tout espace public d'opinions. Inhérente à tout espace public, elle ne se manifeste pas comme violence, elle passe plutôt inaperçue parce qu'elle agit comme idéologie. D'où la nécessité de prendre une distance critique qui seule permet de révéler que les structures intersubjectives mises en place par le pouvoir sont systématiquement déformées. Car, sans aucun critère de rationalité et d'universalité, il devient difficile de savoir si l'opinion sur laquelle beaucoup se sont accordés est ou non exempte d'éléments idéologiques. Et c'est justement cette distance critique qui, selon Habermas, manque à Arendt.

Par la catégorie de « violence structurelle », Habermas veut montrer que le cœur de l'exercice de la domination se trouve dans sa recherche permanente de légitimité au moyen d'un contrôle de la communication. En d'autres termes, la domination se nourrit toujours d'un processus de légitimation qui constitue la possibilité pour une institution ou un groupe de se maintenir au pouvoir tout en se coupant du véritable pouvoir communicationnel qui le fonde. Ici apparaît encore clairement l'opposition entre Arendt et Habermas : parce que, dans une vision normative (dont Habermas partage pourtant le bien fondé), la première identifie pouvoir et légitimité, elle ne peut rendre compte de l'apparition de cette « violence structurelle »

---

89 *Ibid.*, p. 197.

90 J.-M. FERRY, « Habermas critique de Hannah Arendt », dans *Esprit*, n°6, 1980, p. 110.

91 HABERMAS cité par J.M. FERRY, *op. cit.*, p.110.

que génère nécessairement l'exercice de l'autorité. C'est que, au fond, l'activité publique contient en elle deux logiques, ou, si l'on veut, deux types de pouvoir qui s'interpénètrent sans qu'il soit possible de les penser séparément : le pouvoir engendré communicativement et le pouvoir appliqué administrativement. Il s'agit de deux processus contraires mais qui se rencontrent et se croisent. Si Hannah Arendt a proposé un modèle normatif de la production communicative d'un pouvoir légitime, elle n'a pas pensé cette constitution de la légitimation par le système politique qui, administrativement, est inséparable de la domination, de la violence et de l'idéologie. Ceci laisse comprendre, en définitive, que la violence n'est donc jamais extérieure au politique : elle se déploie toujours en son cœur même, comme violence structurelle, c'est-à-dire comme manifestation de la nécessaire logique de l'illusion qui s'engendre dans la pratique.

On le voit, en des termes on ne peut plus tranchants, Habermas pense donc que Hannah Arendt hypostasie le politique au point d'être aveugle aux facteurs socio-économiques et que ses notions de pluralité et d'espace public ne sont pas applicables à l'État moderne. Il reproche donc à sa théorie politique le manque d'efficacité descriptive et critique. Répondant à cette critique, J.-M. Ferry trouve, en substance, que Habermas fait une confusion entre le fait et le droit, c'est-à-dire entre la description et l'évaluation. Étant donné que les pensées habermassienne et arendtienne partagent des contenus thématiques communs, la divergence entre elles se trouve au niveau des « points de vue », c'est-à-dire au niveau du statut accordé à ces contenus. Il s'avère ainsi qu'au point de vue normativo-critique d'Arendt s'oppose le point de vue scientifico-critique de Habermas. Celui-ci paraît opposer à celle-là une sorte de réalisme scientifique parce que, note-t-il, *dans les faits*, le pouvoir est inséparable de la violence. Si le discours d'Arendt est essentiellement plus normatif que descriptif, c'est parce qu'il se donne à évaluer les faits et à mesurer la dégradation du réel. C'est dire qu'elle sait décrire le réel. Aussi J.-M. Ferry pense-t-il qu'«il y aurait donc une grande inconséquence, de la part de Habermas, à faire porter sa critique dans un point de vue empirique, en opposant l'affirmation de ce qui est à un point de vue qui se préoccupe surtout de ce qui doit être, dans une sorte de discours-lapsus de l'idéal »[92]. En ce sens, la critique que Habermas adresse à Arendt porte à faux et paraît être un procès d'intention.

Cette discussion est éclairante pour nous à plus d'un titre. Nous en retiendrons d'abord que l'élasticité et la complexité du concept même de violence empêchent que soit tenu sur lui un discours univoque. Nous aurons ainsi remarqué que, quand bien même elle parle de la violence, Hannah Arendt ne nous en donne une définition nulle part, se contentant surtout de la situer en opposition par rapport au pouvoir. Quant à Habermas, il introduit la notion de « violence structurelle », une violence qui ne se présente pas *en tant que telle* et qui passe inaperçue dans la mesure où elle se confond avec l'idéologie. In fine, violence devient synonyme de domination. Cette fluctuation du terme ne fait qu'augmenter les difficultés à s'entendre sur son analyse. Ensuite, la lecture habermassienne de Hannah Arendt et le commentaire critique qu'en donne J.M. Ferry mettent en lumière que le fond du problème c'est le rapport entre « ce qui est » et « ce qui doit être », entre le fait et la norme, le réel et l'idéal, la pratique et la théorie, bref entre la philosophie en tant que discours et la politique en tant que pratique. Comment le discours philosophique peut-il rendre compte de l'effectivité politique sans la dénaturer et sans renoncer à sa prétention à la vérité ? Il existe vraiment un rapport *problématique* entre la philosophie et la politique. Et ce rapport restera toujours problématique aussi longtemps que le philosophe cherchera à maintenir le lien entre « ce qui est » et « ce qui doit être ». D'où la tension qui se ressent dans sa réflexion dans la mesure où son travail ne consiste pas seulement à décrire les faits mais aussi à poser des normes. La théorie arendtienne de la violence contient cette tension : elle s'exprime à travers son concept le plus équivoque, celui de la « violence prépolitique ».

---

[92] J.-M., FERRY, « Habermas critique de Hannah Arendt », p. 119. Voir aussi J.-M., FERRY, *Habermas. L'éthique de la communication*, Paris, PUF, 1987, p. 85.

4.4.2. La notion de « violence prépolitique »

Nous venons de le voir, la conception arendtienne exclut du politique la guerre et la violence considérées simplement comme des phénomènes annexes au politique. Même si elle partage l'idée que les sociétés politiques se fondent sur un acte de violence originel[93], Arendt ne fait pas de cet acte lui-même un acte politique à cause justement de la violence qui le caractérise. Et pourtant, notre philosophe note en même temps que chez les Grecs, la guerre « était aussi le commencement de leur existence politique »[94], comme elle remarque que chez les Romains la « guerre n'est pas la fin mais le commencement de la politique, c'est-à-dire d'un nouvel espace politique issu d'un traité de paix et d'une alliance »[95]. De même, quand elle se penche sur l'établissement de la loi qui se trouvait au centre de toute dimension politique, elle remarque qu'il succédait à la violence de la guerre. La conception arendtienne fait donc une place à une violence qui, somme toute, reste paradoxale et que nous appellerons « violence prépolitique ». De quoi s'agit-il ? Quelle relation le prépolitique entretient-il avec le politique ?

Le préfixe « pré » du « prépolitique » nous place dans un registre temporel qui nous fait comprendre le prépolitique comme ce qui vient avant, ce qui précède le politique. Il est en ce sens différent de l'antipolitique (ce qui est contre le politique, ce qui s'oppose au politique) et de l'apolitique (ce qui se tient en dehors du politique). Et, chez Arendt, le politique est essentiellement cet espace spécifique qui accueille l'action et la pluralité humaine. Sa hiérarchie des modes de l'activité humaine se comprend en fonction du primat de la *praxis* sur le *poièsis*. En d'autres termes, comme le note très justement Paul

---

[93] Cette idée a été reprise et développée avec le succès que l'on sait par R. GIRARD, dans *La violence et le Sacré*, Paris, Grasset, 1972 et dans *Des choses cachées depuis la Fondation du Monde*, Paris, Grasset, 1978.

[94] QQP, p. 156.

[95] QQP, p. 162.

Ricœur dans sa préface à *Condition de l'homme moderne*, la distinction arendtienne entre le travail, l'œuvre et l'action sert à « identifier les traits les plus *durables* de la condition humaine »[96]. C'est dire que ces trois activités humaines sont évaluées « du point de vue temporel de leur *durabilité* »[97]. Alors que le travail est marqué par l'absence de durée, l'œuvre constitue le règne du durable tandis que l'action est caractérisée par une fragilité à laquelle les Grecs ont remédié par la fondation de la *polis*. L'artefact produit par l'*homo faber* est destiné à perdurer. Outre cette temporalité d'une chose qui résiste au temps, l'œuvre d'art a un autre aspect de la temporalité : celui de la mémoire. En effet, une œuvre d'art, un poème épique par exemple, dans la mesure où elle est liée aux hauts faits politiques et guerriers, transmet aux générations futures la trace de l'action éclatante. Toutefois, pour Hannah Arendt, l'art n'est pas plus politique que ne l'est la législation d'une cité : la constitution légale, le *nomos*, rend possible l'action et détermine les contours de l'action à venir tandis que l'œuvre rappelle les grandes actions du passé qui peuvent servir d'exemples. Aussi bien l'horizon spatial dessiné par le *nomos* que l'ouverture au passé indiquée par l'œuvre sont des axes qui rendent possibles l'action, mais ni le *nomos* ni l'œuvre ne sont eux-mêmes politiques. Autrement dit, pour Arendt, la loi et l'art sont du domaine prépolitique tandis que l'agir seul est du domaine politique parce qu'il implique le surgissement du nouveau, l'apparition d'un nouveau monde rendu possible par la liberté et l'action concertée de la pluralité humaine.

C'est dans le même sens que, sans être politique, la violence peut être prépolitique. C'est le cas par exemple de la guerre de libération qui, selon le récit de Virgile, précède la fondation de Lavinium par Enée. Selon Arendt, cette violence qui précède la fondation est prépolitique. De fait, notre philosophe affirme dans *Condition de l'homme moderne* que « la violence est l'acte prépolitique de se libérer des contraintes de la vie pour accéder

---

[96] RICOEUR, *Préface* à CHM, p. 15.
[97] *Ibid*, p. 15.

à la liberté du monde »[98]. Autrement dit, pour accéder à la liberté du monde, la libération politique n'est pas suffisante, comme ne l'est pas non plus la libération économique et sociale. Parce qu'elle contient toujours un élément de violence, la libération n'est positive que si elle est limitée dans le temps. Car absolutiser la libération politique reviendrait à absolutiser son élément de violence, alors que l'espace politique est un espace d'où est exclue toute violence. D'où la précision qu'apporte Hannah Arendt dans *Du mensonge à la violence* : « La violence ne saurait être rationnelle que si elle se fixe des objectifs à très court terme »[99]. Ces objectifs ne sont rien d'autre que l'établissement d'un nouveau corps politique en tant qu'espace de liberté. La violence prépolitique est donc celle qui garde son statut de condition, c'est-à-dire celle qui reste relative et qui ne s'absolutise pas, celle qui précède et rend possible l'institution de l'espace politique.

Il y a donc moyen de revenir sur l'opposition fondamentale que nous trouvons chez Arendt entre le pouvoir politique et la violence à partir de cette notion de violence prépolitique. Dans *Du mensonge à la violence*, elle écrit que les deux s'excluent mutuellement et par principe : « Le pouvoir et la violence s'opposent par leur nature même ; lorsque l'un des deux prédomine de façon absolue, l'autre est éliminé »[100]. Devant cet élément apodictique de sa pensée, plusieurs questions ne peuvent pas manquer de surgir. Si elle est cruciale pour penser le politique selon Arendt, la distinction entre le pouvoir et la violence est-elle aussi stricte qu'elle paraît ? La conception d'une violence prépolitique ne la fragilise-t-elle pas ? N'est-il pas étonnant qu'un auteur qui écrit dans un contexte marqué par la guerre[101] ait développé l'idée que la violence n'est pas une

---

[98] CHM, p. 69.
[99] DMV, p. 179.
[100] DMV, p. 157.
[101] Arendt commence son essai sur la violence en ces termes : « A l'origine de ces réflexions se trouvent les événements et les discussions de ces toutes dernières années, tels qu'ils apparaissent dans la perspective d'ensemble du XXe siècle, devenu en vérité, ainsi que l'avait prévu Lénine, un siècle de guerres et de révolutions, donc un siècle fait de cette violence que l'on

force politique en écrivant : « La violence peut détruire le pouvoir, elle est parfaitement incapable de le créer »[102] ? Hannah Arendt n'est-elle pas naïve en imaginant un pouvoir révolutionnaire non violent ? Certes, Arendt a établi une distinction systématique entre pouvoir et violence, mais l'on sait que, dans la vie politique quotidienne, elle n'était pas une pacifiste par principe. En effet, on l'a vu défendre l'idée d'une armée juive pour combattre Hitler. Ce que rappelle en ces termes sa biographe Eisabeth Young-Bruehl :

> « Au cours de l'hiver 1941-1942, Hannah Arendt utilisa sa rubrique du *Aufbau* pour contester la *Realpolitik* de ceux qui — Anglais et Américains — s'opposaient à l'armée juive. Considérant les conséquences immédiates et les conséquences à long terme, elle souhaitait que les Juifs s'associent au combat contre Hitler "en qualité de peuple européen". Dans l'immédiat, elle voulait qu'ils s'expriment politiquement — en luttant par les armes et non en comptant sur les armées des autres ou simplement en aidant charitablement les victimes de la guerre ; à long terme, qu'ils se joignent aux alliés dans les éventuelles conférences de paix à venir : "Ceux qui ne prennent pas part à la guerre ne prennent pas part à la paix" [...] Une armée juive, une armée populaire, donnerait au monde une nouvelle image de l'identité juive, une identité affranchie des fardeaux de ce qu'Arendt appelait les habitudes philanthropiques et mendiantes. »[103]

On le voit donc, Arendt n'était pas naïve. Elle a certes écrit contre la violence, mais elle réclame la création d'une armée juive comme seul moyen de lutte efficace contre les nazis. Ainsi, comme l'affirme Katrin Meyer, « elle tolérait la violence,

---

considère habituellement comme leur dénominateur commun » (DMV, p. 105).

102 DMV, p. 157.

103 E. YOUNG-BRUEL, *op. cit.*, p. 226-227.

si aucun autre moyen n'était envisageable pour protéger les conditions humaines, comme c'était le cas dans les régimes totalitaires ou dans les « *Lager* » (camps de concentration), dont l'objectif était de détruire toute humanité »[104]. Arendt reconnaît que l'on est tenté de recourir à la violence face à des conditions sociales révoltantes et que, dans certains cas, parce qu'il est rapide, prompt et immédiat, l'acte violent apparaît comme la seule réponse appropriée. La violence peut même devenir, dans certaines circonstances, « l'unique façon de rééquilibrer les plateaux de la justice »[105] lorsqu'on se fait justice soi-même. Néanmoins, la violence reste en opposition formelle avec les lois des sociétés civilisées. Si Arendt en appelle à une armée juive, il faut comprendre que l'armée, comme institution d'un gouvernement légitime, a pour mission de défendre et de protéger le peuple menacé par des ennemis extérieurs. La violence des nazis dépassant toutes les limites imaginables, Arendt a donc pensé que seule une armée juive pouvait stopper cette violence. En outre, nous l'avons vu, elle considère que « la violence [...] est rationnelle dans la mesure où elle atteint le but qu'elle s'était fixé et qui doit la justifier »[106].

Il y a donc, vis-à-vis de la violence, une double attitude de la part de Hannah Arendt : d'une part elle écrit contre la violence et d'autre part elle la tolère. Comment devons-nous comprendre cette double attitude ? N'y a-t-il pas là une contradiction dans ses réflexions ? A cette question, Katrin Meyer répond :

> « Je pense que non. La philosophe a refusé d'intégrer la violence à sa notion de pouvoir politique. Elle a décidé de la considérer comme une action préliminaire. La violence est un moyen pour protéger les conditions humaines ou — plus faible — de solliciter l'attention du public par "la dramatisation des griefs", mais elle n'est pas une pratique de politique elle-même. On pourrait

---

104 K. MEYER, « L'ambiguïté de l'archein : la violence prépolitique selon Arendt », dans *Lire Hannah Arendt aujourd'hui*, *op. cit.*, p.76.
105DMV, p. 163.
106 DMV, p. 179.

> donc qualifier cette violence de *violence pré politique*. Mener la guerre contre Hitler ne fait pas partie de la vie politique au sens strict. Cependant, dans un contexte totalitaire, elle la défend et la prépare. »[107]

Mais de l'avis de Katrin Meyer elle-même, cette réponse n'est pas satisfaisante ; elle doit être complétée. Aussi continue-t-elle :

> « A mon avis, ce qu'il manque dans la distinction entre violence "pré politique" et violence "anti politique", c'est une réflexion sur la logique de la distinction elle-même. Qui ou – qu'est-ce qui détermine, dans le moment historique, s'il faut défendre la politique violemment pour la sauver ? Est-ce que cette décision se manifeste comme une décision violente, politique ou même "naturelle" ? »[108]

A ce niveau de la réflexion, il devient important et intéressant de se pencher sur l'ambiguïté de la violence révolutionnaire telle qu'elle se révèle à la lecture du *Journal de pensée* de Hannah Arendt à travers le thème du commencement. Cette approche va nous permettre de cerner de près la notion de violence prépolitique en rapport avec les thèmes de commencement et de révolution. Nous l'avons vu, le but de toute révolution est la fondation de la liberté. La révolution est donc une action par laquelle commence dans le monde quelque chose de radicalement nouveau. D'où l'importance qu'accorde Arendt à la notion de commencement dans le *Journal de pensée*.

Le verbe grec *arkhein* veut dire « commencer, inaugurer un nouveau commencement »[109]. Ceci peut se faire de deux manières : soit en amenant les autres à entreprendre des commencements – il s'agit dans ce cas d'agir *sur* les autres, soit

---

[107] K. MEYER, *op. cit.*, p.76.
[108] *Ibid.*, p. 76.
[109] JP, p. 47.

en agissant *avec* les autres – cas où surgit le pouvoir en tant qu'action concertée. Ainsi donc, celui qui détient le pouvoir, c'est-à-dire le souverain, peut ou agir sur les autres en les amenant à entreprendre des commencements pour passer du pire au meilleur, auquel cas nous sommes en présence de la violence parce qu'il s'agit d'une force, d'une contrainte exercée sur les autres, ou agir avec les autres pour la fondation de la liberté, auquel cas nous sommes en présence d'une action concertée d'où jaillit le pouvoir de la pluralité. De là vient que le mot grec *arkhè* signifie la violence comme force sur les autres d'une part, et d'autre part le pouvoir comme capacité d'agir avec les autres. Cette double signification qui fait coïncider violence et pouvoir constitue l'« équivocité » dont Arendt dit qu'elle « est partout »[110]. Alors qu'en séparant radicalement pouvoir et violence elle soutenait que la violence ne peut jamais engendrer des commencements, elle laisse entendre ici que violence et commencement peuvent aller de pair dans la mesure où l'on peut agir sur les autres, les amener à entreprendre des commencements. Si c'est celui qui gouverne qui décide unilatéralement d'agir sur les autres, il s'agit bien sûr d'une tyrannie parce qu'une seule personne exerce sa contrainte sur les autres. Mais une autre possibilité est envisageable : celle où c'est une collectivité qui prend l'initiative de forcer les autres à entreprendre des commencements. Du moment qu'il s'agit d'une collectivité qui prend l'initiative, ne sommes-nous pas en présence d'une action concertée et donc une action politique ? Les frontières entre action politique et violence ne se trouvent-elles pas brouillées ?

L'équivocité dont parle Arendt est donc l'équivocité d'une politique révolutionnaire qui veut inaugurer un nouveau commencement ou fonder la liberté, mais devant la résistance des obstacles qui empêchent cette fondation, se voit dans l'obligation d'user de la violence. C'est cette violence qui n'a d'autre but que la fondation de la liberté qui est ce que nous appelons « violence prépolitique ». Cette notion ne fait que prendre au sérieux, tel que Hannah Arendt le laisse entendre

---

[110] JP, p. 41.

dans son analyse et son interprétation du commencement dans le *Journal de pensée*, l'option de la force comme élément de l'*arkhein*. Ainsi, la violence prépolitique « prépare ou protège les conditions pour des actions politiques au futur, mais en agissant ainsi elle instaure la violence et exclut les actions politiques au présent »[111]. A considérer l'action politique dans son contexte historique concret, elle touche à la violence et c'est en cela que réside l'ambiguïté de l'action révolutionnaire qu'a bien perçue Hannah Arendt et qu'il ne faut pas simplement éliminer en ne s'en tenant qu'à la lecture de l'opposition radicale entre pouvoir et violence. D'où cette explication de Katrine Meyer :

> « La violence prépolitique touche la politique révolutionnaire comme ses limites et ses conditions historiques. L'ambiguïté irréductible de la politique est donc due au fait que chaque action politique se situe dans un contexte historique qui est à interpréter et qui ne peut jamais être maîtrisé par des principes anhistoriques. Arendt ne passe jamais le cap d'une justification de la violence. Si elle parle de l'équivocité des commencements, elle renonce à justifier la violence et à l'intégrer dans la notion même du politique. La violence comme moyen instrumental reste une action "limitée". Elle trouble et met en danger une politique de liberté – même si elle se montre, parfois, nécessaire : le paradoxe de la violence prépolitique comme condition *et* contradiction de l'action politique ne se laisse pas résoudre. »[112]

4.5. Conclusion

Né de l'appétit des grandes puissances européennes qui vont à la conquête du monde pour répondre à leurs besoins économiques, l'impérialisme fait de la violence le but conscient

---

[111] K. MEYER, *op. cit.*, p. 77.
[112] *Ibid.*, p. 77-78.

du corps politique et l'exerce au nom du pouvoir. Les violences et les atrocités qui sont commises dans les colonies procèdent justement de ce fait que l'État s'est transformé en gardien du pouvoir et de la violence. Pour H. Arendt, l'impérialisme se trouve aux origines du totalitarisme : elle voit en ce dernier la réinjection au cœur du système politique européen des violences exercées aux confins du monde. C'est la raison pour laquelle l'impérialisme colonial et le nazisme lui apparaissent comme des frères jumeaux. Mais le totalitarisme reste un phénomène radicalement nouveau dans l'exercice de la violence et en particulier de la terreur : en effet, sans aucune visée économique, cette terreur, qui est à la fois l'essence et le principe du régime, n'a d'autre but que de rendre les hommes superflus. C'est là quelque chose d'une nouveauté radicale, un mal radical qui bouleverse toutes les catégories de pensée. L'impérialisme et le totalitarisme s'inscrivent dans une tradition de la domination où le pouvoir a été confondu avec la violence. Arendt pense contre cette tradition.

L'opposition qu'elle établit entre le pouvoir et la violence se fonde sur sa théorie du politique. En effet, la préoccupation principale de Hannah Arendt a été de repenser le politique, de le sauver de l'oubli où il a été plongé par une longue tradition et de retrouver son essence. L'ontologie politique qu'elle élabore révèle que la pluralité est la condition sine qua non du politique et la liberté sa raison d'être. De toutes les activités humaines, seule l'action est l'activité politique parce que l'on agit toujours à plusieurs et, agir et être libre c'est la même chose. Sur fond de cette théorie, le pouvoir apparaît comme la capacité des hommes à agir ensemble ; il procède de la mise en commun des paroles et des actes. Hannah Arendt y oppose la violence parce que celle-ci relève du modèle de la fabrication à cause de son caractère instrumental. C'est à cause d'une longue tradition où l'agir a été réduit au faire que le pouvoir a été confondu avec la violence. Même Machiavel, le théoricien de la révolution, est tombé dans le piège de penser la révolution en termes de fabrication et de faire ainsi, comme le feront d'autres révolutionnaires, l'apologie de la violence. Arendt admire la révolution : elle voit en elle le moment historique de fondation et d'instauration d'un nouveau corps politique où règne la liberté. Elle reste toutefois hostile à la violence qui accompagne les révolutions et évite à tout prix de la confondre avec l'idéal révolutionnaire. En aucun cas la violence ne peut faire partie du domaine politique qui est le domaine de la liberté, de l'action et de la parole. Même dans les révolutions, la violence reste un phénomène marginal, un phénomène prépolitique. Cette notion d'une violence prépolitique, c'est-à-dire une violence à la fois condition *et* contradiction de l'action politique, est un paradoxe qui ne se laisse pas résoudre. Ainsi, l'ambiguïté et l'équivocité de la violence révolutionnaire nous disent la nature paradoxale du politique lui-même dont ont aussi parlé Merleau-Ponty et Machiavel. Nous allons voir dans le chapitre suivant comment Merleau-Ponty et Arendt ont lu et interprété Machiavel sur la question de la violence présente dans son œuvre.

Chap. 5. POUR OU CONTRE MACHIAVEL ?

5.0. Introduction

Quand elle parle du commencement, de l'*arkhè* comme signifiant à la fois pouvoir et violence, Arendt reconnaît l'équivocité de la violence dans la fondation du corps politique et de la liberté. Parce qu'elle se révèle comme condition *et* contradiction de l'action politique, la violence prépolitique nous montre à quel point le politique lui-même est paradoxe. C'est de ce paradoxe fondamental que naissent l'équivocité et l'ambiguïté de la politique comme question du rapport entre les hommes (Merleau-Ponty) ou action de la pluralité (Arendt). En quel sens faut-il comprendre le politique comme paradoxe ? Qu'est-ce que cette notion apporte à notre compréhension de la violence ? Chez Merleau-Ponty comme chez Arendt, la pensée du paradoxe est l'arrière-fond sur lequel ils pensent le politique : c'est parce que le politique est essentiellement paradoxe que Merleau-Ponty récuse tout modèle dualiste en matière de philosophie politique, modèle auquel il oppose les concepts de « chair », « chiasme », « entrelacs », et « empiétement » qui sont mieux indiqués pour mener une réflexion sur l'agir, tandis que la pensée politique de Hannah Arendt est structurée par « le paradoxe comme fondement et horizon du politique »[1]. Toutefois, la pensée du paradoxe n'empêche pas nos deux philosophes d'avoir des points des vues très divergents sur certaines questions, notamment sur la question de la violence en politique. La façon dont chacun lit et interprète Machiavel, considéré par plusieurs comme théoricien de la violence, laisse transparaître ces divergences qui

[1] Allusion est clairement faite ici au titre de l'ouvrage de MUNSYA MOLOMB'EBEBE : *Le paradoxe comme fondement et horizon du politique chez Hannah Arendt* paru aux éditions De Boeck en 1997, qui est la publication de sa thèse de doctorat rédigée sous la direction du Professeur Jacques Taminiaux.

deviennent encore plus patentes sur la conception de l'action politique et du rapport entre la philosophie de l'histoire et la politique. Avec la question de la violence se pose la question du mal en politique. Cette dernière invite à une réflexion sur ce qui est et ce qui doit être.

5.1. Divergence sur la question de la violence

Dans *Humanisme et terreur*, Merleau-Ponty s'était proposé de « comprendre la violence communiste ». Mais nous savons que cette volonté affirmée se cachait derrière une approche anthropologique de la violence. Plusieurs polémiques suivirent la publication de *Humanisme et terreur*, dont celle par exemple d'Albert Camus qui alla jusqu'à accuser Merleau-Ponty de défendre les raisons et les méthodes staliniennes[2]. Fin septembre 1949, quand ce dernier présente au *Congresso Internazionale di Studi Umanistici* tenu entre Rome et Florence sa communication sur Machiavel et Humanisme, les polémiques suscitées par la publication de *Humanisme et terreur* étaient à leur comble, l'intention et la lettre originelles de ce livre ayant été profondément dénaturées. Aussi Merleau-Ponty va-t-il essayer de donner des fondements théoriques et méthodologiques généraux à son discours en élaborant, à partir d'une lecture de Machiavel, une « philosophie politique » qui dépasse le contexte historiographique de la polémique. Loin d'être un travail scientifique sur Machiavel, la *Note sur Machiavel* est en réalité l'expression d'une philosophie politique personnelle car, au fond, le Machiavel de Merleau-Ponty c'est Merleau-Ponty lui-même. En effet, la *Note sur Machiavel* reprend les thèmes philosophiques chers au philosophe français : la thèse de la violence inscrite au fondement des relations humaines et celle de la pureté comme idole des consciences désincarnées. Machiavel aurait ainsi « l'art de tenir ensemble le *conflit* comme situation originelle et la dimension *communautaire* de cette même situation, l'art

---

[2] Voir G. INVITTO, « Merleau-Ponty et Machiavel », dans *Merleau-Ponty. Le philosophe et son langage*, op. cit., p. 169.

d'inscrire au cœur de notre condition une tension de *violence* et de *coexistence* »[3]. Car, contrairement à Sartre qui s'abandonne au pessimisme, autrui n'est pas pour Merleau-Ponty l'enfer, et cette exacte articulation de la violence et de la coexistence traduit la complexité de la chair mieux rendue par la figure de l'empiétement qui noue ensemble le conflit et la communion. En parlant de Machiavel comme d'un « penseur difficile et sans idole », Merleau-Ponty dresse au fond un portrait de lui-même car il fait marcher ensemble les paradoxes de la chair ; il est contre les idoles, contre les systèmes qui cherchent à expliquer les paradoxes de l'incarnation et de la communication, au lieu de les recueillir comme faisant partie du mystère de l'être.

Merleau-Ponty a vu en Machiavel un humaniste soucieux de la réalisation concrète des valeurs dans la lutte historique et il n'a pas manqué de souligner son réalisme politique :

> « Machiavel avait raison : il faut avoir des valeurs, mais cela ne suffit pas, et il est même dangereux de s'en tenir là ; tant qu'on n'a pas choisi ceux qui ont mission de les porter dans la lutte historique, on n'a rien fait. »[4]

Ce que Merleau-Ponty conteste, c'est donc un humanisme idéal avec son moralisme facile et hypocrite auquel il oppose une politique réaliste et concrète, soucieuse de créer les conditions de réalisation des valeurs. Aussi estime-t-il qu'en politique, « Machiavel compte plus que Kant »[5]. Dans la *Note sur Machiavel*, il commence par réfuter l'accusation de « machiavélisme » que l'on a pu sans doute porter contre lui à la publication de *Humanisme et terreur*. Sa stratégie d'argumentation consiste à montrer que les paradoxes que l'on trouve chez Machiavel sont apparents, mais que, au fond, le Florentin reste cohérent avec lui-même. Ce qu'il défend, et que les anti-machiavéliens ne parviennent pas à comprendre, c'est la

---

[3]E. DE SAINT AUBERT, *Du lien des êtres aux éléments de l'être. Merleau-Ponty au tournant des années 1945-1951*, *op. cit.*, p. 46-47.

[4] S, p. 359.

[5] HT, p. 112.

connexion profonde qu'il y a entre la politique et la morale. En ce sens, ne prôner que la primauté des valeurs est aussi contraire à l'esprit de Machiavel que n'avoir qu'une vision *panpolitique* (selon laquelle seule ne compte que la politique). *Il y a un lien profond entre la politique et la morale*. Merleau-Ponty invite à une lecture renouvelée de Machiavel. Il n'y a pas un humanisme et un moralisme purs. L'humanisme vrai, celui que professe Machiavel, se fraye le chemin entre le pessimisme et l'optimisme ; il se réalise dans l'histoire, au sein des rapports sociaux, avec leurs ambiguïtés et leurs retournements.

Si sur certains points tels la nature phénoménale du politique, l'apparence, la question du mal, le rapport entre la philosophie et la politique… il y a à la fois proximité et décalage subtil entre Merleau-Ponty et Hannah Arendt, c'est surtout sur la question de la violence que la divergence est plus grande entre les deux philosophes. C'est dire que, sur ce dernier point, Merleau-Ponty est plus « machiavélien » que Hannah Arendt. Nous l'avons-vu en étudiant la théorie merleau-pontienne de la violence : le philosophe français fait tenir ensemble coexistence et violence car, s'il ne se voile pas les yeux devant la violence présente dans le monde et dans l'histoire comme le font les humanistes libéraux, il est préoccupé par le vivre-ensemble et la qualité des rapports plus humains. En d'autres termes, s'il reconnaît et professe que la violence est l'horizon indépassable de la vie à plusieurs dans la mesure où chaque liberté empiète sur une autre, il n'est ni le théoricien ni le défenseur d'une violence nue. Il voit en Machiavel celui qui, après avoir posé le principe de la lutte au fondement de la vie politique, « passe au-delà sans jamais l'oublier » parce que, « dans la lutte même, il trouve autre chose que l'antagonisme »[6]. L'on comprend par là que Machiavel ne confond pas l'adversaire et l'ennemi, et que, malgré son insistance sur la place de la violence dans la politique, il reste préoccupé par la *res publica* et le bien commun ; il n'est pas non plus le théoricien d'une violence nue. Le rapport politique échappe donc au dualisme qui acculerait à choisir ou la violence

---

[6] S, p. 344.

ou la coexistence parce que, conformément à l'idée de l'entrelacs et du chiasme, très importante dans la dernière philosophie de Merleau-Ponty, ce dernier envisage un rapport avec autrui en dehors de la domination ou de la maîtrise.

En effet, l'idée de chiasme signifie que « tout rapport à l'être est *simultanément* prendre et être pris, la prise est prise, elle est *inscrite* et inscrite au même être qu'elle prend »[7]. Il en découle que, dans l'entrelacs de moi avec autrui, ce que je fais à ce dernier rejaillit sur moi :

> « C'est la même terreur qui me menace et que je répands, je vis ma crainte dans celle que j'inspire [...] le mal que je fais, je me le fais, et c'est aussi bien contre moi-même que je lutte en luttant contre autrui »[8].

L'œuvre de Machiavel inspire donc tout un versant de la philosophie politique de Merleau-Ponty et l'on voit clairement la parenté qui existe entre les deux penseurs quant à la question de la violence : ils regardent en face la violence immédiate, donnée, de la politique et en font l'objet de leur réflexion, contrairement à ceux qui se satisfont de leur imagination que critique Machiavel et contrairement à l'attitude hypocrite de l'humanisme vertueux que dénonce pour sa part Merleau-Ponty. Tous deux sont en dernier lieu préoccupés par la coexistence entre les hommes, entre les princes et les sujets. Aussi maintiennent-ils le lien entre l'action politique, la violence et la coexistence. En un mot, il y a chez tous les deux une exacte articulation de la coexistence et de la violence car chez l'un comme chez l'autre, la lutte elle-même est coexistence : en luttant avec autrui je le découvre et je me découvre moi-même. C'est dire que cette lutte politique ne me place pas dans un pur rapport de domination ou de maîtrise par rapport à l'autre, mais qu'elle est interaction, découverte, coexistence. Et si Merleau-Ponty affirme que Machiavel « nous introduit au milieu propre

---

[7] VI, p. 313.
[8] S, p. 344.

de la politique »[9], c'est, comme le commente Myriam Revault d'Allonnes, parce que le Florentin « sait que, même si la violence pure ne peut être qu'épisodique, la politique porte en elle un élément irrationnel et que l'un des noms de cet irrationnel, c'est la violence »[10].

Alors que Merleau-Ponty est clairement machiavélien – son Machiavel se confondant finalement avec lui-même – le rapport de Hannah Arendt à Machiavel est plus complexe et plus problématique. Car, si d'une part elle voit en Machiavel le penseur de la fondation, elle l'accuse d'autre part de s'écarter de la fondation romaine en concevant l'acte de fondation sous le modèle de la fabrication et en justifiant l'emploi de la violence. La figure de Machiavel est chez elle très équivoque : si elle fait l'éloge de la « virtuosité » qu'elle considère comme l'illustration exemplaire de la liberté inhérente à l'action, la violence – que Machiavel défend pourtant comme faisant partie du politique – lui apparaît comme la dégradation instrumentale de cette virtuosité, c'est-à-dire comme la dégradation de l'agir en faire. En effet, nous avons eu l'occasion de le souligner, pour Hannah Arendt, la violence est instrumentale, destructrice et muette ; elle s'oppose au pouvoir comme aptitude des hommes à agir de concert et doit en être distinguée. Bref, la violence est foncièrement antipolitique. Toutefois, la philosophe reconnaît que toutes les origines ont été émaillées de violence comme le relatent différentes légendes : « Caïn supprime Abel, et Romulus tue Rémus ; la violence est le commencement, aucun commencement ne pourrait se passer de violence ni de violation » ; et la légende « parle sans équivoque : toute fraternité dont les humains sont capables est issue du fratricide, toute organisation politique que les hommes aient réussie tire son origine d'un crime »[11].

---

[9] S, p. 347.

[10] M. REVAULT D'ALLONNES, « Peut-on parler philosophiquement politique ? », *op. cit.*, p. 195. Commentant Machiavel à propos de la cruauté Merleau-Ponty écrit : « Pourtant la violence pure ne peut être qu'épisodique. Elle ne saurait procurer l'assentiment profond, qui fait le pouvoir, et elle ne le remplace pas » (S, p. 347).

[11] ER, p. 23.

Avec Machiavel, Arendt reconnaît que l'acte de fondation nécessite et justifie le recours à la violence, d'où l'importance de faire la différence entre la violence qui instaure et la violence qui ruine[12]. Toutefois, la violence reste pour elle un phénomène marginal de la politique. En effet, c'est dans la mesure où il est un être parlant que l'homme est un être politique. Or, la violence est muette. Elle est donc antipolitique. L'introduire en politique, c'est exporter dans le domaine de l'action des catégories propres au domaine du faire. Selon Arendt, la réduction de l'agir politique au faire consiste d'une part à penser le politique à partir « des expériences de relations humaines tirées de la maison et de la vie de famille »[13] et d'autre part à combler l'absence d'expérience capable de rendre compte de la spécificité du politique par le « pouvoir de la raison »[14] pour justifier et asseoir la domination par la contemplation des idées. Or, le politique, qui est essentiellement action et parole, est par nature différent de la violence. Dès lors, Hannah Arendt oppose radicalement l'action politique à la fabrication et à la violence qui en découle. Elle s'oppose ainsi à Machiavel et lui reproche d'avoir pensé la fondation ou la révolution sous le modèle de la fabrication.

Pour Machiavel « la fondation était l'action politique centrale, le grand acte unique qui établissait le domaine publico-politique et rendait la politique possible »[15]. En cela, il est un parfait héritier des Romains, ces Romains qui sont les seuls à avoir donné lieu à un concept de l'autorité basé sur la tradition, c'est-à-dire sur un acte de fondation dans le passé. Toutefois, selon Arendt, Machiavel échoue quand, en fonction de ce même concept d'autorité, il fait de cette « expérience de la

---

[12] On trouve chez Machiavel la différence entre la violence qui instaure et la violence qui ruine : « On ne doit pas condamner celui qui use de la violence pour restaurer les choses mais celui qui en use pour détruire » (MACHIAVEL, *Discours*, livre I, chap. 9, *op. cit.*, p. 209).

[13] CC, p. 139.

[14] CC, p. 147.

[15] CC, p. 182.

fondation »[16], non pas comme les Romains « un événement du passé », mais une « “fin” suprême » pour laquelle « tous les “moyens”, et principalement les moyens de la violence, étaient justifiés »[17]. Machiavel comprend ainsi, toujours d'après Arendt, « l'acte de fondation entièrement à l'image de la fabrication »[18], c'est-à-dire selon ce qu'elle définit par la métaphore de l'artisan-spécialiste, ouvrant la porte à la tyrannie[19]. Arendt peut alors affirmer :

> « C’est précisément à ce double point de vue, à cause de sa découverte de l’expérience de la fondation et de la réinterprétation qu’il en a faite comme justification des moyens (violents) pour une fin suprême, que Machiavel peut être considéré comme l’ancêtre des révolutions modernes. »[20]

Cette idée est également défendue par elle dans son *Essai sur la révolution* : si Machiavel (et, derrière lui, la pensée moderne de la révolution) ne parvient pas à penser à la hauteur de cette expérience romaine de la fondation, de cet esprit de la

---

[16] CC, p. 181.
[17] CC, p. 182.
[18] CC, p. 182.
[19] Reprenons in extenso le texte de Hannah Arendt où elle compare Machiavel et Robespierre aux Romains : « Comme les Romains, Machiavel et Robespierre pensaient que la fondation était l’action politique centrale, le grand acte unique qui établissait le domaine publico-politique et rendait la politique possible ; mais à la différence des Romains pour lesquels il s’agissait d’un événement du passé, ils pensaient que pour cette “fin” suprême tous les “moyens”, et principalement le moyen de la violence, étaient justifiés. Ils comprenaient l’acte de la fondation entièrement à l’image de la fabrication ; la question pour eux était à la lettre : comment “refaire” une Italie unifiée ou une république française, et leur justification de la violence s’orientait et recevait sa plausibilité de cet argument implicite : on ne fait pas de tables sans tuer des arbres, on ne fait pas d’omelettes sans casser des œufs, on ne peut pas faire une république sans tuer des gens. A ce point de vue, qui devait devenir si décisif pour l’histoire des révolutions, Machiavel et Robespierre n’étaient pas des Romains, et l’autorité qu’ils auraient pu invoquer aurait plutôt été Platon, qui recommandait aussi la tyrannie comme gouvernement où “le changement est susceptible d’être le plus facile et le plus rapide” » (CC, p. 182).
[20] CC, p. 182.

fondation, c'est parce que, pour lui, la fondation « semblait devoir exiger la violence ». La violence est donc l'élément évident qui permet de juger de l'échec de la compréhension machiavélienne du politique.

Excepté l'expérience romaine, unique en son genre, l'expérience de la fondation ne survit plus alors qu'au titre de « pathos romain »[21], c'est-à-dire que l'expérience comme telle est « entièrement perdue et oubliée »[22], même quand on cherche à s'y rattacher. Mais peut-il en être autrement dès lors que Hannah Arendt considère d'abord la fondation comme un simple « événement du passé » ? Et pourtant, en précisant dans *Essai sur la révolution* que l'*auctoritas* « dépendait de la vitalité de l'esprit de fondation »[23] notre philosophe aborde la fondation comme un esprit vital qui continue justement à vivre par l'histoire de l'autorité qui dépend de lui et l'augmente de façon que se trouvent liés « fondation, extension, conservation » ou encore « permanence et changement »[24]. Ceci suscite les questions que pose Thomas Berns :

> « Mais, Hannah Arendt se donne-t-elle la possibilité de développer ce lien dynamique et absolument fondamental entre permanence et changement, entre fondation et extension, dès lors qu'il est comme tel avant tout considéré comme purement pacifique ou paisible, dès lors que l'autorité, qui se distingue non seulement de la persuasion mais aussi de la force, est pensée comme l'opposé de la violence : “dans la république romaine, c'était l'autorité et non la violence, qui réglait la conduite des citoyens” […]. N'apparaît-il pas ici que la fondation, à force d'être pensée exclusivement comme ce qui permet l'autorité sans la muer en pouvoir […], à force d'être diamétralement opposée à la violence, finit par n'être plus qu'un “événement” du passé, simplement *disponible*, disponible à l'augmentation autant qu'à

[21] CC, p. 183.
[22] CC, p. 178.
[23] ER, p. 297.
[24] ER, p. 298.

> l'oubli, au pathos ou à sa récupération violente dans la fabrication ? Simplement disponible, la fondation pourrait devenir aussi bien la source d'une autorité purement pacifique que l'horizon d'une violence exacerbée. »[25]

C'est ici que, selon Thomas Berns, Machiavel apparaît comme celui qui, sans cacher la violence de la fondation mais plutôt en la dévoilant explicitement et en la mettant au cœur du politique, « parvient à penser de manière bien plus consistante ce lien entre fondation, extension et conservation, au plus loin de toute réduction de l'agir sur le faire »[26]. L'on comprend mieux ce qui précède si l'on commence par comprendre que Machiavel a élaboré sa pensée contre tous ceux qui avaient du mépris à l'égard de l'histoire romaine à cause de la part de violence qu'elle renferme. En se fondant sur les principaux penseurs de la Rome républicaine qu'il interprète radicalement[27], *il place au cœur du politique le conflit et la violence*. Chez Machiavel, l'ordre de la loi s'inscrit dans le désordre des dissensions, et le conflit est fécond dans le sens que l'ordre de la loi n'est pas la « solution » ou la fin du conflit. *Il y a, au contraire, entre la loi et le conflit, une relation circulaire : grandeur et désordre, loi et conflit se tiennent ensemble, de telle sorte qu'il faut conclure à une réinscription constante de la loi dans le conflit. De la manière, du fait que la loi peut toujours se corrompre, l'ordre lui-même est aussi inscrit dans le conflit*. On est là dans un registre qui rompt radicalement avec celui qui s'articule en termes de moyen et de fin[28]. Il en est de même de la violence externe. Selon Berns, Machiavel ne pense pas la guerre *pour* la paix, mais il pense plutôt la guerre comme « l'horizon de la paix et de la liberté » en excluant toute rupture entre les deux. Nous notons, dans cette compréhension des rapports entre des réalités

---

25 T.BERNS, « Violence et fondation chez Hannah Arendt », Cadernos de filosofia (Hannah Arendt and the Political), 19-20, 2006, p. 7. Article consulté sur Internet à partir de http://www.philodroit.be

26 *Ibid*, p. 6.

27 Tite-Live, Caton, Polybe, Cicéron …

28 T.BERNS, « Violence et fondation chez Hannah Arendt », p.7.

apparemment opposées, des relations de chiasme et de réversibilité au sens merleau-pontien.

Dans la mesure où la démocratie de la multitude est nécessairement expansion et la liberté nécessairement expansive[29], Machiavel, quand il compare Rome à Sparte[30], voit en la première une cité portée à l'expansion pour des raisons suivantes : sa loi est déterminée au gré des événements et non dès l'origine ; son peuple vit des dissensions internes parce que c'est un peuple libre. C'est tout le contraire de Sparte dont la loi fut « rationnellement » déterminée dès l'origine par Lycurgue, qui est fermée aux étrangers comme ses institutions sont fermées au peuple. C'est que, considérant le cas de Rome, Machiavel expose le politique à la « vérité effective » et conclut en prônant la supériorité de l'exemple romain en ce qu'il a de plus expressif : il n'y a pas un ordre définitif et stabilisé une fois pour toutes. Plutôt que de compter sur la sûreté de la fabrication, il faut comprendre que seule est féconde et fertile la liberté de la *praxis*. Ici, augmentation se comprend littéralement comme expansion radicale et inévitable de l'intérieur et de l'extérieur : c'est aussi bien par ses dissensions internes que par ses guerres externes que la cité s'« augmente ». La question de la fondation, comprise dans ce contexte, indique que « l'ordre politique est aussi ce qui ne peut dissoudre, dépasser ou même masquer sa violence originaire : Romulus tuant Rémus »[31].

La loi romaine a une origine violente et, à la différence de Lycurgue qui détermine « d'un trait » la législation spartiate, Romulus, lui, donne lieu seulement à quelque chose qui, sans s'éloigner du « droit chemin », pourra être amélioré « par le cours des événements »[32]. Et le cours des événements, ce sont les dissensions et la *praxis* collective qui auront à déterminer la loi que Romulus commence sans la déterminer. Bref, la loi s'inscrit dans l'histoire collective et les dissensions sont la seule

---

[29] *Ibid.*, p. 7.
[30] Voir le chapitre 6 du Livre I des *Discorsi*.
[31] T. BERNS, *op. cit.* p. 8.
[32] *Discorsi* I, 2.

source qui la détermine. Autrement dit, le moment romuléen en tant que moment de la fondation n'a pas un caractère totalisant et suffisant : bien au contraire, la fondation doit être augmentée, et elle est violente parce qu'elle est insuffisante, c'est-à-dire parce qu'elle ne détermine rien qui permettrait d'en cacher ou d'en compenser la violence. Aussi Berns explique-t-il :

> « La violence de la fondation doit donc se comprendre comme le propre de l'agir humain, en ce qu'il est non seulement inassignable et irréversible, mais nécessairement incomplet. »[33]

Il y a ainsi chez Machiavel un lien entre une fondation « désubstantifiée » et un politique exposé continuellement au conflit, à l'expansion et à la corruption. Aussi peut-il affirmer que, pour maintenir son autorité, l'État doit effectuer un retour vers le moment de son origine, vers ce moment de la violence de Romulus. Les discordes civiles, l'urgence d'une guerre ou les actes exemplaires d'un nouveau Romulus (héros) sont autant d'occasions qui provoquent ce retour à l'*indétermination* et l'*insuffisance* originaire, de sorte qu'on ne peut concevoir un état de sûreté et de stabilité définitivement acquis, l'ordre étant continuellement remis en cause. Ici encore, nous pensons à la notion de la chair comme *indétermination* selon Merleau-Ponty. Aussi Thomas Berns peut-il conclure :

> « De la sorte, la boucle semble bouclée : conflit, corruption, expansion et fondation sont fondamentalement liés, sans renvoyer à des relations de fabrication ou plus généralement de moyen à fin, et ce lien fondamental a acquis une consistance positive : la liberté justifie le conflit et l'expansion, l'incomplétude de l'action rend inévitable le caractère violent de la fondation, l'augmentation est prise en considération de manière nécessaire et dynamique, par delà le seul fait de s'articuler à un événement du passé... Bien sûr, ce lien, voire ce liant, se limite à l'affirmation d'une série de

33 T. BERNS, *op. cit.*, p. 9. C'est nous qui soulignons.

corrélations fortes, de relations de convenance, elles-mêmes redevables de l'incomplétude de l'action humaine. Il se développe donc lui-même en décalage total par rapport aux relations systématisables auxquelles le savoir est habitué (cause/effet, moyen/fin, dépassement, unification…) »[34].

Or, il se trouve que Hannah Arendt enferme et maintient la pensée de Machiavel dans la relation de moyen et fin : la violence est un moyen au service d'un plus grand bien. Et pourtant, selon Machiavel, la violence et le conflit sont inscrits au cœur même du politique. Le Florentin nous indique que si l'on veut échapper à la réduction de l'action politique à la fabrication, autrement dit si l'on veut maintenir l'action politique dans sa fragilité, le prix à payer est son exposition constante à la violence. C'est seulement à cette condition qu'il peut y avoir une *praxis* vraie, située, qui ne cache pas sa part de violence, qui se réfléchit dans un ordre maintenu dans le conflit, corruptible et expansif. Plus concrètement, Machiavel nous indique que le propre et le danger de la fabrication c'est de vouloir effacer ou cacher non seulement la fragilité de l'action humaine, mais aussi toute trace de violence. Il n'oppose pas politique et violence : il les tient ensemble. Ce qui nous rappelle l'ontologie du mélange, du lien qu'exprime la philosophie merleau-pontienne de la chair. En effet, comme l'invisible qui est l'invisible du visible, la loi n'exclut pas le conflit, la paix n'exclut pas la guerre, la politique n'exclut pas la violence et vice-versa. D'un terme à l'autre, comme d'une réalité à l'autre, il y a empiétement, chiasme, réversibilité. C'est cela, en termes merleau-pontiens, *la chair du politique*. En elle, il n'y a pas de place pour la relation de moyens à fins à laquelle Arendt réduit la pensée machiavélienne de la violence. En outre, toujours à la lumière de l'ontologie de la chair, la fondation n'est pas qu'un événement du passé, un événement « positif ». Comme toute action historique humaine, elle n'a pas de « lieu », elle est marquée par une *indétermination* et une insuffisance qui en appellent à une continuelle augmentation. Non seulement le

---

[34] T. BERNS, *op. cit.*, p. 9.

Machiavel de Merleau-Ponty c'est Merleau-Ponty lui-même, mais il existe entre Machiavel et Merleau-Ponty une parenté beaucoup plus profonde : elle se situe ici au niveau de leur « style » philosophique bien différent du « style » de Hannah Arendt. Contrairement à Merleau-Ponty, Arendt ne peut prendre acte du tragique de la contingence historique pour inscrire la violence dans l'histoire et admettre qu'il y a un « maléfice de la vie à plusieurs »[35]. C'est dire que la divergence entre les deux philosophes vient également du fait qu'ils perçoivent différemment les rapports qui existent entre la politique et la philosophie de l'histoire.

5.2. Philosophie de l'histoire et politique

Tout ce qui précède aura suffisamment mis en lumière une grande divergence entre Merleau-Ponty et Hannah Arendt quant à la question de la violence en politique. Même si Merleau-Ponty a renoncé plus tard à l'attentisme marxiste, sa justification de la violence communiste s'enracine d'abord dans une conception phénoménologique et anthropologique où la violence apparaît en dernier ressort comme le lot des consciences incarnées, comme une conséquence inévitable de l'empiétement des libertés. En ce sens, elle fait partie du politique entendu comme rapport d'homme à homme. Au lieu de la nier, le philosophe doit plutôt chercher à en comprendre le sens. Tout autre est le point de vue de Hannah Arendt : l'homme est un être politique dans la mesure où il est un être d'action et de parole. Or, l'on ne peut agir et parler qu'en étant plusieurs. En conséquence, l'espace politique est un espace de liberté et d'égalité où toute contrainte et toute domination sont exclues. La violence est antipolitique parce qu'elle détruit l'espace qui sépare et unit les hommes. Muette, elle est opposée au pouvoir ; instrumentale, elle est la dégradation qui réduit la politique, l'action par excellence, à la fabrication. D'où vient cette divergence entre deux philosophes qui s'inscrivent

---

[35] HT, p. XXXIV.

pourtant dans un même contexte historique et dans une même tradition phénoménologique ?

L'antisémitisme nazi et la Solution finale ont dévoilé à la face du monde l'horreur et l'irrationalité absolues du XXe siècle. Face à cette barbarie, l'on remet en cause toutes les belles idéologies et les belles croyances dans le progrès de l'humanité et l'on se pose sérieusement la question du sens et de la signification de l'histoire. Quel est le sens de l'histoire ? L'histoire a-t-elle vraiment un sens ? Contemporains de ces terribles événements, Merleau-Ponty et Hannah Arendt n'ont pas manqué de se poser ces questions. Toutefois, si l'expérience de la guerre est fondamentale pour les deux philosophes et pèse sur leurs pensées, elle ne s'y traduit pas de la même manière. Quand le philosophe français voit dans l'histoire un milieu interpersonnel qui sollicite et détourne les individus de façon que, en considérant les choses de près, « on ne trouve nulle part des coupables et partout des complices »[36], la philosophe allemande ne peut souscrire à cette pensée, tant la haute idée qu'elle se fait de l'action l'incline à souligner la responsabilité des individus. Si elle se tourne vers l'histoire, c'est pour comprendre les événements et dégager leur signification en répondant à ces questions : « Qu'est-ce qui s'est passé ? Pourquoi cela s'est-il passé ? Comment cela a-t-il été possible ? ». L'on aperçoit ici une autre divergence entre les deux penseurs : une façon différente de concevoir l'action et l'histoire.

En effet, pour Merleau-Ponty, il y a de l'histoire, et celle-ci a une « incroyable puissance »[37]; elle agit sur les hommes qui,

---

[36] SNS, p. 171. C'est comme si les circonstances historiques pesaient tellement sur nous que ce que nous aurions voulu être nous échappe. Il y a comme un déterminisme historique qui nous accule aux rôles et statuts que nous n'assumons pas totalement en temps ordinaire. Alors, dans les événements qui arrivent, personne ne peut se dire qu'il n'y est « pour rien ». Quoique à des degrés divers de responsabilité, chacun y participe. Sans être coupable, on est donc au moins complice.

[37]Dans son article « La guerre a eu lieu », Merleau-Ponty écrit : « En ce sens, il faut dire que l'expérience de la résistance, en faisant croire que la politique

bien que maîtres de leurs jugements et de leurs actes, ne sont pas maîtres du contexte où ils émergent et du sens qu'ils prennent. C'est dire que l'histoire est le lieu de l'institution. La notion de l'institution permet la médiation entre la nécessité et la liberté ; il y a en elle l'idée que le sens est à la fois donné et repris, l'institution étant à la fois ouverture d'un avenir et appel à une reprise. C'est pourquoi, seule une philosophie de l'histoire capable d'expliquer le paradoxe de l'institution est à même d'élucider les questions de l'action politique. C'est en ce sens que doivent être comprises ces premières lignes des *Aventures de la dialectique* :

> « Pour traiter les problèmes auxquels nous touchons ici, il faut une philosophie de l'histoire et de l'esprit. Mais il y aurait fausse rigueur à attendre des principes parfaitement élaborés pour parler philosophiquement politique. »[38]

Aussi Merleau-Ponty se consacre-t-il à élaborer une philosophie de l'histoire où le sens est compris comme ce qui est institué, c'est-à-dire ce qui se donne et est repris par l'homme. Entre les hommes et les choses, l'histoire est cet « intermonde », milieu entre les hommes et médiateur de leurs actions. En d'autres termes, Merleau-Ponty en appelle à la philosophie de l'histoire, plus précisément à celle qui comprend l'histoire comme institution, pour mieux comprendre l'action politique.

Tout autre est la démarche de Hannah Arendt qui voit dans la confusion de l'histoire et de la politique l'origine de l'oubli du politique au profit de l'histoire. Selon la philosophe allemande, l'action humaine, fragile et fugace, ne donne lieu à

---

est un rapport d'homme à homme ou de conscience à conscience, favorise nos illusions de 1939 et masque les vérités que l'occupation nous enseignait par ailleurs, c'est-à-dire l'incroyable puissance de l'histoire. Nous voici revenus au temps des institutions [...]. De nouveau il faut se soucier des conséquences de ce que l'on dit, peser chaque mot selon son sens objectif, sans espoir de convaincre par la seule force du vrai ». (SNS, p. 184).

[38]AD, p. 9.

aucune histoire car elle ne vise pas les choses et ne s'y incarne pas ; elle vise plutôt les autres et ne peut se maintenir que grâce à leur témoignage. C'est en ce sens du moins que l'histoire est fondée, c'est-à-dire comme narration et comme récit des actions humaines dignes de mémoire. Il s'agit là d'une chronique de l'action qui a un sens différent de notre concept moderne d'histoire. C'est pourquoi, aux yeux de notre philosophe, l'intervention de l'histoire entraîne la dégradation de la politique :

> « Dans tout examen du concept moderne de l'histoire, l'un des problèmes cruciaux est d'expliquer son apparition soudaine pendant le dernier tiers du XVIIIe siècle et le déclin concomitant de l'intérêt pour la pensée purement politique [...]. Là où a subsisté encore un pur intérêt pour la théorie politique, il s'est achevé en désespoir comme chez Tocqueville, ou dans la confusion de la politique avec l'histoire, comme chez Marx. »[39]

Et pourtant, il n'en fut pas ainsi à l'origine. En effet, chez les Grecs, il existe une connexion entre la nature et l'histoire à partir de l'idée d'immortalité. Face à une nature toujours présente, l'homme est un mortel dont l'action est caractérisée par la fragilité et la futilité. La *polis* a été conçue comme espace qui permet aux actions humaines d'échapper à cette futilité et l'histoire comme récit et mémoire qui donne aux actions humaines une espèce d'immortalité. Il y a un changement de perspective qui intervient à l'époque moderne où c'est désormais l'idée de processus qui fait la connexion entre la nature et l'histoire : il y a des processus naturels comme il y a des processus historiques. A cause de cette idée se fait remarquer une évasion du politique au profit de l'histoire. En effet, c'est désormais l'histoire qui donne au domaine politique un sens dont il semble dépourvu. L'on passe ainsi du vieux souci de la politique au souci de l'histoire. Comme processus, comme un tout, celle-ci a un sens général dont les acteurs ne sont toujours pas conscients. Cette conception s'accompagne de

---

[39] CC, p. 103.

la ruine de l'événement, du particulier et du factuel, de l'évasion de la politique dans l'histoire[40]. En d'autres termes, parce qu'il est privé de sens, le particulier s'évade dans le « tout », ses particularités sont ignorées au profit du « sens » que possède le processus de l'histoire en son entier. C'est l'histoire qui donne à la sphère politique cette dignité et rédemption finale de la « contingence désolante » de l'action. C'est elle la grande dimension où les hommes se réconcilient avec la réalité. Ainsi donc, pour la conception moderne, « la signification est contenue dans le processus envisagé comme un tout, dont l'événement particulier tire son intelligibilité »[41].

Dans l'analyse qu'elle fait du concept moderne de l'histoire dans *La crise de la culture*, Arendt montre que ce concept est né de la confusion de l'action et de la fabrication et de la conception qui voit en l'enchaînement des actions humaines un processus dont les acteurs ne sont pas conscients. C'est que, pour remédier à la « fragilité des affaires humaines » et à la contingence de l'action, la pensée moderne soumet la pensée politique à la philosophie de l'histoire. Les philosophes considèrent que le faire (*poïèsis*) est plus sûr et le préfèrent pour cela à l'agir (*praxis*) jugé futile, indéfini et aux résultats incertains. De cette substitution du faire à l'agir découle que l'action est conçue sous la catégorie « moyens-fin » et non comme inauguration et commencement. Arendt donne l'exemple de Marx :

> « Dans cette version [proposée par Marx] de la dérivation de la politique à partir de l'histoire, ou plutôt,

---

[40] Voir CC, p. 110-111.

[41] CC p. 116. Cette analyse nous donne en même temps de comprendre en quoi réside l'aliénation de l'époque moderne selon Hannah Arendt : où qu'il aille, l'homme ne rencontre que lui-même ; c'est lui qui est à l'origine des processus aussi bien dans la nature que dans l'histoire. En conséquence, le monde se trouve aliéné : il disparaît comme ce qui à la fois liait et séparait les hommes. Avec la disparition du monde naît une société de masse. « Car une société de masse n'est rien de plus que cette espèce de vie organisée qui s'établit automatiquement parmi les êtres humains quand ceux-ci conservent des rapports entre eux mais ont perdu le monde autrefois commun à tous » (CC, p. 120).

> de la conscience politique à partir de la conscience historique – qui n'est nullement le privilège de Marx en particulier, ni même du pragmatisme en général – nous pouvons aisément retrouver la vieille tentative d'échapper aux déceptions et à la fragilité de l'action humaine en la construisant à l'image de la fabrication.»[42]

Arendt note qu'à l'époque moderne, une même méthode de pensée est commune aux sciences de la nature et aux sciences historiques. Les sens humains étant considérés comme incapables de révéler la vérité, il y a un doute qui s'installe. Face à ce doute, les sciences de la nature prétendent découvrir la vérité en passant de la simple observation à l'expérimentation. Quant aux sciences historiques, elles prétendent dévoiler la vérité de l'histoire en reconstituant le parcours qui a mené à la situation actuelle. Dans les deux cas apparaît le concept de processus traduit en termes de « développement » ou de « progrès ». Or, pour Hannah Arendt, le recours à ce concept ne permet pas de connaître la vérité. Bien au contraire : en cherchant à identifier des processus, on perd la capacité à être sensible aux événements et à la fragilité qui les caractérise :

> « [...] La connexion entre les concepts de nature et d'histoire tels qu'ils sont apparus avec la naissance de l'époque moderne aux XVIe et XVIIe siècles [...] a son lieu dans le concept de processus : tous deux impliquent que nous pensions et considérions tout en termes de processus et ne nous occupions plus des étants singuliers ou des événements particuliers et de leurs causes spéciales et séparées. Les mots clefs de l'historiographie moderne – “développement” et “progrès” - étaient, au XIXe siècle, également les mots clefs des branches alors nouvelles de la science de la nature. »[43]

---

[42] CC, p. 106.
[43] CC, p. 83-84.

C'est dire que la notion de processus introduit l'idée que seule la totalité du processus est pourvue de sens tandis que le particulier en est dépourvu :

> « Ce qu'implique le concept de processus est que le concret et le général, la chose ou l'événement singuliers et le sens universel, se sont disjoints. Le processus, qui seul rend significatif tout ce qu'il lui arrive de charrier, a ainsi acquis un monopole d'universalité et de signification. »[44]

Parce que le concept de processus voit le jour dans un contexte moderne où la nature est pensée comme processus et la connaissance comprise comme explication des lois de ce processus, ceci entraînera pour conséquence que le domaine des affaires humaines va être investi d'un regard théorique. Parce que la conception moderne de la connaissance est pragmatique, la domination de la philosophie de l'histoire entraîne comme conséquence que la politique jouit d'un intérêt avant tout théorique et qu'elle est conçue comme une technique (au sens de moyen en vue d'une fin). C'est ainsi que disparaît le domaine propre de la politique, domaine par excellence de l'action, s'il n'est pas tout simplement mis sous la dépendance d'autres domaines dont l'histoire atteste la rationalité, comme par exemple chez Marx où le politique est soumis à l'économique.

Alors que Merleau-Ponty cherche une nouvelle philosophie de l'histoire (une philosophie de l'histoire comme institution) pour pouvoir éclairer les dilemmes et les paradoxes de l'action, Hannah Arendt récuse toute philosophie de l'histoire pour penser le politique et dénonce la confusion de la politique avec l'histoire parce qu'elle conduit à l'oubli du proprement politique. Elle dénonce la conception de la politique comme une dérivation de l'histoire qui est pour elle «le refus [...] d'accepter la conviction des anciens selon laquelle la signification des actions politiques est indépendante de leur situation

[44] CC, p. 87.

historique»[45]. *Cette divergence s'explique parce que Merleau-Ponty et Arendt ont une conception différente de l'action : alors que, pour la philosophe allemande, l'action est avant tout commencement, inauguration de quelque chose de neuf, elle est plutôt pour le philosophe français prolongement, reprise et achèvement d'un sens esquissé ailleurs.* Rappelons-le : pour Arendt agir et être libre, c'est la même chose ; aussi la liberté humaine est-elle pour elle une faculté absolument inaugurale. Cette conception n'est pas très différente de la conception sartrienne de la liberté. En conséquence, nous pouvons, *mutatis mutandis,* appliquer à Arendt la critique que Merleau-Ponty développe dans *Les aventures de la dialectique* contre la conception sartrienne de l'action. En effet, ce que l'auteur des *Aventures de la dialectique* critique chez Sartre, c'est la confusion entre l'action de dévoilement et l'action de gouvernement, le caractère spontané de l'action chez Sartre et son refus de médiations. Aussi écrit-il :

> « Une liberté de ce genre ne devient jamais ce qu'elle fait. Elle n'est jamais un *faire*. On ne voit même pas ce que peut signifier ce mot pour elle. Son action est un *fiat* magique et ce *fiat* ne saurait pas même à quoi il s'applique, si ce qui est à faire n'était en même temps représenté comme *fin*. Cette liberté qui ne se fait jamais chair, n'a jamais d'acquis et ne se compromet jamais avec la puissance, c'est en réalité la liberté de juger, celle que garde l'esclave dans les fers. Son *oui* et son *non*, également impalpables, ne se rapportent qu'à des choses vues. »[46]

L'action pure est donc pour Merleau-Ponty un mythe[47] et elle ne peut que se réduire à un jugement porté de l'extérieur

---

[45] CC, p. 109.

[46] AD, p. 272-273.

[47] « Si au contraire on convient que nulle action n'assume tout ce qui se passe, n'atteint l'événement même, que toute action, même une guerre, est toujours action symbolique, et escompte, autant que des résultats immédiats dans l'événement, l'effet qu'elle fera comme geste significatif et trace d'une intention, si donc on renonce à l' "action pure" qui est un mythe, et un mythe

par un spectateur. Et nous savons que chez Arendt également, l'action débouche sur le jugement et qu'elle accorde au spectateur jugeant un grand privilège. Considérant tout cela, Joël Roman écrit :

> « L'activisme commun à Sartre et à Arendt les conduit tous deux à ne concevoir l'action que comme une suite de prises de positions. A quoi Merleau-Ponty objecte qu'il faut penser l'action comme nécessairement oblique, indirecte, c'est-à-dire médiée par le symbolique et l'imaginaire. L'histoire est le milieu de ce symbolisme, aussi l'action est-elle toujours historique, toujours prise dans un contexte, elle ne peut jamais être inauguration pure. Tandis que pour lui l'histoire est nécessaire pour appeler l'action, menacée par l'absence de sens, pour Arendt, c'est le trop plein de sens de l'histoire qui la congédie. »[48]

Pourquoi Arendt est-elle si fermement opposée à toute philosophie de l'histoire ? Une expérience historique et anthropologique inédite a fait irruption dans l'histoire en rompant le fil de la tradition de façon tellement patente que cette rupture est tombée dans le domaine public. Voilà pourquoi, selon Hannah Arendt, le fil de la tradition s'étant rompu, nous nous mouvons désormais dans « la brèche entre le passé et le futur ». Aussi aime-t-elle souvent citer cette phrase de René Char : « Notre héritage n'est précédé d'aucun testament ». Nous nous trouvons dans une situation radicalement neuve où, comme le disait Tocqueville, « le passé n'éclairant plus l'avenir, l'esprit marche dans les ténèbres »[49]. Il en découle pour Hannah Arendt le refus des philosophies de l'histoire dans la mesure où ces dernières tendent à renouer le fil rompu de la tradition et à déterminer le processus historique, à prédire, à déduire. C'est que, pour elle, c'est l'événement lui-

---

de la conscience spectaculaire, peut-être est-ce alors qu'on a le plus de chances de changer le monde » (AD, p. 278-279).

48 J.ROMAN, « Penser la politique sans philosophie de l'histoire : Arendt et Merleau-Ponty », dans *Traversées du XXe siècle*, *op. cit.*, p. 65.

49 CC, p. 104.

même qui jette la lumière sur son passé et éclaire ses conditions d'apparition. Ce refus se comprend pour une pensée qui exalte la liberté conçue comme spontanéité, comme capacité d'agir, c'est-à-dire de commencer quelque chose de nouveau, comme une sorte de « miracle », car, « le contraire de la nécessité n'est pas la contingence ou l'accident mais la liberté »[50]. Nous retrouvons ici, comme nous avons déjà eu l'occasion de le souligner, une des raisons qui expliquent pourquoi Hannah Arendt ne veut pas être considérée comme « philosophe », mais plutôt comme une « théoricienne de la politique ». La différence réside dans le fait que la théorie politique se confronte à une extériorité radicale, à l'imprévisible et à l'incalculable, alors que la philosophie a la prétention de détenir la vérité et le sens de l'histoire.

Pour Arendt, l'histoire est tissée d'événements et l'on ne peut ni prévoir ni déduire un événement. Certes, chaque événement surgit dans un contexte qui en fournit les conditions, mais les conditions nécessaires ne sont pas pour autant les conditions suffisantes. En pensant de cette manière, Arendt prend ses distances vis-à-vis de toute philosophie de l'histoire. Pour elle, donc, l'événement forme une discontinuité, il est lié à la liberté et à la responsabilité des hommes agissants. L'importance qu'elle accorde à l'événement comme surgissement de la nouveauté apparaît, pour ne donner qu'un exemple, dans son analyse de la révolution. En effet, la révolution est le moment par excellence de l'émergence de la liberté. La fondation du nouveau corps politique qui s'y opère correspond, au plan politique, à l'idée de commencement qui est le propre de l'action politique. Pour le dire en d'autres termes, la fondation répond au phénomène de la naissance dont elle est un moment collectif ; elle est un surgissement qui rompt les chaînes causales pour donner naissance à la *polis* qui émerge alors comme quelque chose de radicalement nouveau. Mais, s'il n'y a ni fatalité ni contingence dans la compréhension de Hannah Arendt, on trouve bien chez elle, selon l'expression d'André Energen, comme « une métaphysique historique »:

---

[50] VE, p. 89.

> « Émergence de liberté, trésor sans âge qui apparaît et disparaît à l'improviste, tout est dit et rien n'est dit. Avec ce mystère de "l'événement" qui rend compte de tout sans que rien n'en rende compte, on touche une des limites extrêmes de la pensée d'Arendt : voilà le *nihil ulterius* de sa pensée historique. »[51]

Hannah Arendt propose une conception de l'action construite autour de la notion de fragilité. L'action humaine est fragile parce qu'elle est éphémère, imprévisible et irréversible. C'est pour échapper à cette fragilité que l'on se réfugie dans la construction et l'élaboration des philosophies de l'histoire. Par l'Histoire, l'on entend donc tout comprendre et tout expliquer justement parce que l'on a perdu le sens de l'action. A l'encontre de cette tendance de l'homme moderne, Hannah Arendt nous invite à assumer la fragilité de nos actions, c'est-à-dire l'impossibilité d'en prévoir tous les effets. Dans son souci de comprendre les événements dramatiques survenus au cours de l'histoire, Hannah Arendt place toujours à leur origine, non pas des phénomènes mécaniques ou des processus inéluctables, mais des actions politiques. Son œuvre nous apprend donc que c'est l'homme qui, par sa capacité d'agir, est responsable du changement qu'il introduit dans le monde et que, quelles que soient les ténèbres dans lesquelles il peut être plongé, il est toujours capable d'engendrer un nouveau commencement. Elle refuse ainsi toute forme de déterminisme. Aussi critique-t-elle la ruse hégélienne de l'histoire et, de façon plus générale, toute philosophie de l'histoire. Car l'histoire n'est pas le résultat d'un processus impersonnel, c'est plutôt l'action des hommes qui est déclencheur de tout processus. En reprenant dans *La vie de l'esprit* la distinction entre vérité de raison et vérité de fait et opinions, elle souligne, contrairement à ce que pensait Hegel, que le devenir historique n'est pas le règne de la nécessité. Au contraire, comme l'avait affirmé Kant, il est le règne de la « désolante contingence », puisque tout aurait pu advenir autrement que ce qui s'est produit en réalité. C'est seulement

[51] A. ENEGREN, « Révolution et fondation », dans *Esprit*, 6, 1980, p. 60.

dans la perspective historique que le passé est inéluctable, mais cette perspective n'est qu'une illusion rétrospective.

Lieu d'une contingence absolue, l'histoire est le résultat de l'action imprévisible et libre des hommes. C'est par son action que l'homme engendre du nouveau. C'est pour cette raison que Hannah Arendt critique avec véhémence la notion de processus historique qui n'accorde pas de place à la spontanéité créatrice de l'homme parce qu'elle en fait un élément sous l'emprise d'une force invisible supérieure. Sans remettre en cause l'importance de l'histoire, elle critique l'idée d'un processus évolutif qui échapperait à l'emprise de l'homme. En un mot, elle s'oppose à toute philosophie de l'histoire, aussi bien à Hegel qui avait élevé au rang de philosophie de l'histoire l'idée métaphysique d'un devenir régi par un plan providentiel qu'à A. Smith qui avait émis l'hypothèse selon laquelle le marché serait réglé par une main invisible. Dans l'un et l'autre cas, on croit en l'existence d'un sujet anonyme de l'histoire ou de l'économie : « la ruse de l'histoire » de Hegel ou « la main invisible » de A. Smith. Ces philosophies de l'histoire sont erronées car l'histoire n'a pas d'auteur : on ne « fait » pas l'histoire comme l'on fabrique une table. Et, si l'histoire est dramatique, c'est justement parce qu'elle implique une multiplicité d'acteurs et d'actions. Mais les acteurs aussi bien que leurs actions sont frappés de contingence : les acteurs passent et les actions sont fragiles. Seul le récit vient au secours de cette « désolante contingence » pour lui donner une signification, immortaliser l'acteur et sauver de la futilité les événements :

> « L'expérience, le récit de ce que l'Homme fait ou subit, faits et événements se noient et se perdent en retournant à la futilité inhérente à la parole vivante, au fait vivant, à moins qu'on en parle et qu'on en reparle tant et plus. Ce qui sauve les affaires des mortels de cette futilité

inhérente n'est rien que cette conversation ininterrompue qui les prend pour objet. »[52]

C'est dire que l'historicisme en tant que philosophie de l'histoire constitue aux yeux de la philosophe allemande une idéologie dangereuse dans la mesure où il nie la responsabilité des individus en les plaçant sous l'emprise du développement des lois historiques. L'historicisme confère à l'histoire un sens objectif, lié au développement de la liberté ou à quelque autre principe. La philosophie de l'histoire transforme le règne de la contingence en règne de la nécessité, elle fait de la réalité le résultat d'un processus en la réduisant au développement des principes comme la liberté ou le progrès. L'idée d'une nécessité historique nie ainsi la valeur de la liberté humaine et de toute opposition à des schémas dominants, ce que ne peut accepter Hannah Arendt pour qui la capacité d'agir, synonyme de liberté, entre dans la définition de l'homme en tant qu'être politique. En mettant l'accent sur la liberté humaine et ce dont elle est capable au cours de l'histoire, elle met en valeur l'idée de la responsabilité politique[53]. L'histoire qu'elle défend, c'est l'histoire événementielle parce que les événements et les actions expriment davantage l'humanité que les comportements répétitifs et uniformes. Aussi a-t-elle un penchant pour l'histoire

---

[52] ER, p. 324. Parlant de la contingence des faits, Arendt écrit : « Les faits n'ont aucune raison décisive d'être ce qu'ils sont ; ils auraient toujours pu être autres, et cette fâcheuse contingence est littéralement illimitée. C'est à cause du caractère hasardeux des faits que la philosophie prémoderne refusa de prendre au sérieux le domaine des affaires humaines, qui est imprégné de factualité, ou de croire qu'aucune vérité d'importance puisse être jamais découverte dans la "désolante contingence" (Kant) » (CC, p. 309).

[53] On le voit par exemple dans son analyse de l'antisémitisme quand elle est obligée de réfuter plusieurs explications classiques comme l'existence d'un antisémitisme un et éternel ou la théorie du juif comme bouc émissaire. Plus profondément, le refus de ces théories repose sur le refus de la causalité et de la nécessité en histoire. Dans ce sens, le concept de responsabilité est fondamental pour la philosophe : elle refuse aussi bien l'idée d'une innocence anhistorique et paradisiaque que celle d'une métaphysique inscrite dans la singularité de l'histoire juive. Au fond, explique Anne Amiel, « le concept de responsabilité est un concept politique, qui souligne l'importance de l'inscription historique dans un monde commun, et la compréhensibilité au moins partielle de l'événement » (AMIEL, *Politique et événement*, *op. cit.*, p. 14).

politique, non pas en tant qu'histoire du pouvoir, mais comme histoire des relations, des actions et interactions des hommes dans l'espace public, autrement dit une histoire des actions et des événements[54]. *En s'opposant donc à l'historicisme, Arendt refuse l'idée que la conscience du passé, l'histoire, puisse éclairer l'action. Ni l'histoire ainsi comprise ni la science n'ont aucune compétence dans la sphère de l'action politique. Bien au contraire, cette dernière relève de la responsabilité de tous les citoyens.* C'est seulement à travers l'action que peut émerger ce qui est nouveau, et le nouveau est ce qui rend le monde plus humain parce qu'il le transforme. Seul l'homme peut faire des « miracles » car lui seul peut créer le nouveau, l'imprévu. Une histoire réellement humaine est donc ce récit qui raconte cette faculté grandiose de l'homme, sa capacité d'opérer des changements, pour tirer de l'oubli des actions mémorables.

Profondément influencée par le monde grec et romain, Arendt conçoit l'histoire comme récit. Le sens de l'histoire est révélé par le narrateur qui permet la réconciliation avec la réalité par le sens et l'explication qu'il trouve au sein même de la contingence. Il n'y a pas d'acte sans récit et celui-ci sauve les événements de la futilité. Le sens de l'histoire résulte donc de la narration et non d'une quelconque philosophie de l'histoire qui serait capable de déterminer, de prévoir et de prédire. Ainsi, pour Hannah Arendt, l'histoire est récit et elle est politique puisqu'elle raconte les relations et les actions des hommes. Comme on peut donc le remarquer avec Marina Cedronio, « Hannah Arendt réévalue l'histoire comme récit ; elle réévalue la politique, conçue comme cette relation entre les hommes qui est au plus haut point dramatique, parce qu'elle résulte d'une pluralité d'actions, et elle réévalue l'histoire politique »[55]. Il est

---

[54] Il s'agit, selon Marina Cedronio, d'une conception « inactuelle » au sens nietzschéen du terme, c'est-à-dire une conception qui s'oppose aux schémas dominants habituels. En effet, la conception arendtienne de l'histoire est « un discours qui peut nous enrichir et nous parler précisément parce qu'il va à contre-courant de ce que le monde actuel nous impose » (M. CEDRONIO, *Hannah Arendt : politique et histoire. La démocratie en danger*, Paris, L'Harmattan, 1994, p. 203).

[55] M. CEDRONIO, *op. cit.*, p. 227.

vrai que Arendt a également cherché dans l'histoire l'explication des phénomènes complexes comme le racisme, l'antisémitisme, l'impérialisme et le totalitarisme. S'il se dégage de la considération de l'ensemble de son œuvre que l'histoire est aussi conçue à la fois comme une compréhension et une explication des phénomènes, nulle part l'auteur ne conçoit un rapport de causalité entre les événements. Ce qui compte pour elle et qu'elle recherche partout c'est l'action des hommes. Elle montre comment le présent peut permettre d'éclairer le passé en participant à sa compréhension. L'histoire est toujours une histoire racontée, même si cela implique l'explication de certains phénomènes.

Mieux que quiconque, Arendt a su « conférer un nouveau statut à l'histoire politique et événementielle »[56]. Elle a le double mérite d'avoir pratiqué l'histoire comme description et comme narration. Elle rappelle à l'homme moderne angoissé que l'histoire est récit, le récit de la lutte et de l'action politique. Sa notion de l'action met en valeur la possibilité d'agir et de s'opposer au conformisme et écarte la vision d'un monde conçu comme répétitif et uniforme. Bref, Hannah Arendt a une conception « héroïque » de l'histoire « puisqu'elle met en relief les moments où l'homme lutte et agit, et non pas les moments passifs où il se contente de subir les situations »[57].

On l'aura noté et souligné : pour Hannah Arendt, c'est l'action politique qui donne son sens à l'histoire. Or, ce rapport se trouve inversé chez Merleau-Ponty à l'époque de l'« attentisme marxiste ». En effet, pour le philosophe français, c'est plutôt l'histoire qui donne son sens à l'action politique. C'est la raison pour laquelle Merleau-Ponty s'est rapproché du marxisme et de sa conception de l'histoire pour comprendre l'action révolutionnaire et justifier à partir d'elle la violence communiste comme une violence par laquelle il fallait passer pour un bien beaucoup plus grand, c'est-à-dire l'avènement d'un vrai humanisme. Pourtant, nous l'avons vu, en 1955,

---

[56] *Ibid.*, p. 231.
[57] *Ibid.*, p. 222.

Merleau-Ponty récuse le marxisme. C'est parce qu'il ne tient pas ses promesses que le marxisme est répudié comme philosophie de l'histoire. En d'autres termes, le marxisme, comme philosophie de l'histoire, est comme une « pensée de survol » qui considère que l'histoire est sans épaisseur ni mystère et que, en ce sens, l'avenir ne peut qu'obéir à nos calculs et prédictions. Or, remarque le philosophe français, « nous sommes dans le champ de l'histoire comme dans le champ du langage ou de l'être »[58]. Et quand il écrit : « la conclusion ce n'est pas la révolte, c'est la *virtu* sans aucune résignation »[59], cette référence à Machiavel est une façon de souligner la contingence de l'action et son insertion dans les contraintes de l'histoire :

> « Machiavel [...] essaie de définir une *vertu* politique, qui est, pour le prince, de parler à ces spectateurs muets autour de lui et pris dans le vertige de la vie à plusieurs. Véritable force d'âme, puisqu'il s'agit, entre la volonté de plaire et le défi, entre la bonté complaisante à elle-même et la cruauté, de concevoir une entreprise historique à laquelle tous puissent se joindre. Cette vertu-là n'est pas exposée aux renversements que connaît le politique moralisant, parce qu'elle nous installe d'emblée dans la relation avec autrui qu'il ignore. »[60]

Nous ne pouvons donc pas attendre de l'histoire qu'elle nous délivre de la contingence de l'action. Bien au contraire, le monde est toujours là et il sollicite notre action, et celle-ci reste contingente parce qu'elle est prise dans le tissu de nos relations avec les autres, dans l'actualité de ce « monde naturel et historique » auquel nous sommes ouverts[61]. Avec la récusation du marxisme comme philosophie de l'histoire, un changement de perspective s'introduit donc dans la pensée de Merleau-

[58] S, p. 37.
[59] S, p. 61.
[60] S, p. 353.
[61] « L'ouverture à un monde naturel et historique n'est pas une illusion et n'est pas un *a priori*, c'est notre implication dans l'Être » (VI, p. 117)

Ponty : ce n'est plus l'histoire qui garantit l'action, mais c'est plutôt l'action qui, dans sa précarité et sa contingence, éclaire l'histoire. En d'autres termes, ce n'est plus à l'histoire d'éclairer la politique, mais c'est à la politique qu'il incombe d'éclairer l'histoire. Pour reprendre l'explication de Joël Roman, « ainsi, *la disparition progressive d'une philosophie de l'histoire aux yeux de Merleau-Ponty, outre qu'elle libère la philosophie d'un assujettissement trop gênant, débouche sur une réhabilitation de l'action politique* »[62]. Bref, en renonçant à Marx ou en pensant contre lui, c'est de Machiavel que Merleau-Ponty se rapproche. L'apport original du Florentin réside pour lui dans l'affirmation de la contingence comme condition même de l'action, une contingence qui ne peut être ni dépassée ni réduite. On le notera : non seulement Arendt critique Marx de faire dériver la politique de l'histoire, mais elle fait aussi l'éloge de Machiavel pour la pertinence de sa conception de l'action. Sous cet angle, elle est proche de Merleau-Ponty : tous les deux s'éloignent de Marx et ont de l'admiration pour le Florentin et sa conception d'une action « opportuniste ».

Fugace et fragile, l'action humaine s'insère dans le continuum temporel dont elle ne peut être sauvée que grâce au souvenir qui est l'une des plus importantes modalités de la pensée. L'histoire, c'est le souvenir de l'action ou l'action racontée. Pour Hannah Arendt, l'action appelle l'histoire, non pour en être éclairée, mais d'abord pour être sauvée de l'oubli, c'est-à-dire être racontée. C'est que, à ses yeux, l'histoire est avant tout récit, narration : elle n'est pas une force qui se trouverait dans les choses ou dans le monde. Il en découle que l'histoire ne peut être déployée qu'après que l'action a été accomplie, sa fonction étant de permettre la compréhension qui est une réconciliation avec le monde. Et parce que l'histoire n'est pas une force située dans les choses ou dans le monde, il n'y a aucune causalité. C'est la raison pour laquelle Hannah Arendt récuse la catégorie de causalité en histoire. En effet, appliquée à l'histoire, la catégorie de la causalité n'est pas vraie : c'est une catégorie totalement déplacée et qui est source

[62] J.ROMAN, *op.cit.*, p. 69. C'est nous qui soulignons.

de distorsion. L'événement constitue et trouve en lui-même ses origines, autrement dit, c'est grâce à l'événement, parce qu'il faut le comprendre, que s'éclaire après coup le passé. C'est ce qu'affirme la philosophe quand elle déclare : « L'événement éclaire son propre passé, il ne saurait en être déduit[63] ». Quand un événement important survient, l'histoire (*history*) se transforme en un récit (*story*) digne d'être raconté. Refusant la catégorie de causalité, Arendt écrit :

> « Quiconque croit en la causalité renie l'histoire puisque, pris dans cette grille de concepts, aucun événement ne peut advenir dans son irrévocable nouveauté. Même la fin d'une époque, d'une tradition, d'une civilisation, constitue toujours le commencement de quelque chose de nouveau. L'historien lit dans l'histoire un récit avec de multiples commencements mais sans aucune fin. »[64]

Renoncer à la causalité, c'est donc affirmer que l'action est créatrice de la nouveauté. Ainsi, entre action, histoire et pensée il y a des relations en forme de cercle : « L'action ouvre une brèche dans le temps cyclique de la vie. Elle inaugure un temps ouvert, imprévisible. Mais pour être conservée, elle a besoin d'être reprise dans une histoire, qui, elle, suppose une autre brèche dans la linéarité du temps historique, la brèche entre passé et futur »[65]. Action, histoire et pensée sont bien des domaines distincts et différents, mais Arendt souligne la circularité qui existe entre les trois domaines et révèle leur mode d'articulation. Ce qui fait penser aux notions d'enveloppement et de réversibilité présentes dans la pensée de Merleau-Ponty. Mais si pour ce dernier l'action éclaire le sens de l'histoire, Arendt insiste, pour sa part, sur la capacité d'irruption de l'action et voit dans l'histoire une sédimentation après coup.

---

[63] H. ARENDT, *La nature du totalitarisme*, Paris, Payot, 1990, p. 54-55.
[64] *Ibid.*, p. 54-55.
[65] J. ROMAN, *op. cit.*, p. 72-73.

La proximité d'Arendt et de Merleau-Ponty se laisse aussi voir dans leur compréhension des rapports entre la philosophie et la politique, entre la méditation de la vérité et l'expérience du monde, quand tous deux refusent de choisir pour l'une contre l'autre ou de subordonner l'une à l'autre. Philosophie et politique communiquent entre elles, comme communiquent l'histoire des hommes et l'histoire des configurations de la vérité puisque, comme l'écrit J. Roman, « la première est le seul accès à la seconde tandis que la seconde est la seule unité qu'on puisse concevoir pour la première. Il reste qu'à ce point de leur pensée s'éclaire aussi la différence de leurs chemins : car Merleau-Ponty reprend en philosophie la vérité qui affleure à chaque moment de l'histoire humaine tandis qu'Arendt prophétise une vérité promise à tous et à la portée de chacun, mais insaisissable et comme perdue. Cette différence-là commande secrètement toutes les autres »[66]. Elle commande aussi leur divergence sur la question de la violence. Faisant une lecture anthropologique et historique, Merleau-Ponty, dans son « réalisme », voit la violence présente dans les relations entre des êtres incarnés et dans l'histoire ; il en fait un élément constitutif du politique ; tandis que Arendt voit bien la violence présente dans l'histoire ; elle voit que, dans les faits, pouvoir et violence sont même souvent mêlés, mais elle les distingue et oppose la violence à la politique parce qu'elle « prophétise » un monde où règne le consensus.

[66] J. ROMAN, *op. cit.*, p. 76.

5.3. La nature paradoxale du politique

La divergence de théories sur la violence politique ne tiendrait-elle pas à la nature du politique lui-même, c'est-à-dire à une réalité paradoxale se présentant selon plusieurs perspectives et qui exige, pour son interprétation, de tenir compte de ces plusieurs rapports de tension qui la traversent ? Dans la philosophie de Merleau-Ponty, le thème de paradoxe occupe une place centrale qui s'explique par le fait que l'Être lui-même est conçu comme paradoxe, c'est-à-dire comme constitué de rapports contradictoires. Et le propre de la pensée dialectique est d'assumer et d'articuler ces contradictions de l'Être au niveau de la réflexion. De l'échange entre l'Être et la pensée naissent les paradoxes de la philosophie qu'il importe au philosophe d'exprimer rigoureusement plutôt que de chercher à les résoudre.

Selon Merleau-Ponty, c'est dans l'expérience vécue telle qu'elle se donne dans la « foi perceptive » que nous avons accès à l'Être. Cette expérience fondamentale révèle les paradoxes de ce qui est, de la vie, du temps, de l'esprit, de la liberté, du monde, etc. Ce sont ces paradoxes qui donnent vie à la pensée philosophique et celle-ci à son tour doit retourner aux profondeurs qu'ils ouvrent. Le paradoxe est ainsi, pour Merleau-Ponty, à la fois « problème » et « solution ». Il est la question et la réponse, le « mystère de l'Être » aussi bien que l'explicitation de ce mystère. C'est donc mal comprendre la philosophie que de la concevoir comme une entreprise ayant pour but la résolution des problèmes. Le primat que Merleau-Ponty accorde à la perception comme voie d'accès à l'Être signifie en fin de compte que l'Être est sa propre signification ou source de signification. La foi perceptive par laquelle se fait la révélation du monde dépasse la première contradiction, celle de la subjectivité et de l'objectivité sur laquelle butte l'esprit réflexif. Le réel, c'est le phénomène que nous donne à voir la perception, mais il s'agit d'un réel toujours déjà paradoxal car il se révèle en se cachant, il se donne selon des perspectives, il est à la fois visible et invisible en sorte qu'il excède toujours ce que nous voyons ou pouvons dire de lui. Ce réel paradoxal reste le thème principal de toute réflexion et, les querelles philosophiques, loin d'être symptomatiques des habitudes pathologiques du comportement linguistique, nous disent plutôt la nécessité de penser rigoureusement la structure dialectique des phénomènes. C'est dire, en d'autres termes, que Merleau-Ponty ne conçoit pas la phénoménologie comme une méthode qui a pour but de résoudre les paradoxes ou de mettre fin aux querelles philosophiques. En tant qu'entreprise essentiellement interrogative, la philosophie n'élude pas l'énigme de l'Être, elle l'explicite. Et, dans la mesure où le négatif et la contradiction sont constitutifs de l'Être, celui-ci est mieux approché dans la dialectique. Aussi la notion merleau-pontienne de « surréflexion » exprime-t-elle finalement l'attitude d'une philosophie qui a renoncé à résoudre les problèmes et qui se veut essentiellement interrogative, toujours problématisante.

Nous trouvons le texte capital pour la compréhension merleau-pontienne du paradoxe dans *Le primat de la perception*:

> « Il est exact que, quand on décrit le monde, on aboutit à des contradictions. Et il est exact aussi que s'il y a une pensée non contradictoire, elle exclura, comme simple apparence, le monde de la perception. Seulement la question est justement de savoir s'il y a une pensée logiquement cohérente ou encore une pensée de l'être pur. C'est la question que Kant se posait [...]. L'une des découvertes de Kant, dont on n'a pas fini de tirer les conséquences, n'est-elle pas que notre expérience du monde est tout entière tissée de concepts qui conduisent à des contradictions irréductibles si l'on veut les prendre au sens absolu ou les transférer dans l'être pur, et qui cependant font la structure de tous nos phénomènes, de tout ce qui peut être pour nous ? [...] Je voulais seulement signaler que le reproche de contradiction n'est pas décisif, *si la contradiction reconnue apparaît comme la condition même de la conscience*. [...] Il y a une contradiction vaine qui consiste à affirmer deux thèses

> qui s'excluent dans le même temps et sous le même rapport. [...] Il y a la non-contradiction stérile de la logique formelle et les contradictions fondées de la logique transcendantale. L'objection dont nous nous occupons ne paraîtrait recevable que si, en regard du monde perçu, nous pouvions mettre un système de vérités éternelles soustraites à ses contradictions. »[67]

Merleau-Ponty critique ici la pensée métaphysique classique et sa prétention à construire « un système de vérités éternelles », et il vise particulièrement son caractère anti-paradoxal et anti-dialectique. Ce passage contient tous les thèmes fondamentaux de la pensée du paradoxe — énoncé ici en termes de « contradictions » — que Merleau-Ponty continuera à approfondir jusqu'à lui donner une expression étonnamment nouvelle dans ses derniers écrits. Tous les phénomènes de notre expérience vécue sont tissés de contradictions irréductibles, les « contradictions fondées » de la philosophie naissent avec la réflexion quand elle cherche à articuler en thèse ou énoncé la « foi perceptive », un autre terme employé par notre phénoménologue pour désigner la condition de la conscience naturelle ou l'attitude naturelle :

> « Nous voyons les choses mêmes, le monde est cela que nous voyons : des formules de ce genre expriment une foi qui est commune à l'homme naturel et au philosophe dès qu'il ouvre les yeux, elles renvoient à une assise profonde d'"opinions" muettes impliquées dans notre vie. Mais cette foi a ceci d'étrange que, si l'on cherche à l'articuler en thèse ou énoncé, si l'on se demande ce que c'est que *nous*, ce que c'est que *voir* et ce que c'est que *chose* ou *monde*, on entre dans un labyrinthe de difficultés et de contradictions. Ce que saint Augustin disait du temps : qu'il est parfaitement familier à chacun,

---

67 PRI, p. 54-55.

> mais qu'aucun de nous ne peut l'expliquer aux autres, il faut le dire du monde. »[68]

Merleau-Ponty n'est pas seulement philosophe de l'« ambiguïté », il est aussi — même si on ne le dit pas assez — philosophe du « paradoxe ». Il ne nous est pas possible, dans le cadre limité de cette étude, de reprendre tous les paradoxes qu'il mentionne. Mais nous ne pouvons pas ne pas remarquer que, dès ses premiers écrits, la perception, thème majeur qui restera au centre de ses préoccupations, a été décrite comme un phénomène fondamentalement paradoxal. En effet, *Le primat de la perception* affirme clairement : « La perception est donc un paradoxe, et la chose perçue elle-même est paradoxale »[69]. La chose que je perçois ne se révèle qu'en se retirant au-delà de ses aspects saisissables, c'est le paradoxe de l'immanence et de la transcendance, un paradoxe fondamental pour la phénoménologie :

> « Il y a donc dans la perception un paradoxe de l'immanence et de la transcendance. Immanence, puisque le perçu ne saurait être étranger à celui qui perçoit ; transcendance, puisqu'il comporte toujours un au-delà de ce qui est actuellement donné. Et ces deux éléments de la perception ne sont pas à proprement parler contradictoires, car, si nous réfléchissons sur cette notion de perspective, nous verrons que l'évidence propre du perçu, l'apparition de "quelque chose" exige indivisiblement cette présence et cette absence. »[70]

C'est dire que l'ouverture à la chose qui a lieu dans la perception se fait toujours à partir d'une perspective. Mais cette perspective, quoique située et limitée, me donne accès à la chose même :

---

[68] VI, p. 17.
[69] PRI, p. 49.
[70] PRI, p. 49-50.

> « Les “choses” dans l’expérience naïve sont évidentes comme *êtres perspectifs* : il leur est essentiel à la fois de s’offrir sans milieu interposé et de ne se révéler que peu à peu et jamais complètement ; elles sont médiatisées par leurs aspects perspectifs, mais il ne s’agit pas d’une médiation logique, puisqu’elle nous introduit à leur réalité charnelle : je saisis *dans* un aspect perspectif, dont je sais qu’il n’est qu’un de ses aspects possibles, la chose même qui le transcende. »[71]

Quand je vois une maison, je n’en vois qu’une seule face parce que je la vois d’un certain point de vue, selon une perspective. Et pourtant, ce que je vois, c’est bien la maison elle-même en tant qu’elle n’est pas prisonnière de la perspective finie à travers laquelle je la perçois. Cette structure paradoxale de la perception révèle qu’il y a dans la conscience elle-même un paradoxe constitutif : par nature, la conscience est à la fois ici et partout, c’est dire qu’elle est à la fois liée à sa situation et douée d’une ubiquité sans limite. « Le paradoxe de l’immanence et de la transcendance »[72] vaut donc également pour la conscience perceptive. Il signifie en ce sens que ma conscience est conscience du fait que le monde que je perçois a existé avant moi et me survivra ; le monde existe donc indépendamment de mes pouvoirs car, comme être conscient, « je sais toujours sourdement qu’il y a au monde autre chose que moi et mes spectacles »[73]. Toutefois, dans la mesure où « *esse est percipi* » demeure une vérité incontournable, l’on ne peut concevoir qu’une chose puisse exister sans s’offrir à une perception, pas nécessairement actuelle et la mienne, mais au moins possible ou celle des autres : « Rien ne me fera jamais comprendre ce que pourrait être une nébuleuse qui ne serait vue par personne »[74]. Ce que nous révèle finalement le paradoxe de l’immanence et de la transcendance, c’est que, dans notre rapport aux choses du monde, « proximité absolue » et

---

[71] SC, p. 202.
[72] PRI, p. 49.
[73] SNS, p. 38.
[74] PP, p. 494.

« distance irrémédiable », « accès » et « retrait » sont les deux faces d'un même phénomène et ne forment pas une alternative. Un autre paradoxe rendant compte de la nature paradoxale de la conscience perceptive est celui de la proximité et de la distance : non seulement il nous faut prendre distance vis-à-vis de nous-mêmes pour accéder aux choses, mais cette distance est condition d'accès aux choses. Ma conscience et le monde ne fusionnent pas, mais ils ne sont pas non plus séparés absolument.

Particulièrement intéressant pour notre propos est le fait que Merleau-Ponty pense la question de l'intersubjectivité en termes de paradoxe. Si le paradoxe de la conscience et des choses efface la frontière entre le monde de l'esprit et le monde des choses et révèle l'impossible partage entre moi et les choses, l'intersubjectivité comme paradoxe révèle l'impossible partage entre moi et autrui. Du point de vue génétique, mon lien à autrui est antérieur à mon lien aux choses car ma première perception est celle « d'intentions humaines » : la perception « a pour objet primitif, non pas le “solide inorganisé”, mais les actions d'autres sujets humains »[75]. Merleau-Ponty affirme que « nous sommes mêlés aux autres et au monde dans une confusion inextricable »[76]. C'est parce que je suis d'abord mêlé à autrui que je suis mêlé au monde ; c'est parce que le partage entre moi et autrui est impossible que la frontière entre moi et le monde s'efface. Il en est ainsi parce que, au niveau de la conscience perceptive, l'expérience d'autrui est une expérience hautement paradoxale.

En effet, autrui m'est à la fois accessible et inaccessible ; s'il m'est donné comme un « *a priori* » que ma conscience ne constitue pas, il reste pour moi cette réalité que je ne peux pas réellement éprouver parce que je ne peux ni coïncider avec lui, ni sentir, éprouver, expérimenter comme lui. Au cœur de l'intersubjectivité se trouve la contradiction moi/autrui. La préface de la *Phénoménologie de la perception* parle de « ce

[75] SC, p. 179.
[76] PP, p. 518.

paradoxe et cette dialectique de l'Ego et de l'Alter »[77] : l'autre est paradoxal car il est un « Je » qui n'est pas « Je » (il est une conscience, mais ce n'est pas « ma » conscience) ; il est un « autre » qui n'est pas « autre » (car je ne peux pas être moi-même sans lui, donc il n'est pas seulement « autre », il fait aussi partie du « moi »). C'est dire que l'énigme d'autrui ne m'atteint pas du dehors, elle m'atteint au plus secret de ma conscience :

> « Dire que le solipsisme n'est que l'autre face du syncrétisme originaire, que les deux vont ensemble et qu'ils ne forment pas une alternative, ce en quoi consiste précisément le paradoxe d'autrui, c'est dire aussi bien que le même et l'autre, en moi et en dehors de moi, échangent leurs rôles et leurs visages. L'énigme d'autrui m'habite comme ma propre étrangeté. »[78]

Toute solidarité humaine, et aussi toute violence humaine trouve son origine dans cette même source : le paradoxe de l'*alter ego* ou le paradoxe de l'intersubjectivité, ce que Merleau-Ponty appelle aussi « le ridicule d'un solipsisme à plusieurs »[79].

Dans la mesure où toute théorie politique se fonde sur une théorie explicite ou implicite de l'intersubjectivité comprise comme rapport originel à l'autre, penser l'intersubjectivité comme paradoxe a sûrement des liens chez Merleau-Ponty avec la pensée du politique comme paradoxe. Comme nous l'avons

---

[77] PP, p. VII

[78] V. PEILLON, *op. cit.*, p. 36.

[79] PP, p. 412. La phénoménologie explicite une situation de fait, dans sa complexification en moments apparemment contradictoires pour la pensée : « Les consciences se donnent le ridicule d'un solipsisme à plusieurs, telle est la situation qu'il faut comprendre. Puisque nous vivons cette situation, il doit y avoir moyen de l'expliciter. La solitude et la communication ne doivent pas être les deux termes d'une alternative, mais deux moments d'un seul phénomène, puisque, en fait, autrui existe pour moi » (PP, p. 412). Pour Merleau-Ponty, le phénomène est ce qui fait l'unité de ce qui apparaît dans une situation de fait apparemment contradictoire pour la pensée, et non ce qui apparaît à la conscience dans une visée intentionnelle spécifique.

déjà souligné, la lecture que fait Merleau-Ponty de Machiavel tend à mettre en lumière la nature paradoxale du politique : si Machiavel décrit la vie collective comme un enfer, il découvre toutefois, au sein même des luttes les plus féroces, autre chose que la violence nue. S'il y a une leçon philosophique à tirer de l'expérience perceptive, c'est le refus des alternatives. Il en découle que le rapport à l'autre restant un rapport paradoxal, l'on n'est pas acculé à choisir ou la violence ou la coexistence. Il convient de les penser de façon dialectique, et de les articuler politiquement en ayant à l'esprit cette idée capitale d'une humanité en qui l'ouverture à l'être est ouverture à *tous* les possibles, parce qu'il s'agit de l'humanité d'un être qui, en tant qu'esprit incarné, est par définition *mélange* et être-avec. Les relations humaines ont un caractère ambigu parce qu'elles sont faites aussi bien de la « lutte à mort » que de la « lutte amoureuse »[80]. La politique est à comprendre comme le milieu où ces deux formes de lutte, dans une relation dialectique, trouvent leur point d'équilibre. Cela exclut tout simplisme consistant à la réduire soit à un espace de lutte de tous contre tous, soit à un espace de communication parfaite entre tous. Au dire de Merleau-Ponty, la reconnaissance de la violence n'est pas le dernier mot mis à la discussion politique. L'entreprise philosophique étant essentiellement une entreprise interrogative, ce qui importe au philosophe, c'est de poser la question du sens de cette violence. La violence est constitutive de la politique, mais il n'en demeure pas moins que le véritable problème de la politique est le dépassement de la violence. On aura noté qu'il s'agit bien du « dépassement » et non de l'annulation de toute violence. Avec Merleau-Ponty, nous pouvons donc partir des paradoxes de la conscience perceptive et de la conscience incarnée pour conclure à l'affirmation du paradoxe de la politique. On l'aura noté, le philosophe français reproche à la pensée métaphysique classique son caractère anti-

[80] Contrairement à la « lutte à mort » dans laquelle l'homme est pour l'homme un loup, nous entendons par « lutte amoureuse » la reconnaissance mutuelle telle qu'elle peut se vivre dans la fraternité, l'amitié ou l'amour et dont l'amour entre un homme et une femme est l'expression pure.

paradoxal et anti-dialectique. La même critique, nous la retrouvons également chez Hannah Arendt.

Rappelons-nous que Hannah Arendt s'était fixé pour but de repenser le politique afin de lui rendre toute sa dignité. Cette pensée se fait contre les illusions de la métaphysique et contre les falsifications et confusions de la modernité. Dans l'un et l'autre cas, il s'agit d'une tradition philosophique qui n'a pas su voir clairement ce qu'est le politique parce qu'elle n'a pas su le penser comme paradoxe. Dans son entreprise de réhabilitation, le paradoxe apparaît comme « le fondement et l'horizon du politique chez Hannah Arendt ». C'est à cette notion que Munsya Molomb'Ebebe a consacré sa réflexion dans un livre au titre très significatif, en touchant par elle le cœur de la pensée arendtienne. « Le rare mérite de (cette) étude, comme l'écrit Jacques Taminiaux dans sa lettre-préface, est non seulement d'analyser patiemment et avec justesse les diverses figures de ce paradoxe mais de montrer qu'aux yeux d'Arendt, très caustique sur ce point envers l'héritage de la philosophie occidentale, ce paradoxe, loin d'être un défaut, un vice radical, est condition positive de possibilité d'une existence proprement humaine »[81]. L'étude de Munsya va principalement nous guider dans notre effort de compréhension du politique comme paradoxe dans la pensée de Hannah Arendt. L'on connaît les concepts clefs de la philosophie politique d'Arendt : monde, pluralité, liberté, autorité, etc. Ces concepts et les réalités auxquelles ils renvoient sont des paradoxes.

Voulant définir le paradoxe, Munsya écrit :

> « Le paradoxe est à comprendre [...] comme un rapport circulaire ou polygonal de tension, d'ex-tension et de co-ex-tension du tout et de ses opposés. Le tout n'existe que parce qu'il résiste à ses opposés. Inversement, les opposés n'ont de sens que parce que non seulement ils se résistent entre eux, mais également parce qu'ils résistent chacun et tous ensemble au tout. La plus grande

[81] MUNSYA, *op. cit.*, p. 5.

> caractéristique du paradoxe arendtien réside donc dans le fait qu'il est un rapport de tension non simplement périphérique aux termes en jeu, mais intrinsèque à chacun d'eux. Chaque point du rapport est en lui-même fondamentalement un rapport de tension entre lui et lui-même vers autre chose que lui sans jamais cesser d'être lui-même. Autrement dit, le paradoxe n'est pas un attribut qui viendrait s'ajouter pour ainsi dire de l'extérieur et après coup au tout et à ses opposés comme à des entités déjà constituées. Il est inhérent à la fois au tout et à ses opposés et posé en même temps qu'eux. »[82]

Parler de « rapport de tension », c'est affirmer que plusieurs éléments sont en relation les uns avec les autres. C'est signifier qu'il y a pluralité. Or la pluralité est la condition sine qua non du politique. Le premier niveau de la pluralité se trouve dans chaque être pensant, dans le dialogue de soi avec soi. Le « deux-en-un » socratique est donc l'origine et le fondement de la pluralité ; il est le paradoxe originaire, fondement de tous les autres. Il s'agit du glissement de la différence dans mon unicité qui fait que, tout en étant un, je suis fendu en deux. C'est ce « deux-en-un que Socrate a découvert être l'essence de la pensée et que Platon a traduit dans la langue conceptuelle comme le discours *eme emauto* – de moi avec moi-même »[83]. En tant que paradoxe originaire, il détermine et justifie tous les autres. Nous allons nous limiter à évoquer ici le paradoxe du monde, le paradoxe de l'action et de la pensée ainsi que le paradoxe de la liberté et de l'autorité.

Le monde, au sens arendtien du terme, est le monde commun des apparences, cet espace public où les individus se montrent et se présentent les uns aux autres par leurs actions et leurs paroles. Il est en lui-même pluriel et donc paradoxal, étant institué par une activité humaine essentiellement plurielle et toute aussi paradoxale : l'action. Le paradoxe du monde tient à sa pluridimensionnalité : trois activités humaines le constituent :

---

[82] *Ibid.*, p. 13.
[83] VE, p. 42.

le travail, l'œuvre et l'action, faisant de cet espace d'apparences un paradoxe du *trois-en-un* où chaque activité, tout en se distinguant des autres, ne se coupe pas totalement d'elles. Ainsi la vie entretenue par le travail appelle-t-elle la rédemption de l'appartenance au monde, elle-même entretenue par la fabrication ; celle-ci appelle à son tour la rédemption de l'action et de la parole nécessaires pour sortir du cadre de l'utilité et donner sens. Le monde est ainsi le résultat d'une tension, toujours inachevée et toujours renouvelée entre le travail, l'œuvre et l'action. C'est le même rapport de tension qui existe entre le naturel et l'artificiel, le donné et le construit, le singulier et le pluriel, le privé et le public. Bref, le monde arendtien est un nœud de paradoxes ; il se tient à la croisée de divers rapports de tension.

L'activité qui fait du monde un monde humain, c'est l'action. Mais l'homme est à la fois un être agissant et un être pensant. L'action et la pensée ne s'opposent pas ; il y a entre elles ce rapport de tension qui les révèle comme un paradoxe. Nous avons déjà traité de cette tension en parlant du rapport entre la politique et la philosophie chez Merleau-Ponty aussi bien que chez Hannah Arendt. Nous en avons conclu que, sans se confondre et sans s'opposer absolument, la politique et la philosophie entretiennent un rapport problématique au vrai sens du terme. Dans son entretien télévisé avec Günter Gauss, Arendt affirme : « Je prends toujours soin de mentionner la tension qui existe entre la philosophie et la politique, autrement dit, entre l'homme en tant qu'il philosophe et l'homme en tant qu'il est un être agissant »[84]. Elle signifie par là l'équilibre fragile et toujours à refaire entre l'action en tant qu'activité la plus particularisante de l'homme et la pensée en tant qu'activité la plus généralisante. Action et pensée sont toutes deux des activités plurielles. Le deux-en-un qui inscrit la pluralité au cœur de l'être signifie à un niveau ontologique comment la pluralité est la condition de l'excellence humaine dans l'action

[84] H. ARENDT, « Seule demeure ma langue maternelle », dans *Esprit*, n°6, 1980, p. 20.

et dans la pensée. Il y a ainsi entre l'être phénoménal et l'être pensant une similitude en raison de laquelle on peut dire avec Arendt que cette « *dualité inhérente laisse entrevoir la pluralité infinie qui est loi de la terre* »[85]. Si l'action est par essence politique parce qu'elle est toujours une action à plusieurs, une philosophie est politique non pas parce qu'elle porte sur des objets politiques, mais en raison de son mode de penser, c'est-à-dire si et seulement si elle comprend le sens de l'activité de penser comme une activité plurielle et mondaine.

Cette pluralité, qui a son origine dans le deux-en-un pensant, est ce qui rend paradoxale aussi bien l'action que la pensée. Comme le note Arendt, « le dialogue pensant du deux-en-un fait partie intégrante de l'être et du vivre avec les autres »[86]. Le moi et le moi-même du dialogue pensant ne sont pas identiques ; ils sont distincts et entre eux existe un rapport de tension, une distance qui à la fois les sépare et les rapproche, une distance irréductible et pourtant nécessaire à leur dialogue ininterrompu. En tant que moi pensant, je suis un paradoxe parce que je m'apparais à moi-même ; tout en étant un, je suis deux ; tout en étant identique, je suis différent de moi-même en moi-même ; lorsque je suis passif je suis actif. En effet, ne rien faire et être pourtant très actif est l'attitude qui caractérise celui qui pense. On le croit dans la solitude alors qu'il est en dialogue avec lui-même. Aussi Arendt aime-t-elle évoquer la justesse de ces propos de Caton qui ne « se savait jamais plus actif que lorsqu'il ne faisait rien, jamais moins seul que lorsqu'il était seul ».[87] Le penseur se retire du monde pour penser, mais pour que sa pensée ne puisse pas être pure rêverie, il doit continuer à appartenir au monde et à penser le monde. C'est « le paradoxe de l'appartenance et du retrait » qui a été bien explicité et expliqué par Jacques Taminiaux[88]. La nature paradoxale de la pensée se révèle aussi dans son rapport au phénomène et à

---

[85] VE, p. 245. C'est nous qui soulignons.
[86] ARENDT, « Philosophie et politique », dans *Les Cahiers du Grif*, n°33, 1986, p. 93.
[87] CHM, p. 404.
[88]Voir J. TAMINIAUX, « Le paradoxe de l'appartenance et du retrait », *op. cit.*

l'événement. En effet, c'est la pensée qui donne sens et signification aux phénomènes et aux événements. Mais sans phénomène ni événement, le sens n'est rien. Phénomène et sens sont en rapport de tension où l'un a besoin de l'autre et où chacun n'est rien sans l'autre. Ainsi en est-il également du rapport entre l'action et la pensée. Chaque acteur est un penseur et chaque penseur est un acteur.

C'est encore et toujours la pluralité humaine qui est le lieu commun où la liberté et l'autorité comme concepts et comme réalités trouvent leur origine. Ayant une même origine, elles sont intimement liées sans toutefois se confondre. Toute tentative de les séparer entraîne leur crise car elle élimine le paradoxe constitutif de l'humain et du politique, en ignorant que le caractère essentiellement ambigu de la liberté et de l'autorité est lié au caractère ambigu du domaine politique lui-même en tant que domaine essentiellement pluriel. Le paradoxe du deux-en-un socratique étant le paradoxe originaire, comment la liberté et l'autorité se situent-elles par rapport à lui ? Liberté et autorité sont en tension continuelle. La liberté est la capacité humaine à innover, à inaugurer quelque chose de nouveau. Cette création du nouveau est l'action d'une pluralité qui agit de concert. Quant à l'autorité, elle se réfère à l'origine, à la fondation dont elle assure la mémoire et l'augmentation ; elle signifie la permanence et la stabilité à travers les changements et les innovations introduits par la liberté. Bref, alors que la liberté est une pluralité mouvante et innovatrice, l'autorité est une « pluralité stable qui prend la forme d'une union, — *ex pluribus unum* »[89]. Le paradoxe de ces deux concepts et réalités réside dans la tension entre le souci de la nouveauté et le souci de la stabilité. L'un et l'autre ne sont pas pour autant à séparer, car sans une autorité capable d'en garantir et d'en transmettre la mémoire, la liberté disparaît ; de même qu'une autorité qui ne maintient pas permanent l'esprit de liberté s'évanouit[90]. C'est

---

[89] DMV, p. 95.

[90] Dans son analyse du phénomène révolutionnaire, Hannah Arendt montre que, en France, la liberté a fait son apparition dans les sections et conseils populaires de la Commune de Paris. Mais cette apparition a été de courte durée et n'a pu survivre faute d'institution, c'est-à-dire d'une autorité qui

uniquement là où l'esprit de nouveauté et le souci de stabilité sont intimement liés que la liberté et l'autorité se maintiennent de manière plus durable. Liées, la liberté et l'autorité restent deux concepts distincts, chacun tirant sa spécificité au niveau de son actualisation et de sa vocation propre. L'acte de fondation est l'expérience politique par excellence où s'inaugurent et se vivent le lien et le rapport de tension entre la liberté et l'autorité. En d'autres termes, la révolution elle-même est un paradoxe : l'esprit révolutionnaire consiste à commencer non seulement quelque chose de nouveau mais aussi quelque chose de permanent et de solide. Pour parler de révolution, il y a donc, aux yeux de Hannah Arendt, l'exigence à tenir le rapport paradoxal entre l'apparition du nouveau (la liberté) et le souci de durabilité auquel répond l'institution (l'autorité).

Quels enseignements pouvons-nous tirer des pensées merleau-pontienne et arendtienne du paradoxe ? Il nous apparaît en premier lieu que la pensée du paradoxe aussi bien chez Merleau-Ponty que chez Hannah Arendt exige la critique de la métaphysique traditionnelle. En effet, cette métaphysique ne peut ni assumer ni élaborer une pensée du paradoxe parce qu'elle est une métaphysique de l'Un, de l'Absolu. Contrairement aux vérités absolues et éternelles sur lesquelles elle se fonde, la pensée du paradoxe invite à une « rationalité ouverte », et donc « menacée ». Le monde humain devient lui-même un système ouvert, inachevé, à penser en dehors de l'alternative du tout ou rien, de l'ordre et du désordre, du sens et du non-sens. Hannah Arendt pense ouvertement contre la tradition philosophique et contre la dictature de l'Un. Elle voit dans la tentative d'ignorer le paradoxe en séparant ce qui devait être uni ou en absolutisant l'un ou l'autre élément du paradoxe l'origine de la crise de la modernité. En deuxième lieu, nous remarquons que les deux auteurs se rejoignent quand ils voient en la pluralité humaine la véritable origine du paradoxe.

---

pouvait en garantir et en transmettre l'esprit et la mémoire. C'est faute d'institution que la Révolution Française a conduit à la Terreur. Par contre, ce sont les institutions incarnant l'autorité mises en place, notamment la Constitution et la Cour Suprême, qui ont permis à la révolution Américaine d'être une réussite.

L'homme est un être pluriel, « mélange » de l'esprit et du corps, « mélange » à l'autre et au monde, pluralité ontologique du « deux-en-un ». Le rapport paradoxal apparaît ainsi comme un rapport de tension interne à cette pluralité qui ne peut exister qu'aussi longtemps que cette tension est maintenue ; il est un rapport qui tient ensemble ce qui, à première vue, semble s'opposer.

Dire donc que le politique est paradoxe, c'est dire qu'il est une pluralité essentiellement traversée par plusieurs rapports de tension contradictoire. Merleau-Ponty va jusqu'au bout de cette logique car, comme nous l'avons déjà souligné, l'originalité de son œuvre consiste en ce qu'il tient ensemble coexistence et violence. En ce qui concerne particulièrement la question du rapport entre la violence et la politique, Hannah Arendt ne nous semble pas pousser jusqu'au bout toutes les conséquences de la pensée du paradoxe parce qu'elle oppose radicalement le politique et la violence. C'est ce qui au moins ressort de la majeure partie de son œuvre. Mais cette affirmation doit être aussitôt nuancée dans la mesure où nous avons vu que l'opposition entre pouvoir et violence n'est pas aussi tranchée, à considérer la notion présente chez elle de « violence prépolitique » et la pensée de la violence des commencements (*arkhein*). Cette violence qui est à la fois condition et destruction du politique est symptomatique du caractère paradoxal du politique lui-même. L'action politique n'est-elle pas conçue par Hannah Arendt comme paradoxale ? En effet, elle est traversée de tensions et de paradoxes. Comme activité dont la pluralité est la condition, elle mélange de manière frustrante les initiatives des uns aux autres de façon que, en dernière analyse, personne n'a le contrôle de ce qu'il a fait. Comme activité libre et spontanée, elle déclenche pourtant des processus qui viennent s'ajouter aux forces coercitives qui enserrent les hommes. Pour le dire en d'autres termes, – et nous l'avons maintes fois souligné – la phénoménologie de l'action de Hannah Arendt présente cette dernière comme la seule activité humaine susceptible de révéler l'identité singulière de l'agent, de créer entre les hommes un réseau de relations et d'ouvrir un espace public d'apparence, c'est-à-dire d'instituer un monde commun et donc humain. Mais, cette même action, à cause de son illimitation, de son irréversibilité et de son imprévisibilité, est capable de franchir toutes les bornes, de déclencher des processus anonymes et irréversibles, bref, elle est capable de détruire le monde auquel elle donne pourtant naissance. Cette tension entre l'action et le monde nous révèle la démesure de l'agir humain, sa capacité à dépasser les bornes aussi bien dans l'ordre technoscientifique que dans l'ordre politique. Mais justement, cette tension est en même temps ce qui nous indique que toute entreprise humaine, toute politique, doit être jugée par rapport à sa capacité d'instituer politiquement le monde commun.

La lecture que Paul Ricœur propose de Hannah Arendt nous permet d'enrichir le thème du paradoxe politique tel que nous essayons de l'entendre dans cette étude. En effet, Ricœur nous invite à tenir avec Arendt « la distinction ferme et constante entre pouvoir et violence »[91]. L'idée principale est que le pouvoir n'est pas la violence ; il exprime plutôt un vouloir vivre ensemble :

> « Il est peut-être raisonnable d'accorder à ce vouloir vivre ensemble le statut de l'oublié. C'est pourquoi ce fondamental constitutif ne se laisse discerner que dans ses irruptions discontinues au plus vif de l'histoire sur la scène politique. »[92]

Mais, dans le même temps, et c'est cela la face d'ombre et d'irrationnel du politique, « il nous suffit que l'État réputé le plus juste, le plus démocratique, le plus libéral, se révèle comme la synthèse de la légitimité et de la violence, c'est-à-dire comme pouvoir moral d'exiger et pouvoir physique de contraindre »[93]. Si, comme nous venons de le voir, l'action politique tend à la construction du monde commun, elle peut

---

[91] P. RICOEUR, « Pouvoir et violence », dans *Politique et pensée*, op. cit., p. 205.
[92] P. RICOEUR, *Soi-même comme un autre*, Paris, Seuil, 1990, p. 230.
[93] P. RICOEUR, *Histoire et vérité*, Paris, Seuil, 1964, p. 247.

aussi tendre à le détruire. Elle peut déboucher sur un désir fort de vouloir vivre ensemble comme elle peut donner lieu à un mal qui est spécifiquement un mal politique. Aussi Ricœur nous invite-t-il à penser ensemble la rationalité et l'irrationalité spécifiques du politique, au-delà de l'opposition entre une tradition qui, en faisant crédit à la visée bonne du politique, cherche à en fonder de l'intérieur la rationalité, et une autre tradition qui, en insistant sur les passions mauvaises du pouvoir, cherche à résister de l'extérieur à ses abus :

> « Il faut résister à la tentation d'opposer deux styles de réflexion politique, l'un qui majorerait la rationalité du politique, avec Aristote, Rousseau, Hegel, l'autre qui mettrait l'accent sur la violence et le mensonge du pouvoir, selon la critique platonicienne du tyran, l'apologie machiavelienne du prince et la critique marxiste de l'aliénation politique [...]. Il faut tenir ce paradoxe, que le plus grand mal adhère à la plus grande rationalité, qu'il y a une aliénation politique parce que le politique est relativement autonome. »[94]

Quelle est alors la tâche de la philosophie politique ? Paul Ricœur répond :

> « Rationalité spécifique, mal spécifique, telle est la double et paradoxale originalité du politique. La tâche de la philosophie politique est, à mon sens, d'expliciter cette originalité et d'en élucider le paradoxe ; car le mal politique ne peut pousser que sur la rationalité spécifique du politique. »[95].

Ainsi, c'est par la notion de « paradoxe politique » que la démarche de Ricœur rassemble deux traditions de pensées qui semblent s'opposer. Parce qu'elle implique les notions de rationalité ou irrationalité du politique, de violence et de mal

---

[94] *Ibid.*, p. 261-262.
[95] *Ibid.*, p. 261.

politique, elle nous donne à réfléchir sur le bien et le mal, ou, en d'autres termes, sur ce qui est et ce qui doit être en politique.

5.4. L'être et le devoir-être

Nous l'avons vu, la lecture habermassienne de Hannah Arendt et le commentaire critique de Jean-Marc Ferry soulèvent la question du rapport entre ce qui est et ce qui doit (ou devrait) être. Nous sommes ainsi invités à réfléchir sur le rapport que la philosophie en tant que discours entretient avec la politique en tant que pratique. Le rôle du philosophe consiste-t-il à décrire simplement les faits, à courir derrière eux, ou lui est-il permis de construire des utopies, de rêver ? La pensée politique ne trouve-t-elle pas sa raison d'être dans le fait qu'elle se déploie entre le fait brut et l'utopie ? L'on s'accorde à considérer Machiavel comme le penseur qui a véritablement inauguré la modernité politique parce que, attaquant la tradition et l'utopie, il juge plus convenable de « suivre la vérité effective de la chose que l'idée que l'on s'en fait»[96]. En effet, Machiavel abandonne l'idée d'une politique normée par un ordre des fins et substitue l'analyse de la « vérité effective » à la préoccupation du devoir-faire qui, à ses yeux, ne conduit qu'à la politique-fiction. La question du meilleur régime étant liée à la perspective d'une perfection imaginaire, il ne l'a pas posée, se contentant plutôt de décrire la vie réelle des hommes, comment ils agissent en fait. Il est celui qui, conduit par la nécessité d'un discours vrai sur la nécessité de l'action politique, dit ce que les autres ont tu. Dire l'effectivité de la politique, c'est parler de la politique telle qu'elle se donne à voir, telle qu'elle apparaît. Un des mérites que Merleau-Ponty et Arendt reconnaissent à Machiavel, c'est d'avoir souligné la nature phénoménale du politique. Aussi leur propre pensée du politique est-elle toute traversée par le thème de l'apparence qui va de pair avec

---

[96] MACHIAVEL, *Le Prince*, chap. XV, Paris, Éditions Robert Laffont, 1996, p. 148.

l'opposition à toute pensée tendant à séparer l'être de l'apparaître.

Mais, le nom de Machiavel, comme le dit justement Claude Lefort, reste attaché à l'horreur de la politique : « Le machiavélisme est le nom de la politique en tant qu'elle est le mal »[97]. On parle alors de « machiavélique » pour désigner des hommes d'État, des attitudes ou des comportements politiques caractérisés par le mensonge, la mauvaise foi, la violence, la ruse, la domination malfaisante de l'autre pour ses propres intérêts, bref la politique elle-même en tant qu'elle est une sphère du mal. On dit alors que Machiavel est un penseur a-moral, il ne se soucie pas de la question du bien. Et pourtant, la réflexion sur le bien n'est pas absente de l'œuvre du Florentin. Ce qu'il faut noter, c'est que sa réflexion sur le bien et le mal s'effectue dans une analyse politique des situations concrètes. C'est dire que Machiavel n'appréhende jamais le bien et le mal absolument : il le fait toujours suivant la « vérité effective de la chose ». Selon l'explication de Gérald Sfez, « Machiavel démystifie la substantification du bien et du mal, leur caractère d'idoles, car il n'y a pas de bien ou de mal fixes, il n'y a, pour ainsi dire, que du bien et du mal circulant. La logique de l'agir et du verbe en assure la circulation, et s'il est requis de faire du mal en telle ou telle circonstance, il est également requis de "dire du bien du mal" ou de "dire du mal du mal" selon les circonstances »[98]. Ainsi donc, Machiavel est bel et bien un des grands penseurs de la morale en politique et, comme le soutient Gionani Invitto, Merleau-Ponty est « un des rares lecteurs à s'être emparés de cette dimension »[99].

L'accusation de « machiavélisme » a été portée contre Merleau-Ponty à la publication de *Humanisme et terreur* parce que, rappelons-le, dans cet ouvrage, faisant une lecture « effective » de l'histoire, Merleau-Ponty professe la théorie de

---

[97] C. LEFORT, *Le travail de l'œuvre Machiavel*, Paris, Gallimard, 1986, p. 77.

[98] G. SFEZ « Machiavel par-delà bien et mal ? », dans *Magasine littéraire*, n°397, 2001, p. 20-21.

[99] G. INVITTO, *op. cit.*, 203.

la violence progressive. Pour réfuter cette accusation, sa stratégie d'argumentation consiste à montrer que les paradoxes qui se trouvent chez Machiavel sont apparents, mais qu'au fond, le Florentin reste cohérent avec lui même, il défend le lien profond qui existe entre la politique et la morale. En ce sens, prôner la primauté de l'une sur l'autre est contraire à son esprit. Dans une circonstance politique concrète, il n'y a pas à discourir abstraitement sur les valeurs, il faut plutôt voir comment les réaliser, les rendre efficaces par une action efficace, car « le discours sur les valeurs est sous l'étroite dépendance du discours sur l'efficace des valeurs mêmes »[100]. En indiquant du doigt la violence présente dans les relations politiques, ni Machiavel ni Merleau-Ponty ne sont les théoriciens d'une violence nue parce que tous deux visent la coexistence des individus et le bien des gouvernants et gouvernés.

Par l'usage du terme « machiavelisme » on identifie la politique au mal. Mais la politique n'est pas que le règne du mal pas plus qu'il n'est que le règne du bien. Pour la simple bonne raison que l'homme n'est ni ange ni bête parce qu'il y a en lui un insondable abîme d'un pouvoir originaire qui peut s'orienter vers le bien *ou* vers le mal. Par conséquent, aussi bien le despotisme moral (qui consiste à concevoir la politique comme lieu de la réalisation du bien et qui reste ainsi fixée à la volonté du bien) que le despotisme politique (qui consiste à faire de la politique le Dieu de la terre au-dessus duquel il n'y a rien d'autre) sont à renvoyer dos à dos. Dans la mesure où la tâche politique consiste à organiser institutionnellement des êtres libres et raisonnables, et donc capables du meilleur comme du pire, l'alternative à faire de la politique ou le règne du mal ou le règne du bien est à refuser. La tâche politique et l'idéal éthique ne sont pas à confondre : alors que la tâche politique consiste en l'organisation institutionnelle des êtres libres et raisonnables, à garantir l'exercice de la Constitution républicaine, à faire du monde un espace de liberté, l'idéal éthique enseigne aux hommes à devenir bons. La finalité du lien politique est

---

[100] G. INVITTO, *op. cit.*, p. 171.

d'accorder ensemble, sous une règle commune, des volontés « impures ». La question qui se pose est celle de savoir si la pratique politique remplit cette finalité comme « œuvre » (vouée à l'accomplissement) ou comme « tâche » (qui a pour principe l'inachevement)[101]. La politique n'est donc pas que le règne du mal. Mais, s'il existe un mal politique, il est à comprendre dans un autre sens et de façon plus radicale comme « mal du politique ». Comment peut-on l'expliquer? Myriam Revault d'Allonnes répond : « S'il y a un mal politique, c'est que la politique se déploie dans l'élément d'une liberté dont le fond est insondable »[102]. C'est dire que la pathologie du politique « relève d'un mal plus insondable que la perversité du pouvoir : le mal de la liberté. Ce mal de la liberté, on peut aussi l'appeler un mal du vivre-ensemble, un mal radical du politique, plus "originaire", dans son indicible banalité, que les maux du pouvoir ou de la domination. De cette paradoxale vérité du politique, nulle gouvernementalité rationnelle ne viendra jamais à bout, ni celle du despotisme politique ni celle du despotisme moral »[103].

La morale et la politique ne se confondent pas, et l'écart qui existe entre les deux conduit souvent à une différente appréciation d'un même événement. L'histoire romaine nous apprend que l'acte par lequel Romulus fonde Rome est un acte violent, c'est un fratricide. Historiquement et politiquement parlant, nous sommes là devant une violence originaire qui est en même temps un paradoxe originaire : c'est l'immoralité qui crée la morale. Cet acte, historiquement et politiquement parlant, est-il un mal ou un bien ? En d'autres termes, est-il vertueux ou non ? Au lieu de définir le bien de la société, le bien commun, en termes de « vertu », Machiavel choisit de définir la vertu en termes de « bien commun ». La normativité n'est donc pas absente de la pensée de Machiavel parce qu'on y trouve une fin qui justifie tous les moyens et qui rend

---

101 M. REVAULT D'ALLONNES, *Ce que l'homme a fait à l'homme. Essai sur le mal politique*, Paris, Flammarion, 1999, p. 66.
102 *Ibid.*, p. 70.
103 *Ibid.*, p. 71.

vertueuses toutes nos actions. Léo Strauss résume bien la nature et la teneur des objectifs machiavéliens :

> « Nous devons entendre par bien commun les objectifs effectivement poursuivis par toutes les sociétés. Ces objectifs sont les suivants : la liberté par rapport à la domination étrangère, la stabilité ou le règne de la loi, la prospérité, la gloire ou l'empire ; la vertu au sens effectif du terme est la somme des habitudes requises pour parvenir à cela. C'est cette fin, et cette fin seule, qui rend nos actions vertueuses. Tout ce qui est fait effectivement en vue de cette fin est bon. Cette fin justifie tous les moyens. La vertu n'est rien d'autre que la vertu civique, le patriotisme ou le dévouement à l'égoïsme collectif. »[104]

Machiavel décrit d'abord les hommes tels qu'ils sont, mais parce que les hommes sont confrontés à la nécessité et qu'ils devront lutter contre elle pour forcer le hasard et le cours des choses, ils devront évaluer les situations et donc faire des choix. Nous sommes là en présence d'une contradiction apparente : d'une part l'affirmation que Machiavel réduit le problème moral et politique à un problème technique d'efficacité, d'autre part l'affirmation que, chez lui, la considération de la « vérité effective » de la politique débouche sur une évaluation, c'est-à-dire sur un certain devoir-vivre et un certain devoir-gouverner. Cette contradiction apparente n'est rien d'autre qu'un « paradoxe » présent dans la pensée de Machiavel lui-même : son intention n'est pas seulement descriptive, elle est clairement normative. On est obligé de vivre vertueusement, mais cette vertu a pour cadre le politique ; elle n'est ni en-dessous ni au-dessus de lui. Il s'agit d'une vertu appelée avant tout à affronter ce que Merleau-Ponty appelle le « vertige de la vie à plusieurs », donc une vertu politique. Le réalisme de Machiavel n'est donc pas à réduire au souci de l'efficacité, mais son sens

---

[104] LEO STRAUSS, *Qu'est-ce que la philosophie politique* ?, cité par M. REVAULT D'ALLONNES, *Ce que l'homme a fait à l'homme*, op. cit., p.112.

et sa portée résident en ceci que c'est un appel à passer de la morale pure à la force des institutions, d'une bonté catastrophique à une bonté capable de dureté[105].

En effet, Machiavel constate et enseigne que les règles propres à l'exercice du pouvoir et la conduite de l'État sont étrangères aux règles morales communément admises :

> « Gouverner, ce n'est rien d'autre que de maintenir ses sujets en un tel état qu'ils ne puissent ni ne doivent vous nuire. On y parvient soit en s'en assurant complètement, soit en leur ôtant tous les moyens de vous nuire, soit en étant si généreux à leur égard qu'ils ne peuvent raisonnablement désirer un changement de leur sort. »[106]

Cela veut dire que la politique a ses propres règles, ses propres normes, bref sa propre morale. En ce sens, examiner le difficile rapport entre la morale et la politique exige de dépasser l'opposition entre une vision moralisante qui se focalise sur la finalité de l'agir politique et une vision fondée sur l'efficacité pragmatique qui ne se préoccupe que du succès de l'action politique. L'une et l'autre vision fausse la nature de l'action politique. C'est plutôt du côté de l'articulation entre l'orientation vers des fins et le souci de l'efficacité qu'il convient de chercher une éthique propre à la politique. C'est justement en ce sens que Merleau-Ponty a compris Machiavel quand il écrit :

[105] M. REVAULT D'ALLONNES, *Ce que l'homme a fait à l'homme*, *op. cit.*, p.120. Commentant Machiavel, Merleau-Ponty écrit : « Le prince doit avoir les qualités qu'il paraît avoir, dit Machiavel, mais achève-t-il, "rester assez maître de soi pour en déployer de contraires, lorsque cela est expédient ". Précepte de politique, mais qui pourrait bien être aussi la règle d'une vraie morale. Car le jugement public selon l'apparence, qui convertit la bonté du prince en faiblesse, n'est peut-être pas si faux. Qu'est-ce qu'une bonté qui serait incapable de dureté ? Qu'est-ce qu'une bonté qui se veut bonté ? Une manière douce d'ignorer autrui et finalement de le mépriser » (S, p. 353).

[106] MACHIAVEL, *Discours*, Livre II, chap.XXIII, op. cit., p. 345.

« Machiavel ne demande pas qu'on gouverne par les vices, le mensonge, la terreur, la ruse, il essaie de définir une vertu politique, qui est, pour le prince, de parler à ces spectateurs muets autour de lui et pris dans le vertige de la vie à plusieurs. Véritable force d'âme, puisqu'il s'agit, entre la volonté de plaire et le défi, entre la bonté complaisante à elle-même et la cruauté, de concevoir une entreprise historique à laquelle tous puissent se joindre. Cette vertu-là n'est pas exposée aux renversements que connaît le politique moralisant, parce qu'elle nous installe d'emblée dans la relation avec autrui qu'il ignore. C'est elle que Machiavel prend pour signe de valeur en politique. »[107]

Si l'on comprend que le mal n'est pas une substance mais plutôt une *manière de la liberté*[108], si l'on comprend que l'on ne peut pas s'en libérer étant donné que l'on ne peut se libérer de la liberté, alors on peut sortir de l'alternative du despotisme politique se déduisant du pessimisme anthropologique (l'homme est foncièrement mauvais) et du despotisme moral se déduisant de l'optimisme anthropologique qui prétend enlever du cœur de l'homme jusqu'au désir de faire le mal (et qui, ce faisant, nie le mal comme mal de la liberté). Cette alternative se trouve dépassée du moment que l'on pense le véritable milieu de la politique comme ce milieu mixte où se tiennent mélangés le sens et le non-sens, le bien et le mal, la rationalité et l'irrationalité, la faillite et la responsabilité. C'est ce paradoxe qui est *chair de la politique*, c'est-à-dire chiasme, entrelacs, empiètement des libertés dans le « vertige d'une vie à plusieurs ». La façon dont Machiavel donne à penser le problématique rapport entre la morale et la politique nous permet d'aller au-delà du despotisme tant moral que politique. S'il est nécessaire, écrit-il, le Prince doit apprendre à ne pas être bon car il existe une telle distance entre « la façon dont on vit » et « la façon dont on devrait vivre » que « tout homme qui

---

107 S, p. 353.

108 M. REVAULT D'ALLONNES, *Ce que l'homme a fait à l'homme, op. cit.*, p. 163.

réglera sa conduite sur l'idée du devoir des hommes et non pas sur ce qu'ils sont en effet, connaîtra plus vite la ruine que la sécurité. Car un homme qui voudra faire en toutes choses profession de vertu, périra dans la cohue des scélérats. C'est pourquoi tout Prince qui voudra conserver son État, doit apprendre à n'être pas bon, mais à user de la bonté selon les circonstances »[109]. S'il le peut, que le Prince ne s'éloigne du bien, mais, en cas de nécessité, il doit savoir entrer dans le mal s'il le faut. Le Florentin ne dit pas que le Prince *doit* faire le mal. Il ne dit pas non plus que les hommes *doivent* être méchants. Il remarque tout simplement qu'il y a un fossé entre « ce qui est » et « ce qui devrait être », entre la « vérité effective » de la chose politique et la visée du devoir-être. Mais partir de là pour conclure à une opposition absolue entre le pragmatisme de l'action politique et les normes de l'action morale, entre l'efficacité des pratiques et la pureté des intentions, c'est manquer l'essentiel de la pensée de Machiavel qui est beaucoup plus complexe et beaucoup plus problématique parce qu'elle n'oppose pas simplement la morale à la politique, mais élabore une morale propre à la politique. Les normes d'une telle morale viennent des expériences et des vicissitudes propres aux choses politiques et à leur nature phénoménale.

Il restera toujours entre l'être et le devoir-être un écart irréductible. Il y a comme une sorte d'entre-deux indépassable, un vertige de la chose politique. Le politique est une « élaboration infinie du vivre-ensemble » et l'autorité du concept ne peut le surdéterminer « philosophiquement ». Aussi Myriam Revault d'Allonnes trouve-t-elle chez Aristote une pensée accordée à la chose politique, une pensée pour qui « l'institution raisonnable de l'homme "animal" politique n'efface pas le risque de la démesure et de la menace tragique »[110]. Car, « animal politique doué de *logos* », l'homme s'enracine « dans le fonds ténébreux du *deînon* qu'aucune

---

[109] MACHIAVEL, *Le Prince*, chap. XV, op. cit., p. 73.

[110] M. REVAULT D'ALLONNES, *Ce que l'homme a fait à l'homme, op. cit.*, p. 72.

rationalité ne saurait épuiser. Ce que donne à penser Aristote, c'est donc cette pathologie originaire du politique qu'on pourrait appeler l'abîme de la socialité dans la constitution du vivre-ensemble »[111]. L'homme d'Aristote, « le *zoon politikon*, bien qu'il soit *logon ekôn*, est cet homme fragile à qui la nature a donné des armes (*opla*) susceptibles d'être utilisées pour le meilleur et pour le pire »[112]. La politique recèle à la fois l'expérience de sa grandeur et celle de sa fragilité[113].

L'éclairage de Paul Ricoeur, que nous avons précédemment évoqué, nous montre que la question de la violence en politique est inséparable de celle du mal politique. Sur ce point encore, nous pouvons souligner le rapprochement entre Merleau-Ponty et Hannah Arendt. La question de la violence, que nous rencontrons dans leurs pensées, s'inscrit dans un cadre plus large d'une interrogation sur le mal politique, son origine et ses conséquences. Il y a un lien entre la violence et le mal, car la violence fait mal à celui qui en est victime, même dans le cas où on la juge nécessaire. Et le mal, en tant que souffrance subie, venant de l'homme et non de la nature, apparaît comme violence physique ou symbolique utilisée comme moyen humain pour faire souffrir autrui. Mais la violence n'épuise pas la catégorie du mal. Aussi Hannah Arendt n'assimile-t-elle pas la violence au mal, même si elle voit l'origine et la nature de la violence du côté du mal conçu comme le moyen mauvais en vue d'une fin mauvaise, car sa théorie de la violence tourne autour de l'idée centrale de l'instrumentalité du mal. En rejetant les explications couramment avancées, notamment la justification biologique de la violence et le vitalisme qui voit en elle l'élément essentiel de la force vitale, Arendt estime que la violence n'est pas plus bestiale qu'irrationnelle ; elle la considère plutôt comme rationnelle parce qu'elle se fixe un but à atteindre et en fonction duquel elle se justifie. Elle examine les liens entre l'instrumentalité du mal et la violence dans son livre *Eichmann à Jérusalem*. Le nazisme a été un mal conçu,

[111] *Ibid.*, p. 72.
[112] *Ibid.*, p. 80.
[113] *Ibid.*, p. 111.

pensé, programmé dont Eichmann, qui n'était ni un démon ni un monstre, a été l'exécutant qui a estimé faire son devoir : il n'a fait que suivre scrupuleusement la loi, mais cette loi était criminelle. L'origine du mal, ici, se trouve dans le manque de jugement et de pensée.

Comme Hannah Arendt, Merleau-Ponty a aussi posé la question du mal politique. Dans l'immédiat après-guerre et la période de la guerre froide, la double réalité historique qui l'a poussé à poser cette question c'est, d'une part, la Deuxième Guerre mondiale et le nazisme et, d'autre part, la terreur du régime communiste. Ce mal, il le voit dans l'expérience des camps nazis, la guerre, l'occupation, le génocide des juifs, les procès de Moscou, la terreur stalinienne. L'expérience des procès de Moscou lui révèle que, à l'intérieur d'un système révolutionnaire, aucune marge d'opposition n'est possible. C'est justement cela la terreur : que l'État socialiste en train de se faire soit considéré comme la seule réalité historique, la seule valeur absolue, que le Parti Communiste soit considéré comme absolu, comme le seul lieu où vérité et efficacité convergent. Aussi, ne suffit-il pas pour Merleau-Ponty de « décrire le mal ou la violence dans ses manifestations concrètes, procès, tortures, exécutions, mais dans ses conditions de possibilité théorique, au lieu de coïncidence entre une doctrine de l'action politique et une philosophie de l'histoire »[114]. L'examen critique de la théorie marxiste de l'histoire montre que le socialisme fait du parti le lieu où la vérité se noue dans l'action politique. En conséquence, la certitude de la vérité détenue par le parti s'érige en normes et devoirs, excluant la contradiction interne et engendrant la violence et le dogmatisme. La représentation marxiste de l'histoire, son désir de totalisation et son concept téléologique de la vérité sont donc les germes de la terreur. C'est là que se situe la violence théorique qui engendre la violence en politique et dans les corps. Cette dernière est contingente.

---

[114] J. PORTEE et A. VERGNIOUX, *Où est le mal ? Tragique, éthique, politique*, Paris, L'Harmattan, 1994, p.74.

Toute la pensée de Merleau-Ponty est traversée par l'affirmation de la contingence du mal qui n'est qu'une autre façon de reconnaître « une sorte d'inertie, une résistance passive, une défaillance du sens, une *adversité* anonyme »[115]. Il est toujours possible « que l'humanité, comme une phrase qui n'arrive pas à s'achever, échoue en cours de route »[116]. Car, « le mal n'est pas *créé* par nous ou par d'autres, il naît dans ce tissu que nous avons filé entre nous et qui nous étouffe »[117]. Voilà affirmée avec force l'idée que le mal est une donnée du monde dont la condition de possibilité se trouve dans l'opacité des relations des hommes entre eux. Aussi bien chez Hannah Arendt que chez Maurice Merleau-Ponty apparaît cette idée que le mal politique a sa condition de possibilité dans le refus de la pluralité : le manque de pensée n'est rien d'autre que l'absence de la « mentalité élargie », cette capacité de penser en se mettant à la place des autres et en intégrant leurs points de vue, tandis que l'absolutisme de la dictature de l'Un, du fait qu'il est ignorance de la pluralité, conduit à la dictature de la Vérité, et donc à la violence et au terrorisme. Penseurs politiques, Arendt et Merleau-Ponty sont donc aussi des penseurs moraux.

Il découle de ce qui précède que la philosophie politique n'est pas une simple description du réel ou du fait politique car, en même temps qu'il décrit, le philosophe évalue, juge par rapport à un idéal à atteindre. La pensée politique se déploie entre le fait brut et l'utopie (au bon sens du terme) et y trouve sa raison d'être. Elle est à la fois descriptive et normative. Or, nous vivons à une époque où ce qui faisait jadis autorité est en crise. Comme le note Hannah Arendt dans ses analyses de la modernité, la trinité tradition-autorité-religion qui autrefois était unie est aujourd'hui disloquée. Dans ce contexte, où trouver des normes éthiques à partir desquelles évaluer et juger les faits et actions politiques ? Hannah Arendt croit les trouver à partir de la compréhension du politique comme consentement, communication, délibération entre les citoyens agissant de

[115] S, p. 390.
[116] S, p. 391.
[117] S, p. 61.

concert dans l'espace public. D'où l'importance, que nous avons maintes fois évoquée, accordée par elle aux notions de « monde commun », « sens commun ». Mais s'il s'avérait que le consensus était impossible comme le laisse suggérer le titre provocateur de l'ouvrage d'Édouard Delruelle ?[118].

Selon Hannah Arendt, une des causes de la perte du sens éthique par la modernité vient de la confusion qu'elle entretient entre la violence et le pouvoir du fait qu'elle a pensé ce dernier en termes d'instrument. Or, le pouvoir jaillit de la mise en commun des paroles et des actions, c'est-à-dire du consentement et de la communication. Voilà pourquoi, faisant une relecture de Kant, Arendt trouve la solution du conflit entre la politique et la morale dans les thèmes de la mentalité élargie, la communication avec autrui, le sens commun. C'est dire que la communicabilité repose sur la plus incommunicable et la plus intime des expériences : l'expérience esthétique. A partir de la représentation et de la prétention à l'assentiment de chacun, le plus subjectif s'ouvre à l'intersubjectivité, le moi aux autres. Cette expérience montre qu'il y a comme une sorte d'entente originaire avec autrui. Plus explicitement : ce que ma conscience me dicte comme bien à faire et mal à éviter (la morale), je le fais toujours en intégrant les points de vue des autres (sens commun, pluralité, politique). Ainsi, les normes éthiques à partir desquelles je peux porter un jugement sur la politique me viennent de la communication avec les autres, de notre consensus, de notre être-ensemble, bref de notre être politique. C'est de cette façon que se trouvent réconciliées la morale et la politique. En d'autres termes, « la condition de tout accord entre éthique et politique est l'instauration d'un espace public de délibération et de communication, avec l'espoir que cet espace soit le lieu naturel de production d'un consensus entre citoyens »[119].

---

118 E. DELRUELLE, *Le consensus impossible. Le différend entre éthique et politique chez H. Arendt et J. Habermas*, Bruxelles, Ousia, 1993.
119 E. DELRUELLE, *op. cit.*, p. 66.

L'éthique arendtienne, dont le jugement est la catégorie centrale, se fonde ainsi sur le paradigme du consensus. Or la loi morale se présente comme un véritable paradoxe : elle est ce qui est le plus familier au sujet (le plus intérieur) et en même temps le plus étrange (ce qui lui excède). C'est ce qui explique également le paradoxe du sujet moral qui n'est autonome que dans la mesure où se trouve en lui une passivité originaire à la loi. Il est donc habité par une différence à soi intérieure et irréductible, une altérité paradoxale. Cela ne rend-il pas le consensus impossible dans la mesure où se trouve dans ce qui fait le propre de l'éthique une puissance de différence intérieure, quand le sujet s'éprouve comme une scission intérieure et qu'il se soumet à une loi qui s'impose à lui ? L'éthique ne se présente-t-elle pas alors comme le « différend », c'est-à-dire ce qui se nourrit essentiellement d'un clivage irréductible entre la conscience et le monde ? La publicité de l'espace politique restera toujours en tension avec l'intériorité de la conscience. Aussi est-il possible de remettre en cause la spécification exclusive de l'éthique comme politique présente chez Arendt car, contrairement à ce qu'elle soutient, « l'éthique est à distance du politique »[120]. Il y a comme un « au-delà » (ou « en-deça ») du politique. Même quand l'homme en tant que *zoon politikon* est détruit (comme cela est arrivé dans le totalitarisme) il lui reste une dignité qui persiste. En effet, l'homme déchet, l'homme superflu du camp de concentration est privé de communauté politique, mais il n'est pas privé de sa conscience intérieure. C'est elle justement qui a permis à certains hommes de tenir ou de résister alors qu'ils étaient en face de la mort. C'est parce qu'elle est distante et différente de la politique que l'éthique touche à la politique pour l'ébranler. L'éthique est cet « *intrus* dont est pré-occupé le politique »[121]. Il y a donc une différence entre le geste éthique et le geste politique : « Le geste éthique, qui est écoute de "ce qui ne va pas", obédience aux singularités, ne peut se confondre avec le

[120] *Ibid.*, p. 148.
[121] *Ibid.*, p. 183.

geste d'institution collective de la société qui définit le politique »[122].

Communication et consensus sont des idées qui se trouvent au fondement de la démocratie. Malgré quelques difficultés qu'elle a pour s'établir dans certains pays, l'on peut affirmer que la démocratie est aujourd'hui le régime politique auquel aspirent tous les peuples du monde. Étant donné cette aspiration, peut-on parler d'une évolution qui aurait fait passer la société d'un état où prévalait la violence pure à un état où les relations socio-politiques sont institutionnalisées et donc non-violentes ? Il est difficile de répondre à cette question par l'affirmative car, ce qui se remarque, c'est que chaque phase historique produit ses propres formes de violence déclenchées par ses dangers structurels spécifiques : la *Shoah* n'a pas eu lieu au Moyen-Âge chez des peuples considérés comme « primitifs » ; elle a eu lieu au XXe siècle dans une Europe qui se disait « démocratique » et « civilisée ». Même la violence légitime dont, dit-on, le monopole revient à l'État, peut se pervertir, se transformer en violence pure et se nicher ainsi dans les domaines de l'activité de l'État. En d'autres termes, aujourd'hui comme hier, la violence n'est pas absente des relations socio-politiques. Sans doute ne le sera-t-elle jamais.

De nos jours encore, les révolutions qui éclatent à travers le monde sont souvent accompagnées de beaucoup de violence. L'on range pourtant la violence révolutionnaire dans la catégorie des violences considérées comme légitimes. En effet, l'idée commune à tous les révolutionnaires est que la violence révolutionnaire a la tâche d'accoucheuse de l'histoire. Elle est un *moyen* légitime et nécessaire de l'action politique ; elle n'est qu'un moyen parce que la fin de la politique c'est l'élimination ou la disparition de la violence ; c'est un moyen qui doit être institutionnalisé. La violence révolutionnaire est une contre-violence parce qu'elle est une réaction contre une violence première. Si le propos sur la violence des révolutionnaires professionnels ne peut être assimilé à une pure et simple

---

[122] *Ibid.*, p. 307.

idéologie terroriste, il se pose cependant la question de savoir si *tous* les discours présentés comme révolutionnaires sont *vraiment* révolutionnaires. Le terme « révolution » n'est-il pas parfois utilisé pour cacher des entreprises douteuses et égoïstes ? Comment les victimes de la violence révolutionnaire la perçoivent-elles ? La considèrent-elles comme légitime ? Autant de questions qui se posent.

Une des tâches de la philosophie politique est de distinguer entre le pouvoir légitime et le pouvoir illégitime. De la même manière doit-elle distinguer entre différentes formes des violences pour faire la différence entre celles qui sont légitimes et celles qui sont illégitimes, bref pour dire s'il y en a qui sont plus préférables à d'autres. Quel doit être alors le critère de distinction, au vu de l'inflation dont est victime le terme même de violence, au vu de l'ambiguïté des révolutions, et dans un monde où l'on réclame plus de démocratie ? Il ne peut s'agir que d'un critère éthique : la reconnaissance de l'individu comme *personne*. En ce sens, la contrainte exercée par le pouvoir sur un individu n'est légitime que si elle se fonde sur la reconnaissance de cet individu comme personne, qualité que même un criminel ne perd pas du fait de son crime. Mais le contenu déterminé que l'on donne à la définition de la personne peut-il être considéré comme définitivement établi ? Pas si sûr parce que la définition de la personne ne fait pas l'unanimité. D'où la nécessité pour la philosophie de faire dialoguer la politique et l'éthique, tout en maintenant entre elles un écart irréductible.

Étant donné que l'on considère que c'est l'État qui possède le monopole de la violence légitime, il est pertinent de se pencher sur le procès de sa formation. L'on remarquera ainsi que la monopolisation de la violence par l'État s'accompagne de la pacification des relations sociales. En d'autres termes, il s'agit d'un « double procès solidaire de la monopolisation de la violence physique en un lieu strictement circonscrit de la socialité, et de proscription de la violence partout ailleurs »[123]. Toutefois, ceci ne veut pas dire que la compétition et la lutte disparaissent pour autant des relations sociales extra-étatiques. Il serait naïf de l'imaginer ou de le croire. Ce serait avoir une « représentation idyllique du fonctionnement des sociétés issues de ce procès »[124], en s'imaginant que, la violence « pure et simple » ou « physique » ayant été disqualifiée, les relations sociales s'inscrivent désormais sous la règle de l'harmonie et de l'entente. Weber, qui a défini l'État comme ayant le monopole de la violence légitime, n'a pas eu une telle conception angélique. Car, même en régime démocratique, « la domination, et la contrainte qui lui est inhérente, n'est pas un résidu de conditions sociales pré-démocratiques, mais une composante essentielle de leur structure propre »[125].

Si telle est la situation, quel est le rôle du philosophe ? Est-il acculé au dilemme de la critique sociale (dénoncer la domination) ou de l'entreprise de justification (justifier la domination) ? Il faut peut-être simplement reconnaître que la justification inclut toujours un moment volontariste : un choix d'une définition de l'humanité de l'homme, c'est-à-dire une définition de la « personne ». Les formes de contraintes qui portent atteinte aux *droits* qui découlent de cette définition sont donc considérées comme illégitimes, et par conséquent condamnables. Cette définition est bien sûr un choix parce qu'aucune analyse empirique ou rationnelle ne peut fixer le point de clivage entre formes violentes et formes non violentes de la socialité d'une manière qui soit soustraite à toute contestation possible, actuelle ou future. Toutefois, il appartient à la raison de circonscrire le champ du pensable et donc des possibles, ce qui veut dire que tout n'est pas joué d'avance. C'est la raison pour laquelle M. Troper écrit :

---

[123] M. TROPER, « Le monopole de la contrainte légitime. Légitimité et légalité dans l'État moderne », dans *Lignes*, n° 25, 1995, p. 272.
[124] *Ibid.*, p. 272.
[125] *Ibid.*, p. 276-277.

> « La définition de l'humanité ne précède pas la politique pour lui servir de mesure, elle est elle-même un acte politique. Et cet acte politique est un acte moral (par lequel nous engageons notre responsabilité) parce qu'il est celui par lequel nous nous approprions une des possibilités ouvertes de notre temps. En d'autres termes, l'impossibilité de fixer pour toujours ce que sont violence illégitime ou contrainte inacceptable n'empêche pas qu'une philosophie politique authentique doive se prononcer à ce propos, c'est-à-dire inclure, comme partie fondatrice, une philosophie du droit. »[126]

Nous l'avons vu : à cause des différents usages du terme, de son équivocité et de son ambivalence, l'élucidation du concept de violence n'est pas une tâche facile. Et même si nous n'avons choisi de nous intéresser ici qu'à la violence politique, définir celle-ci et surtout la distinguer des autres formes de violence, comme la violence sociale, n'est pas plus aisé. Toutefois, ce qui fait que la violence politique soit considérée comme *politique*, c'est qu'elle n'est pas la violence des individus isolés, mais plutôt celle des groupes ou des nations partageant des objectifs communs et réunis autour d'une idéologie collective. Elle se présente généralement sous deux formes : la violence contre le pouvoir et la violence du pouvoir. La première, qui est une contestation du pouvoir, peut déboucher sur la violence révolutionnaire, tandis que la deuxième correspond à ce que l'on appelle « la violence de l'État ». La violence révolutionnaire est un refus du consentement à l'aliénation de la domination. Elle est un mode par lequel les peuples s'opposent aux abus du pouvoir de l'État. Le révolutionnaire croit que c'est en détruisant que l'on peut construire. Quant à la violence de l'État, c'est celle dont il a le monopole, soit pour la préservation des libertés et de l'ordre sur le plan intérieur, soit pour la défense de la souveraineté et des intérêts nationaux dans les relations avec les autres États. Qu'il s'agisse de la violence révolutionnaire ou de la violence de l'État, la grande question qui se pose est celle de la légitimité. Toute violence

---

[126]*Ibid.*, p. 278-279.

révolutionnaire est-elle légitime ? Toute violence de l'État est-elle légitime ? N'utilise-t-on pas parfois le nom de « révolution » comme prétexte pour cacher des revendications égoïstes, ou pour voler et piller ? N'arrive-t-il pas parfois à l'État d'abuser de ses moyens de violence pour réprimer ou étouffer toute contestation ? Bref, la même question revient : comment distinguer entre les violences légitimes et les violences illégitimes ? Ici apparaissent les faiblesses des définitions objectives qui se limitent à décrire la violence comme *fait*. Aussi convient-il de les compléter par des définitions où sont pris en compte des normes, des critères et des jugements des valeurs, de façon que le point de vue objectif et le point de vue subjectif se corrigent et se complètent l'un l'autre dans l'appréhension de la violence. Auquel cas l'on se rend compte qu'« il n'y a pas de discours ni de savoir universel sur la violence »[127].

Qu'il s'agisse de la violence contre le pouvoir ou de la violence du pouvoir, dans les deux cas la violence apparaît comme un moyen que l'on utilise pour atteindre des fins que l'on vise. Il nous faut souligner ici la pertinence de l'analyse de Hannah Arendt qui a insisté sur l'instrumentalité comme trait spécifique de la violence. Nous pouvons donc dire que, en soi, la violence n'est rien ; elle « n'est ni un moyen fondamentalement pervers ni une force purificatrice : elle peut servir toutes les causes [...]. Du point de vue adopté ici, il n'y a pas plus de violence pure que de violence scandaleuse, elle n'est ni sainte ni déshonorante : elle vaut ce qu'elle rapporte et ce qu'elle produit »[128]. Du moment que l'on fait entrer la violence dans la perspective d'une action instrumentale, elle peut donc recevoir des valorisations diverses et ces valorisations ne sont pas immuables. Ce processus de rationalisation de la violence produit les discours variés que l'on tient sur elle. Ces discours sont autant de philosophies de la violence, qui, en tant que telles, « organisent les représentations du monde, commandent des prises de parti, mettent en

---

[127] Y. MICHAUD, *La violence*, Paris, PUF, 1986, p. 13.
[128] *Ibid.*, p. 56-57.

mouvement des comportements, servent à légitimer ou à condamner »[129]. C'est ainsi que, comme nous l'avons vu, Machiavel fait la différence entre des violences qui construisent et des violences qui détruisent. Machiavélien, Merleau-Ponty justifie, dans *Humanisme et terreur*, la violence du communisme en lui accordant un caractère progressif parce que sa finalité c'est l'humanisme, mais il en condamnera l'institutionalisation. Hannah Arendt, qui écrit contre la violence voit cependant dans l'immédiateté de la fureur la seule violence *justifiable* : « Nous ne manifestons une réaction de fureur que lorsque notre sens de la justice est bafoué [...]. On peut se trouver, dans la vie publique comme dans la vie privée, en face de situations où la rapidité même d'un acte violent peut constituer la seule réponse appropriée [...]. L'important est qu'en certaines circonstances la violence — l'acte accompli sans parler et sans réfléchir aux circonstances — devient l'unique façon de rééquilibrer les plateaux de la justice »[130]. Comme on peut le remarquer : il est vrai que les faits et phénomènes de la violence ont leur importance, mais, « la violence ce sont non seulement des faits mais tout autant nos manières de les appréhender, de les juger, de les voir — ou de ne pas les voir »[131]. Aussi Yves Michaud fait-il cette remarque importante :

> « La diversité et l'indéfinissabilité du concept de violence ne sont nullement accidentelles mais inhérentes à un type de notion qui polarise la diversité conflictuelle des évaluations sociales : les mêmes faits ne sont pas

---

[129] *Ibid.*, p. 117-118.

[130] DMV, p. 162-163. L'accent est mis ici par Arendt sur l'immédiateté et la promptitude avec lesquelles on réagit face à des situations révoltantes. La fureur éclate alors comme une émotion humaine naturelle en face du sens de la justice bafoué. Il ne s'agit pas d'un sens de justice qui est objet d'une évaluation réfléchie car l'on retomberait ainsi dans le calcul et la sinuosité des intentions et dans la problématique de la fin et des moyens. En effet, si l'on se met à évaluer, à calculer, cette évaluation entraîne la récupération et la perversion de l'émotion humaine naturelle qui tombe alors dans son contraire, c'est-à-dire l'insensibilité du calcul. Autrement dit, la fureur « devient "irrationnelle" au moment même où elle est "rationalisée" » (DMV, p. 166).

[131] *Ibid.*, p. 119.

appréhendés ni jugés selon les mêmes critères. L'usage d'un tel concept suppose la référence à des normes qui peuvent n'être pas partagées par tous. »[132]

La violence est donc un phénomène ambivalent. Cette ambivalence se manifeste par ses effets contrastés sur le plan politique car, s'ils sont destructeurs, ils peuvent aussi être fondateurs. C'est la raison pour laquelle la violence est tantôt condamnée, tantôt justifiée. D'où cette tentation toujours présente de nommer différemment la violence selon qu'on la légitime ou selon qu'on la condamne, selon qu'on la pratique ou selon qu'on en est victime. La grande question que le philosophe doit poser est celle de savoir à partir de quel point de vue, sur le fondement de quels critères se fait cette évaluation. L'équivocité du terme atteint également le discours qui en élabore l'évaluation.

Étienne Balibar nous aide à réfléchir sur cette équivocité de la violence politique à partir de son commentaire de cette phrase de Jacques Derrida : « La non-violence est en un sens la pire des violences »[133]. Ce « en un sens » signifie justement qu'il y a une équivocité politique des figures de la violence, de même qu'il y a une équivocité de la politique lorsqu'elle est confrontée à la violence. La question « comment sortir de la violence ? » ou « pouvons-nous sortir de la violence ? » place le philosophe dans une situation de non-savoir et de triple embarras. D'abord l'embarras du désespoir parce que « la politique, en tant qu'elle présuppose et présume ainsi le politique (l'ordre autonome du politique), est d'abord la négation, la "relève" de la violence. Mais si la violence ne peut pas être relevée, ou si, pis encore, les moyens et les formes de cette relève apparaissent, non pas de façon contingente mais de façon essentielle, comme des moyens et des formes de sa continuation, s'il y a par conséquent une perversité intrinsèque

---

132 *Ibid.*, p. 120.

133 J. DERRIDA cité par E. BALIBAR, *Violence et civilité. Wellek Library Lectures et autres essais de philosophie politique*, Paris, Éditions Galilée, 2010, p. 17.

du politique, alors *la* politique devient désespérée et désespérante. »[134]. Ensuite l'embarras de l'équivocité. En effet, si la politique se présente comme relève, c'est parce que la notion de violence à laquelle nous nous référons est à la fois collectivisante et distributive, c'est-à-dire qu'elle réunit sous une catégorie unique toutes les formes hétérogènes de violence. « Or, écrit Balibar, cette figure unifiante-distributive de la violence, qui est comme l'anticipation de sa négation, est en échec dès que nous sommes confrontés à l'équivocité, à la dissémination et à l'ambivalence des formes de violence »[135]. Enfin, l'embarras du choix entre les différentes sortes de négation de la violence que sont l'anti-violence, la contre-violence et la non-violence. L'anti-violence est le geste du « faire face » à la violence, de l'intérieur de la cité ou de la communauté. La contre-violence est le geste de retourner une seconde violence, considérée comme légitime, contre une première jugée illégitime. La non-violence est le geste de se détourner, de s'excepter, voire de se protéger de la violence. A quelles conditions est-il possible de penser une politique qui ne soit ni l'abstraction de la violence (non-violence) ni son retournement (contre-violence), mais une réponse ou un déplacement internes (anti-violence) ? Cette question est importante : elle ouvre des perspectives d'une réflexion sur une action politique qui recherche spécifiquement une telle « anti-violence ».

Penser la politique par-delà l'alternative de la non-violence et de la contre-violence c'est élaborer un concept de la politique comme ce qui *contient* la violence au double sens du terme, c'est-à-dire ce qui la comprend en elle et ce qui la limite. Ce qu'on placerait au cœur d'un tel concept, ce n'est pas l'idée que la politique relève de l'idéal. Ce n'est même pas l'idée que la politique est rare. L'idée de la politique comme idéal situé par-delà le règne de la nécessité ou celle de la politique comme événement rare sont liées à des visions eschatologiques, même laïcisées, de son temps et de son lieu. Par contre, la conception

---

[134] E. BALIBAR, *Violence et civilité, op. cit.,* p.18-19.
[135] *Ibid.*, p.19.

d'une action politique qui soit une anti-violence se base sur l'idée que la politique est « précarité » – Hannah Arendt parlerait de la « fragilité des affaires humaines ». L'idee de la précarité semble pouvoir être associée à une modalité de contingence qui inscrit, en quelque sorte, le risque et la discontinuité dans le quotidien, ou peut-être mieux encore, dans la quotidienneté du conflit[136].

5.5. Conclusion

Merleau-Ponty et Machiavel cherchent tous les deux à tenir ensemble violence et coexistence. Sans être des théoriciens de la violence pour la violence, ils affirment que la politique contient en elle la violence, ou, en d'autres termes, la lutte elle-même est coexistence. Si l'on veut entrer dans le milieu propre de la politique, mieux vaut regarder cette vérité en face. Sur ce point, Merleau-Ponty est clairement « machiavélien » car l'œuvre du Florentin inspire tout un versant de sa philosophie politique. Il n'en va pas de même pour Hannah Arendt qui accuse Machiavel de concevoir l'acte de fondation sous le modèle de la fabrication et de justifier ainsi l'emploi de la violence. Comment expliquer cette divergence entre le philosophe français et la philosophe allemande, deux penseurs qui appartiennent à une même tradition phénoménologique et dont la pensée est profondément marquée par la même expérience tragique des événements du XXe siècle ? L'un et l'autre conçoivent différemment l'action et le rapport entre la philosophie de l'histoire et la politique. Pour Arendt, l'action est commencement, inauguration de la nouveauté. Ainsi, c'est l'action politique qui donne son sens à l'histoire. C'est la confusion entre l'histoire et la politique qui est à l'origine de l'oubli et de la dégradation du proprement politique. Tout autre est le point de vue de Merleau-Ponty. Refusant toute idée de l'action pure qu'il considère comme un mythe, l'action est pour lui prolongement, reprise et achèvement d'un sens qui vient d'ailleurs. L'histoire est un milieu impersonnel et c'est elle qui

---

136 *Ibid.*, p.147-148.

donne sens à l'action politique. Aussi Merleau-Ponty pense-t-il, à l'époque de l'attentisme marxiste, qu'il faut une philosophie de l'histoire pour comprendre l'action politique. Mais, quand il récuse le marxisme, il comprend que ce n'est pas à l'histoire d'éclairer la politique, mais à la politique d'éclairer l'histoire. En critiquant Marx, c'est de Machiavel que Merleau-Ponty et Arendt font l'éloge pour la pertinence de sa conception de l'action, une action dont la contingence ne peut être ni dépassée ni limitée.

Si la question de la violence divise à ce point les deux philosophes, cela ne tient-il pas au fait que la réalité qu'il cherche à comprendre est une réalité paradoxale ? Arendt et Merleau-Ponty sont penseurs du paradoxe ; c'est une des raisons pour lesquelles ils sont contre la métaphysique traditionnelle. La violence politique est ambiguë : Merleau-Ponty justifie la violence communiste qu'il considère comme progressive, mais il en condamne l'institutionnalisation ; Arendt condamne toute violence, mais elle est confrontée à l'ambiguïté et l'équivocité de la violence révolutionnaire. Le politique se présente donc sous plusieurs perspectives : c'est une réalité paradoxale où rationalité et irrationalité s'interpénètrent. N'est-ce pas une raison qui invite à l'élaboration d'un concept du politique qui, à la différence du concept normatif auquel nous sommes trop habitués, intègre la fragilité et la précarité des affaires humaines ? L'action humaine, en tant qu'action politique de la pluralité, édifie le monde, mais elle est aussi capable de le détruire. Le bien et le mal chevauchent ensemble. Qu'est-ce qui est ? Qu'est-ce qui doit être ? Doit-on donner la priorité à ce qui est ou à ce qui doit être ? Réfléchir sur la politique, pour un philosophe, ce n'est pas seulement décrire, c'est aussi juger, évaluer. Le geste philosophique, le geste politique et le geste éthique ne se confondent pas, mais ils ne s'excluent pas non plus. De l'harmonieuse articulation entre les trois, dans le respect de la différence et de la spécificité de chacun, résulte le sens. Réfléchir sur la violence politique, chercher à découvrir le sens d'un phénomène aussi équivoque et paradoxal, demande que l'on tienne compte de cette articulation.

CONCLUSION

La violence est une réalité complexe est multiforme ; sa notion se trouve au carrefour de plusieurs disciplines. L'ubiquité du terme, son équivocité et son inflation n'en rendent pas facile l'interprétation. Penser philosophiquement la violence politique, c'est d'abord dire en quoi elle est « politique », c'est ensuite expliquer sa nature, son origine, ses effets et son sens. Nous avons essayé de comprendre la violence à partir de la pensée de Maurice Merleau-Ponty et de Hannah Arendt, deux philosophes contemporains, à la fois proches et opposés, aux problématiques et intentions philosophiques différentes. Réfléchissant sur la politique et sur le mal politique au XXe siècle, ils ont été inévitablement confrontés à la question de la violence, comme ils l'ont été dans l'expérience de leur vie. Avec un sens aigu de l'expérience et des événements, leur réflexion philosophique nous conduit, à travers cette question, au cœur de la nature problématique des rapports entre la philosophie et la politique et au cœur de la nature paradoxale du politique lui-même.

La philosophie n'est pas la politique ; le discours philosophique est différent de l'action politique. Mais si les deux domaines sont différents, ils ne manquent pas d'entretenir un rapport. Aussi, dans son souci de comprendre tout le réel, la philosophie fait-elle de la politique son objet. Une philosophie politique vraie est celle qui respecte et la spécificité de la philosophie et la spécificité de la politique. C'est dire, en d'autres termes, qu'en s'intéressant à un domaine qui a ses propres exigences, elle ne renonce pas aux exigences mêmes de la philosophie. Ici, la figure de Socrate a une valeur exemplaire : il est le modèle du penseur politique qui ne renonce ni à la vérité ni à la cité ; il est à la fois philosophe et citoyen. La spécificité du politique exige non seulement un discours qui la respecte, mais aussi une morale qui fasse de même. Car, la morale politique ne tire pas ses valeurs d'un quelconque absolu, mais plutôt de la nature du politique. Ici, c'est à Machiavel que l'on se réfère : respectueux de la vérité effective des choses politiques, il ne parle pas du bien et du mal abstraitement, mais dans le contexte et en rapport avec la grandeur politique et le bien commun. Les deux figures, celle de Socrate et celle de Machiavel, se trouvent évoquées par Merleau-Ponty et Arendt quand ils parlent philosophiquement de la politique et quand ils pensent l'action politique.

Sur cette dernière, une grande divergence apparaît entre le philosophe français et la philosophe allemande quant à la compréhension de la violence et au sens à lui donner. Si pour l'un, la violence fait partie du politique et est notre lot en tant que personnes incarnées, pour l'autre, elle est antipolitique : muette, individuelle et instrumentale, elle est tout le contraire du pouvoir. Cette divergence, voire opposition, qui s'enracine dans deux visions et deux problématiques différentes, s'explique aussi par deux façons différentes de concevoir l'action politique ainsi que le rapport entre la politique et l'histoire. L'étude comparative que nous avons menée entre les deux philosophes sur cette question précise ne servirait qu'à peu de choses si elle ne consistait qu'à faire le relevé des convergences et divergences ou à apprécier la justesse de telle ou telle position. Elle nous a plutôt donné d'apprécier la solidité des deux démarches différentes, et des deux « styles » philosophiques différents issus du lien qui relie l'ontologie à la philosophie politique. Le fait que celle-ci porte sur un domaine qui est par nature paradoxal interdit toute confiscation du sens et tout monopole de vérité. En d'autres termes, le domaine des affaires humaines est ouvert à une multiplicité de sens que le philosophe est appelé à recueillir et à méditer : un paradoxe n'est pas un problème à résoudre, il est un sens à expliciter.

En fait, la question de la violence nous dévoile à sa manière la nature paradoxale du politique en tant qu'il est essentiellement lié à la pluralité : il n'y a de politique que là où il y a pluralité. Aussi Arendt fait-elle de cette dernière non seulement la *conditio sine qua non* mais la *conditio per quam* de la politique, et Merleau-Ponty partage la même conviction parce que le perçu est ce qui se donne dans une pluralité de perspectives. Pour l'un comme pour l'autre, la phénoménalité du politique implique nécessairement la pluralité. Cette pluralité fonde le paradoxe du politique qui est le « mélange » à la fois du rationnel et de l'irrationnel, de la lumière et des ténèbres, du bien et du mal, et qui nous révèle en même temps la grandeur et la petitesse de l'homme dans la mesure où il est capable du meilleur comme du pire. Au concept normatif du politique auquel nous sommes trop habitués, peut-être convient-il de substituer un autre qui assume pleinement la fragilité et la précarité de l'action humaine. Ni ange ni bête, l'homme est tout simplement homme, et cela de tout temps et en tout lieu.

Cette dernière considération fait que nous ne pouvons pas terminer cette étude sans dire un mot sur le continent africain où la violence est visible partout. Que ce soit à l'occasion de la soutenance d'une thèse de doctorat ou lors de la publication d'un livre, il n'est pas rare d'entendre demander au jeune chercheur africain : « Avez-vous parlé de l'Afrique ? » ou encore : « Que pensez-vous de telle ou telle situation en Afrique ? ». Certains vont même jusqu'à vous demander pourquoi vous n'avez pas travaillé sur un thème « africain » ou sur des auteurs « africains » ! Si cette préoccupation peut être guidée par le souci légitime de voir le jeune chercheur africain se consacrer aux problèmes et réalités de son continent, elle ne manque pas de cacher un non dit à tout le moins faux épistémologiquement : les africains ne peuvent mieux parler que de l'Afrique, ou, il n'y a que des africains qui peuvent mieux parler de l'Afrique. La fausseté de ce préjugé se fonde sur la revendication d'une « altérité » ou une « spécificité » qui instaurent comme une barrière entre les cultures. C'est ainsi que l'on voit des africanistes (africains et non africains) se cantonner à cette altérité et élaborer sur l'Afrique des thèses simplistes aux dépens de la rigueur méthodologique. C'est pourquoi, dans son article « Pouvoir, violence et accumulation » où il réfléchit sur les causalités entre le pouvoir, la violence et l'accumulation en Afrique post-coloniale, Achille Mbembe fait remarquer à juste titre que la « crise » de l'Afrique ne saurait être pensée en dehors de la « crise » des discours sur l'Afrique [481]. Il fait aussi remarquer dans le même article que « le thème de la violence a été l'un des plus maltraités des études africaines »[482].

Il en découle que, pour penser la violence en Afrique, un changement de perspective est nécessaire : il exige que le politique de l'Afrique soit d'abord traité de façon « classique », c'est-à-dire comme est traité le politique de partout ailleurs, en renonçant aux grilles de lecture fondées sur des idées reçues, comme celle par exemple qui voit l'Afrique comme un continent qui a toujours été sujet à la violence et à la barbarie congénitales, stoppées pour un moment pendant la « paix coloniale », et qui reviennent en force après les indépendances. Le simplisme d'une telle lecture est patent, tant il se plaît à oublier les ravages que la violence a fait aussi sous d'autres cieux, et, pour ne citer que le cas de l'Occident : les atrocités des guerres de religion, la Guerre de Trente ans, la dévastation du Palatinat par les troupes de Louis XIV en 1689, l'épopée napoléonienne, la Guerre de Sécession, sans oublier les deux guerres mondiales et l'horreur de la *Shoah*. Et nul ne peut soutenir qu'à ce jour la violence est extirpée des sociétés occidentales. Expliquer la violence en Afrique par la seule « altérité » est méthodologiquement stérile, comme l'est le fait de dresser le catalogue de la comptabilité des crimes, massacres, génocides et horreurs que connaît le continent noir. Ni l'un ni l'autre n'explique rien sur l'origine de cette violence. C'est pourquoi, lier la question de la violence à l'analyse classique du politique, c'est la rattacher à la question du pouvoir et de l'État en Afrique. Nous l'avons vu avec Hannah Arendt : la violence n'est ni irrationnelle ni apolitique ; comme le pouvoir, elle fait partie du domaine des affaires humaines. Sa compréhension, aussi bien en Afrique qu'ailleurs, exige donc que nous nous placions sur le terrain politique. Une analyse classique du politique sauve le discours sur l'Afrique aussi bien

---

481 A. MBEMBE, « Pouvoir, violence et accumulation », dans *Politique africaine*, n° 39, 1990, p. 8.
482 *Ibid.*, p. 18.

des schémas simplistes qui ne la conçoivent que comme une altérité que des schémas de développements téléologiques [483].

La pensée de Merleau-Ponty et Hannah Arendt que nous venons d'étudier, bien que profondément ancrée dans un contexte historique et un univers culturel particuliers, aborde le politique comme une dimension fondamentale de l'homme, de tout homme. Et l'étude du politique est inséparable de celle du pouvoir car il y a pouvoir là où il y a une communauté politique, et il y a communauté politique là où les hommes se rassemblent en vue de constituer entre eux une histoire commune, c'est-à-dire pratiquement sous tous les cieux et de tout temps. La question de la violence est ainsi liée à celle du pouvoir et de l'organisation du vivre-ensemble, car la violence reste une modalité de l'action politique même si elle trouve ses limites dans ce qui constitue ses caractéristiques propres comme nous l'avons vu avec Arendt. Même Habermas, qui reproche à cette dernière de négliger les éléments stratégiques du pouvoir, ne réduit pas le pouvoir à la violence. C'est dire que nous trouvons chez Arendt ce souci permanent de nous dire l'essence du politique, l'essence du pouvoir, et c'est à partir de cette essence que l'on comprend l'irréductibilité du pouvoir à la violence.

Deux enseignements trouvés dans la pensée de Merleau-Ponty et Arendt sur la violence méritent d'être ici rappelés et soulignés, tant ils sont particulièrement éclairants pour comprendre la violence politique en Afrique contemporaine qui s'explique en grande partie par la nature du système étatique. Il s'agit d'abord de l'envahissement de la sphère politique par les nécessités de la sphère de la vie comme source de violence. L'exercice des charges politiques ou des charges d'État est perçu en Afrique comme l'occasion d'accéder à la richesse, à la puissance, au bien-être, bref comme voie d'accès à la réussite sociale, dans la mesure où toute richesse essentielle transite par l'État. Cette conception « consommatrice » de la politique

---

[483] P. CHABAL, « Pouvoir et violence en Afrique postcoloniale », dans *Politique africaine*, n° 42, 1991, p.53-54.

débouche sur la violence. Elle dévoile un aspect fondamental de la nature du système étatique africain source de conflits et de violence dont traitent J.-F. Bayart et A. Mbembe dans leurs ouvrages [484] quand ils parlent de la « politique du ventre » ou de la « gouvernementalité du ventre », c'est-à-dire de l'État comme lieu d'enrichissement. En clair, l'on fait la politique pour s'enrichir, pour son ventre, pour « manger ». Or, Arendt n'a cessé de le souligner, l'envahissement du domine public par les nécessités et les soucis de la sphère privée est, où qu'il soit, porteur de violence.

Le deuxième enseignement est relatif à la prétention de détenir le monopole de la vérité. En effet, cette prétention est porteuse de violence parce qu'elle tend à réduire la pluralité d'opinions sous la dictature de la seule Vérité que détiendrait l'État. Achille Mbembe parle de « l'État-théologien », c'est-à-dire de l'État comme détenteur du monopole de la vérité. Or, la dictature de la vérité est tyrannique : Platon a soutenu les tyrans et Heidegger a été un adhérent du parti nazi. Avec Merleau-Ponty, nous avons vu comment la violence théorique du communisme a précédé et préparé la violence sur les corps. L'espace publique est par essence un espace de pluralité : pluralité d'opinions, de partis, d'ethnies, etc. Toute tentative de réduire cette pluralité entraîne la violence. C'est ce qui arrive quand les États africains deviennent énonciateurs de la vérité, despotes éclairés, lumières aussi bien pour la tradition que pour la modernité. Et, parce que le Président et les agents de l'État « savent tout », ils bâillonnent les autres et les empêchent de parler, surtout si ce sont des opposants. Ainsi naissent le culte

---

[484] Voir A. MBEMBE, *Afriques indociles. Christianisme, pouvoir et état en société post-coloniale*, Paris, Karthala, 1988 ; J.-F., BAYART, *L'État en Afrique*, Paris, Fayard, 1989. En novembre 2011 se sont tenues en République Démocratique du Congo des élections législatives. Pour 500 sièges au Parlement, il y a eu au total 6299 candidats ! Ceci est facile à comprendre : dans un pays où le taux de chômage est estimé à 85 % et où 80% de la population vivent avec moins de deux dollars par jour, où les fonctionnaires gagnent un salaire de misère payé d'ailleurs irrégulièrement, les parlementaires « gagnent » 6000$ par mois, soit 10 fois plus que les professeurs, médecins et autres fonctionnaires de l'État.

du chef, les idéologies monolithiques, les partis uniques, les services de sécurité et de renseignement omniprésents, etc. Pareil contrôle quasi totalitaire des enjeux symboliques du pouvoir engendre des « présidents à vie », « guides éclairés » et « sauveurs » qui se croient investis d'une mission presque divine ; il empêche toute éventualité d'alternance, provoque des frustrations et incite à des violences radicales porteuses d'intégrismes idéologiques aussi virulents.

Si certains sociologues et historiens parlent du rôle historique de la violence, il importe de ne pas renverser les causalités. Dans le cas du capitalisme par exemple, ce n'est pas la violence qui a donné naissance à ce dernier ; mais la montée et l'expansion du capitalisme se sont faites dans la violence. Il n'y a pas un rapport de causalité ; c'est une donnée historique. Dans son analyse de l'impérialisme, nous l'avons vu, Arendt montre comment la bourgeoisie a utilisé toute la violence dont elle disposait pour atteindre ses propres objectifs économiques et comment la violence et le pouvoir sont devenus des buts conscients du corps politique. La question qui se pose alors est : la violence en Afrique est-elle productive ? Pour qui ? Si certains groupes de personnes ou d'hommes d'État en vivent, il n'en est pas ainsi pour le peuple qui en est souvent victime. Aussi les expressions telles « guerres de libération » ou « guerres révolutionnaires » sont-elles à réexaminer quand on voit la cohorte de violence et de terreur que ces guerres entraînent. Arendt définit la révolution comme l'instauration d'un ordre radicalement nouveau par l'institution d'un espace de liberté. Or, en Afrique, si les régimes changent, le « système » reste le même, les nouveaux venus reconduisant les mêmes pratiques que celles qu'ils ont combattues. Peut-on en ce cas parler de révolution ? De telles violences sont-elles « productives » ? Quel ordre radicalement nouveau apportent-elles sur la scène politique africaine ?

La violence en Afrique n'est ni congénitale ni pathologique : c'est un phénomène politique qui doit être compris par une analyse classique du politique car, en Afrique comme ailleurs, la violence est liée à la naissance et à la sédimentation sociopolitique de l'État-nation moderne. Les clichés simplistes et les idées reçues qui ne tendent à l'expliquer que par l'altérité ou que par ses racines historiques (esclavagisme, colonisation, néo-colonisation, etc.) démontrent la « crise » de certains discours sur l'Afrique. Pénétrer plus avant la réalité de ce qu'est la violence aujourd'hui, aller au fond des choses est plus important que se limiter au spectaculaire, à l'émotionnel et à la simple comptabilité des faits de violence sur le continent noir. L'on gagnerait plus méthodologiquement et épistémologiquement à comprendre la violence dans l'Afrique contemporaine en rapport avec les concepts classiques de politique, gouvernement, pouvoir, État. Ce n'est pas nier les particularismes du politique africain – qui existent, comme existent d'autres particularismes –, mais il nous semble que ceux-ci sont mieux compris quand ils sont situés dans une approche universelle. Parce que le monopole de la violence légitime a toujours fait partie des attributs classiques de l'État, la fragilité, la faillite politique et administrative des États sont pour une grande partie responsables des violences que connaît aujourd'hui le continent africain. Si Achille Mbembe affirme que le thème de la violence en Afrique est l'un des plus maltraités des études africaines, nous n'avons pas la prétention d'avoir tout dit ni de clore le débat. Pointer du doigt la crise et les insuffisances de certains discours, c'est plutôt ouvrir le débat sur les méthodes d'approche d'une réalité aussi complexe.

BIBLIOGRAPHIE

1. ÉCRITS DE HANNAH ARENDT

ARENDT, H., *Essai sur la révolution*, Paris, Gallimard, 1967.
— *Condition de l'homme moderne*, Paris, Calmann-Lévy, 1983.
— *Du mensonge à la violence. Essais de politique contemporaine*, Paris, Calmann-Lévy, 1972.
— *Qu'est-ce que la politique* ? Paris, Seuil, 1995.
— *La tradition cachée. Le juif comme paria*, Paris, Christian Bourgois Éditeur, 1987.
— *La vie de l'esprit*, Paris, PUF, 1981.
— *Vies politiques*, Paris, Gallimard, 1974.
— *Les origines du totalitarisme* suivi de *Eichmann à Jérusalem*, Paris, Gallimard, 2002.
— *Journal de pensée (1950-1973)*, Paris, Seuil, 2005.
— *Juger. Sur la philosophie politique de Kant*, Paris, Seuil, 1991.
— *La crise de la culture*, Paris, Gallimard, 1972.
— *La nature du totalitarisme*, Paris, Payot, 1990.
— *Les origines du totalitarisme. L'impérialisme*, Paris, Fayard, 1982.
— *Les origines du totalitarisme. Sur l'antisémitisme*, Paris, Calmann-Lévy, 1973.
— *Les origines du totalitarisme. Le système totalitaire*, Paris, Seuil, 2002.
— *La philosophie de l'existence et autres essais*, Paris, Payot, 2000.
— « Philosophie et politique », dans *Les Cahiers du Grif*, n° 33, 1986, p. 85-94.
— « Seule demeure la langue maternelle » (Entretien télévisé avec Günter Gauss), dans *Esprit*, n° 6, 1980, p. 19-38.
— « Compréhension et politique », dans *Esprit*, 6, 1980, p. 66-79.
— « Travail, œuvre et action », dans *Études phénoménologiques*, 2, 1985, p. 3-26.
— ARENDT, H., JASPERS, K., *Correspondance*, Paris, Payot & Rivage, 1995.

2. ÉCRITS SUR H. ARENDT

ABENSOUR, M., « Comment penser le politique selon Hannah Arendt ? », dans *La question de l'État*, Paris, Denoël, 1989, p. 183-208.

— « Hannah Arendt contre la philosophie politique ? », dans TASSIN, E., (dir.), *Hannah Arendt. L'humaine condition politique*, Paris, L'Harmattan, 2001, p. 11-46.

— *Hannah Arendt contre la philosophie politique ?* Paris, Sens&Tonka, 2006.

ADLER, L., *Dans les pas de Hannah Arendt*, Paris, Gallimard, 2005.

AMIEL, A., *Hannah Arendt : Politique et événement*, Paris, PUF, 1996.

— *La non-philosophie de Hannah Arendt. Révolution et jugement*, Paris, PUF, 2000.

— *Le vocabulaire de Hannah Arendt*, Paris, Ellipses, 2007.

AUDETAT, M., « Pouvoir, sciences et techniques, violence, guerre totale et d'anéantissement », dans CARLOZ-TSCHOPP, M.-C., (éd.), *Lire Hannah Arendt aujourd'hui. Pouvoir, guerre, pensée, jugement politique,* Paris, L'Harmattan, p. 359-362.

BERNS, T., « Violence et fondation chez Hannah Arendt », dans *Cadernos de filosofia* (*Hannah Arendt and the Political*), 19-20, 2006, p. 59-67.

CALOZ-TSCHOPP, M.-C. (éd.), *Lire Hannah Arendt aujourd'hui. Pouvoir, guerre, pensée, jugement politique*, Paris, L'Harmattan, 2008.

CANOVAN, M., « Socrates or Heidegger ? Hannah Arendt's Reflexions on Philosophy and Politics », dans *Social Research*, 57, 1, 1990, p. 135-165.

— *The political thought of Hannah Arendt : the thought of the public word*, New-York, St Martin's Press, 1979.

CEDRONIO, M., *Hannah Arendt : politique et histoire. La démocratie en danger*, Paris, L'Harmattan, 1994.

COLLIN, F., « A propos de philosophie et politique », dans *Cahiers du Grif*, n° 33, 1986, p. 95-96.

— « Du privé et du public », dans *Cahiers du Grif*, n° 33, 1986, p. 47-67.

— « N'être. Evénement et représentation », dans *Politique et pensée. Colloque Hannah Arendt*, Paris, Payot, 2004, p. 169-204.

COURTINE-DENAMY, S., *Hannah Arendt*, Paris, Hachette, 1997.

DELMAS, C., *Hannah Arendt. Une pensée trinitaire. Une nouvelle approche de son œuvre*, Paris, L'Harmattan, 2006.

DELRUELLE, E., *Le consensus impossible. Le différend entre éthique et politique chez H. Arendt et J. Habermas*, Bruxelles, Ousia, 1993.

ENEGREN, A., « Pouvoir et liberté. Une approche de la théorie politique de Hannah Arendt », dans *Études*, avril 1983, p. 487-500.

— « Révolution et fondation », dans *Esprit*, 6, 1980, p. 46-65.

— *La pensée politique de Hannah Arendt*, Paris, PUF, 1984.

ESLIN, J.-C., « L'événement de penser », dans *Esprit*, 6, 1980, p. 7-18.

— « Une loi qui vaille pour l'humanité », dans *Esprit*, 6, 1980, p. 41-45.

— *Hannah Arendt. L'obligée du monde*, Paris, Michalon, 1996.

EVEN-GRANBOULAN, G., *Une femme de pensée. Hannah Arendt*, Paris, Anthropos-Economica, 1990.

FERRY, J.-M., « Habermas critique de Hannah Arendt », dans *Esprit*, 6, 1980, p.109-124.

HABERMAS, J., « Le concept de pouvoir chez Hannah Arendt », dans Mana – Revue de sociologie et d'anthropologie, n° 10-11, 2002, p. 181-200.

KRISTEVA, J., *Le génie féminin. La vie, la folie, les mots*, vol. I : *Hannah Arendt*, Paris, Gallimard, 2003.

LEFORT, C., « Hannah Arendt et la question du politique », dans LEFORT, C., *Essais sur le politique. XIX*[e] *– XX*[e] *siècles*, Paris, Seuil, 1986, p. 64-78.

MEYER, K., « L'ambiguïté de l'*archein* : la violence prépolitique selon Arendt », dans CARLOZ-TSCHOPP, M.-C., (éd.), *Lire Hannah Arendt aujourd'hui. Pouvoir,* guerre, *pensée, jugement politique*, Paris, L'Harmattan, 2008, p. 73-79.

MUNSTER, A., *Hannah Arendt contre Marx ?* Paris, Hermann Éditeur, 2008.

MUNSYA MOLOMB'EBEBE, *Le paradoxe comme fondement et horizon du politique chez Hannah Arendt*, Bruxelles, De Boeck & Larcier, 1997.

PEETERS, R., « Against violence, but not at any price: Hannah Arendt's concept of power », dans *Ethical Perspectives : Journal of the European Ethics Network* 15, n° 2, 2008, p. 169-192.

REVAULT D'ALLONNES, M, *Ce que l'homme fait à l'homme. Essai sur le mal politique*, Paris, Flammarion, 1995.

— « Amor mundi : la persévérance du politique », dans *Politique et pensée. Colloque Hannah Arendt*, Paris, Payot, 2004, p. 55-81.

— « Le courage de juger », dans ARENDT, H., *Juger. Sur la philosophie politique de Kant*, Paris, Seuil, 1991, p. 222-244.

RICŒUR, P., « Pouvoir et violence », dans *Politique et pensée. Colloque Hannah Arendt*, Paris, Payot, 2004, p. 205-232.

ROVIELLO, A.-M., *Sens commun et modernité chez Hannah Arendt*, Bruxelles, Ousia, 1998.

TAMINIAUX, J., « Le paradoxe de l'appartenance et du retrait », dans *Politique et pensée. Colloque Hannah Arendt*, Paris, Payot, 2004, p. 121-143.

— *La fille de Thrace et le penseur professionnel. Arendt et Heidegger*, Paris, Payot, 1991.

TASSIN, E., (dir.), *Hannah Arendt. L'humaine condition politique*, Paris, L'Harmattan, 2001.

— « Pouvoir, autorité et violence. La critique arendtienne de la domination », dans GODDARD, J.-C. ; MABILLE, B., (dir), *Le pouvoir*, Paris, Vrin, 1994.

— *Le trésor perdu. Hannah Arendt – l'intelligence de l'action politique*, Paris, Payot, 1999.

VALLEE, C., *Hannah Arendt. Socrate et la question du totalitarisme*, Paris, Ellipses, 1999.

VILLA, D. R., *Arendt et Heidegger. Le destin du politique*, Paris, Payot, 2008.

WERNER, E., « Hannah Arendt et la violence », dans *Contrepoint*, n° 9, 1973, p. 29-37.

YOUNG-BRUEHL, *Hannah Arendt. Biographie*, Paris, Calmann-Lévy, 1999.

3. ÉCRITS DE MERLEAU-PONTY

MERLEAU-PONTY, M., *Signes*, Paris, Gallimard, 1960
— *Causeries 1948*, Paris, Seuil, 2002.
— *L'œil et l'esprit*, Paris, Gallimard, 1964.
— *La prose du monde*, Paris, Gallimard, 1969.
— *La structure du comportement*, Paris, PUF, 1942.
— *Les aventures de la dialectique*, Paris, Gallimard, 1955.
— *Parcours 1935-1951*, Lagrasse, Verdier, 1997.
— *Parcours deux 1951-1961*, Lagrasse, Verdier, 2000.
— *Phénoménologie de la perception*, Paris, Gallimard, 1945.
— *Résumés de cours. Collège de France 1952-1960*, Paris, Gallimard, 1968.
— *Éloge de la philosophie*, Paris, Gallimard, 1960.
— *Le visible et l'invisible*, Paris, Gallimard, 1964.
— *Sens et non-sens*, Paris, Gallimard, 1996.
—*Humanisme et terreur. Essai sur le problème communiste*, Paris, Gallimard, 1947.
— *Le primat de la perception et ses conséquences philosophiques*, Paris, Verdier, 1996.
— *La nature. Notes, cours du Collège de France*, Paris, Seuil, 1994.
— *L'union de l'âme et du corps chez Malebranche, Biran et Bergson. Notes prises au cours de Maurice Merleau-Ponty à l'Ecole Normale Supérieure (1947-1948)*, Paris, Vrin, 1968.
— *L'institution. La passivité. Notes de cours au Collège de France (1954-1955)*, Paris, Belin, 2003.

4. ÉCRITS SUR MERLEAU-PONTY

ALQUIE, F., « Une philosophie de l'ambiguïté. L'existentialisme de Merleau-Ponty », dans *Fontaine*, 59, 1947, p. 47-70.
AUBENQUE, P., « Dialectique et action. A propos des Aventures de la dialectique de M. Merleau-Ponty », dans EYSELE, C., CHATILLON, J., (dir.), *Aspects de la dialectique*, Paris, Desclée de Brouwer, 1956.

AYOUCH, T., « De la terreur au terrorisme : les aventures d'une philosophie de l'histoire chez Merleau-Ponty », dans *Topique*, n° 81, 2002.

BARBARAS, R., « Notices sur les œuvres de Merleau-Ponty », dans *Encyclopédie philosophique universelle. L'univers philosophique*, Paris, PUF, 1989.

— *De l'être du phénomène. Sur l'ontologie de Merleau-Ponty*, Grenoble, Million, 2001.

— *Le tournant de l'expérience. Recherches sur la philosophie de Merleau-Ponty*, Paris, Vrin, 1998.

— *Merleau-Ponty*, Paris, Ellipses, 1997.

BIMBENET, E., *Après Merleau-Ponty. Etudes sur la fécondité d'une pensée*, Paris, Vrin, 2011.

BONAN, R., (éd.), *Merleau-Ponty. De la perception à l'action*, Aix-en-Provence, Publications de l'Université de Provence, 2005.

— *L'institution intersubjective comme poétique générale. La dimension commune vol. 2*, Paris, L'Harmattan, 2001.

— *Le problème de l'intersubjectivité dans la philosophie de Merleau-Ponty. La dimension commune vol. 1*, Paris, L'Harmattan, 2001.

BORG, J. L., « Le marxisme dans la philosophie socio-politique de Merleau-Ponty », dans *Revue philosophique de Louvain*, 19, 1975, p. 481-509.

CLERO, J.-P., « Maurice Merleau-Ponty et la guerre », dans *Revue philosophique de la France et de l'étranger*, 3, 2002, p. 315-331.

CORCUFF, P., « Merleau-Ponty ou l'analyse politique au défi de l'inquiétude machiavélienne », dans *Les études philosophiques*, 2, 2001, p. 203-217.

DE SAINT AUBERT, E., *Du lien des êtres aux éléments de l'être. Merleau-Ponty au tournant des années 1945-1951*, Paris, Vrin, 2004.

— *Le scénario cartésien. Recherches sur la formation et la cohérence de l'intention philosophique de Merleau-Ponty*, Paris, Vrin, 2005.

— *Vers une ontologie indirecte. Sources et enjeux critiques de l'appel à l'ontologie chez Merleau-Ponty*, Paris, Vrin, 2006.

DE WAELHENS, A., *Une philosophie de l'ambiguïté. L'existentialisme de Maurice Merleau-Ponty*, Louvain-Paris, Nauwelaerts, 1978.

ESLIN, J.-C., « Critique de l'humanisme vertueux », dans *Esprit*, 6, 1982, p.7-20.
FLYNN, B.C., « The Question of Ontology : Sartre and Merleau-Ponty », dans *The Horizons of the Flesh*, ed. Garth Gillan, Carbondale, III, Southern Illinois Univ. Press, 1973, p. 114-127.
GREEN, A., « Du comportement à la chair : itinéraire de Merleau-Ponty », dans DE SAINT AUBERT, E., (dir), *Maurice Merleau-Ponty*, Paris, Hermann, 2008, p. 279-330.
INVITTO, G., « Merleau-Ponty et Machiavel », dans HEIDSIECK, F., (dir.), *Merleau-Ponty. Le philosophe et son langage, Recherches sur la philosophie et le langage*, n° 15, 1993, p. 169-181.
KRUKS, S., *The political philosophy of Merleau-Ponty*, New Jersey, Humanities Press, 1981.
LAGUEUX, M., « Y a-t-il une philosophie de l'histoire chez Merleau-Ponty ? », dans *Dialogue*, vol.5, n°3, p. 404-417.
LEFORT, C., *Sur une colonne absente. Écrits autour de Merleau-Ponty*, Paris, Gallimard, 1978.
MATSUBA, S., « L'ambiguïté de la liberté. La liberté, en particulier chez Leibniz, de Merleau-Ponty », dans HEIDSIECK, F., (dir.), *Merleau-Ponty. Le philosophe et son langage, Recherches sur la philosophie et le langage*, n° 15, 1993, p. 245-259.
— « The claim of universality and violence : Merleau-Ponty's theory of violence », dans *Analecta Husserliana*, 58, 1998, p. 175-185.
MONOD, J.-C., « Du "marxisme wébérien" au "nouveau libéralisme" : Weber dans *Les aventures de la dialectique* », dans *Les études philosophiques*, 2, 2001, p. 185-201.
PEILLON, V., *La tradition de l'esprit. Itinéraire de Maurice Merleau-Ponty*, Paris, Grasset, 1994.
REVAULT D'ALLONNES, « Merleau-Ponty : de la perception à l'action. Les conditions phénoménales de la politique », dans BONAN, R. (éd.), *Merleau-Ponty de la perception à l'action*, Publications de l'Université de Provence, 2005, p. 105-116.
— *Merleau-Ponty. La chair du politique*, Paris, Michalon, 2001.
RICOEUR, P., « Hommage à Merleau-Ponty », dans *Esprit*, n° 6, 1961, p.1115-1120.

SICHERE, B., « Quelques remarques sur la pensée politique de Merleau-Ponty », dans *Cahiers de philosophie politique et juridique de l'Université de Caen*, n°2, 1982, p. 183-193.
— *Merleau-Ponty ou le corps de la philosophie*, Paris, Grasset, 1982.

5. ÉTUDES SUR MERLEAU-PONTY ET ARENDT

ENEGREN, A., « Hannah Arendt lectrice de Merleau-Ponty », dans *Esprit*, 6, 1982, p. 154-155.
FLYNN, B.C., « The question of an ontology of the political : Arendt, Merleau-Ponty, Lefort », dans *International Studies in Philosophy*, vol. 16, n° 1, 1984, p. 1-24.
REVAULT D'ALLONNES, M., « Merleau-Ponty : de la perception à l'action. Les conditions phénoménales de la politique », dans BONAN, R., (éd.), *Merleau-Ponty. De la perception à l'action*, Publications de l'Université de Provence, 2005, p. 105-116.
— « Peut-on parler philosophiquement politique ? Merleau-Ponty et Hannah Arendt lecteurs de Machiavel », dans SFEZ, G., SENELLART, M., (dir.), *L'enjeu Machiavel*, Paris, PUF, 2001, p. 179-198.
— « Révolution et histoire chez Merleau-Ponty et Hannah Arendt », dans REVAULT D'ALLONNES, M., *La persévérance des égarés*, Paris, Christian Bourgois Éditeur, 1992, p. 245-266.
ROMAN, J., « Penser la politique sans philosophie de l'histoire : Arendt et Merleau-Ponty », dans *Traversées du XXe siècle*, Paris, La Découverte, 1988, p. 56-79.

6. AUTRES AUTEURS ET ÉCRITS

ARON, R., *Marxismes imaginaires. D'une sainte famille à l'autre*, Paris, Gallimard, 1970.
BALIBAR, E., *Violence et civilité. Wellek Library Lectures et autres essais de philosophie politique*, Paris, Éditions Galilée, 2010.
BOURDIEU, P., *Réponses*, Paris, Seuil, 1992.
BRAUD, P., *Violences politiques*, Paris, Seuil, 2004.
CESAIRE, A., *Discours sur le colonialisme*, Paris, Présence Africaine, 1955.

CHABAL, P., « Pouvoir et violence en Afrique postcoloniale », dans *Politique africaine*, 42, 1991, p.51-64.

CHESNAIS, J.-C., *Histoire de la violence*, Paris, Robert Laffont, 1981.

CHRETIEN, J.-P., « Les racines de la violence contemporaine en Afrique », dans *Politique africaine*, 42, 1991, p. 15-27.

CRETTIEZ, X., *Les formes de la violence*, Paris, La Découverte, 2008.

FERRO, M., « Le colonialisme, envers de la colonisation », dans FERRO, M., (dir.), *Le livre noir du colonialisme, XVIe – XXIe siècle : de l'extermination à la repentance*, Paris, Robert Laffont, 2003.

FRAPPAT, H., *La violence*, Paris, Flammarion, 2000.

GIRARD, R., *Des choses cachées depuis la Fondation du Monde*, Paris, Grasset, 1978.

— *La violence et le Sacré*, Paris, Grasset, 1972.

GODDARD, J.-C., MABILLE, B., (dir.), *Le pouvoir*, Paris, Vrin, 1994.

HABERMAS, J., *Théorie de l'agir communicationnel*, 2 vol, Paris, Fayard, 1987.

— *Théorie et pratique*, Paris, Payot, 2006.

— « Le concept de pouvoir chez Hannah Arendt », dans Mana – Revue de sociologie et d'anthropologie, n°10-11, 2002, p.184-200.

KAMBA, P. *Violence politique au Congo-Kinshasa*, Paris, L'Harmattan, 2008.

KAMBAYI BWATSHIA, *L'illusion tragique du pouvoir au Congo-Zaïre*, Paris, L'Harmattan, 2007.

KERVEGAN, J.-F., « Politique, violence, philosophie », dans *Lignes*, n° 25, 1995, p.57-69.

LEFORT, C., *Essais sur le politique XIXe – XXe siècles*, Paris, Seuil, 1986.

— *Le travail de l'œuvre Machiavel*, Paris, Gallimard, 1986.

MACHIAVEL, *Le Prince*, traduit de l'italien par Albert t'Serstevens, Librio, 1921.

— *Œuvres*, Paris, Robert Laffont, 1996.

MBEMBE, A., « Pouvoir, violence et accumulation », dans *Politique africaine*, 39, 1990, p. 7-24.

MICHAUD, Y., *La violence*, Paris, PUF, 1986.

— *Violence et politique*, Paris, Gallimard, 1978.

MWISSA KUYU, « La privatisation de la violence institutionnalisée au Zaïre », dans LE ROY, E., VON TROTHA, T., (dir.), *La violence et l'Etat. Formes et évolution d'un monopole*, Paris, L'Harmattan, 1993, p. 165-171.

PHARO, P., *L'injustice et le mal*, Paris, L'Harmattan, 1996.

PORTEE, A., VERGNIOUX, A., (dir.), *Où est le mal ? Tragique, éthique, politique*, Paris, L'Harmattan, 1994.

PRUNIER, G., « Violence et histoire en Afrique », dans *Politique africaine*, 42, 1991, p. 9-14.

REVAULT D'ALLONNES, M., *La persévérance des égarés*, Paris, Christian Bourgois, 1992.

RICOEUR, P., *Histoire et vérité*, Paris, Seuil, 1964.

— *Lectures 2. La contrée des philosophes*, Paris, Seuil, 1999.

— *Soi-même comme un autre*, Paris, Seuil, 1990.

SFEZ, G., « Machiavel et le mal dans l'histoire », dans *L'enjeu Machiavel*, Paris, PUF, 2001, p. 151-177.

— *Machiavel, la politique du moindre mal*, Paris, PUF, 1999.

— *Machiavel, le prince sans qualités*, Paris, Kimé, 1998.

— « Machiavel par-delà bien et mal ? », dans *Magazine littéraire*, n°397, 2001, p. 20-22.

SICHERE, B., « Quelques remarques sur la pensée politique de Merleau-Ponty », dans *Cahiers de philosophie politique et juridique de l'Université de Caen*, n°2, 1982, p.181-194.

VAUTRELLE, H., *Qu'est-ce que la violence*, Paris, Vrin, 2009.

WERNER, E., *De la violence au totalitarisme. Essai sur la pensée de Camus et de Sartre*, Calmann-Lévy, 1972.

— « Hannah Arendt et la violence », dans *Contrepoint*, n°9, 1973, p.29-37.

WIEVIORKA, M., *La violence*, Paris, Hachette Littératures, 2005.

LALANDE, A., *Vocabulaire technique et critique de la philosophie*, Paris, PUF, 2010.

RAYNAUD, P., RIALS, S., (dir.), *Dictionnaire de philosophie politique*, Paris, PUF, 1996.

7. DOCUMENTS CONSULTÉS EN LIGNE

BERNS, T., « Violence et fondation chez Hannah Arendt », Cadernos de filosofia (Hannah Arendt and the Political), 19-20, 2006, p. 59-67.

http://www.philodroit.be/spip.php?page=article&id_article=722&lang=fr .
BOLO, J., « Merleau-Ponty, *Humanisme et terreur*, 1947 », http://www.tameri.com/csw/exist/merleau.shtml .
LANG, A., « La part maudite du politique chez Machiavel » http://www.philosophie.ac-versailles.fr/bibliotheque/Machiavel.AL.lapart.pdf .
WAGNER, P., « La notion d'intellectuel engagé chez Sartre», *Le Portique*, Cahier 1, 2003, mis en ligne le 17 mars 2005 : http://leportique.revues.org/document381.html.

TABLE DES MATIERES

Philosophie
aux éditions L'Harmattan

Dernières parutions

ÉCONOMIE (L') À LA LUMIÈRE DES PHILOSOPHES
Eyene Mba Jean-Rodrigue-Elisée
Ce livre permet de comprendre que les tentatives des économistes contemporains pour disqualifier la philosophie du processus d'élaboration des modèles, des lois et des principes économiques sont vouées à l'échec. Elles omettent souvent le dénominateur commun de l'économie et de la philosophie : l'épanouissement de l'homme, le maintien de l'équilibre social. Les problèmes que traitent les philosophes relèvent du domaine de la vie pratique de la société dont l'économie n'est qu'un des éléments constitutifs.
(Coll. Philosopher en Afrique, 15.50 euros, 152 p.)
ISBN : 978-2-336-30160-0, ISBN EBOOK : 978-2-296-53723-1

GILLES DELEUZE : PHILOSOPHIE ET LITTÉRATURE
Pombo Nabais Catarina - Préface de Jacques Rancière
Cet ouvrage aide à pénétrer une pensée complexe, et tente de rendre Deleuze accessible. L'auteur a pu définir un accès sensible et raisonné à l'un de ces points privilégiés où la philosophie deleuzienne se construit hors d'elle-même en investissant un espace «non philosophique», celui de la littérature. Il ne peut être question de résumer un travail qui s'attache à suivre, à travers l'analyse fine de quelques singularités, toutes les transformations de la pensée deleuzienne de l'expérimentation littéraire, entendue comme expérimentation de vie.
(Coll. La philosophie en commun, 49.00 euros, 526 p.)
ISBN : 978-2-343-00949-0, ISBN EBOOK : 978-2-296-53833-7

EROS ET INFINI (Tome I)
Le monde, le sujet, le sens
Bailly Jean Jacques
Cet ouvrage constitue la première partie d'*Éros et Infini, Éthique de la temporalité.* L'auteur entreprend une philosophie de l'évènement, de la nouveauté et du sens, de l'éros et du désir, soutenue par une compréhension du temps comme retrait créateur. La confrontation aux grands maîtres conduit à de nouvelles interprétations des grandes questions philosophiques. Ce tome I traite de l'expérience du monde, de la question du sujet, ainsi que de l'origine du sens et de l'éros de l'interprétation.
(Coll. Ouverture Philosophique, 24.00 euros, 228 p.)
ISBN : 978-2-343-00462-4, ISBN EBOOK : 978-2-296-53845-0

EROS ET INFINI (Tome II)
Le sens, le signe, l'éros du bien et du mal
Bailly Jean Jacques
Cet ouvrage constitue le tome II de *Éros et Infini, Éthique de la temporalité.* L'auteur y poursuit sa philosophie de l'évènement, de la nouveauté et du sens, de l'éros et du désir centrée sur l'expérience temporelle du monde. Les questions philosophiques fondamentales sont revisitées. Ce tome II aborde les formes de jouissances et de catharsis du sujet, approfondit la réflexion sur les limites et les configurations du monde, le langage et les signes, et l'enracinement érotique du bien et du mal.
(Coll. Ouverture Philosophique, 22.50 euros, 216 p.)
ISBN : 978-2-343-00499-0, ISBN EBOOK : 978-2-296-53846-7

NOUVELLE AVANT-GARDE (LA)
Vers un changement de culture
Sous la direction de Carine Dartiguepeyrou
La vision du monde postmoderne a beaucoup apporté en déconstruisant la modernité pour mettre en avant des valeurs postmatérialistes et une société plurielle. La nouvelle avant-garde n'est pas seulement une pensée : c'est une culture, une communauté de valeurs et de quête, le fruit d'une intuition collective qui rassemble des personnes de tous horizons autour d'un respect profond pour le vivant, de la conscience que nous ne connaissons qu'une part infime de l'univers.
(Coll. Avant-garde, 19.00 euros, 196 p.)
ISBN : 978-2-343-00822-6, ISBN EBOOK : 978-2-296-53858-0

UN MONDE PARFAIT. GÉOGRAPHIES DE L'AMÉRIQUE IMAGINAIRE
Magliacane Alessia
En vingt-deux chapitres ponctués d'éléments géographiques, minéralogiques, urbains, topographiques, l'auteur reconstruit un contre-scénario de la culture postcapitaliste en suivant une route de l'imaginaire nord-américain suspendue entre l'incessante demande d'émancipation politique, culturelle, raciale, de genre et les terribles rechutes sociales, économiques, symboliques et symptomatiques.
(Coll. Ouverture Philosophique, série Arts vivants, 25.00 euros, 246 p.)
ISBN : 978-2-343-00173-9, ISBN EBOOK : 978-2-296-53963-1

RENÉ SCHÉRER
ou la parole hospitalière
Sous la direction de Cany Bruno, Robveille Yolande
De tous les professeurs ayant participé à l'expérience vincennoise, René Schérer apparaît comme le philosophe hospitalier par excellence, c'est-à-dire celui qui invite à philosopher ensemble dans une communauté de réflexion et de discussion. Mais ce recueil rappelle que la communauté homogène est impossible, fantasmatique du seul fait que l'homogène est la destruction de la communauté. C'est pourquoi le philosophe hospitalier convie à une «communauté de singularités» constituée par la diversité et la pluralité.
(14.50 euros, 146 p.)
ISBN : 978-2-336-29899-3, ISBN EBOOK : 978-2-296-53809-2

POUR UNE ANTHROPOBIOLOGIE PHILOSOPHIQUE DU DÉSIR – Désir et consensus
Nzigou-Moussavou Alain
Moteur essentiel de sa vie mentale et psychique, le désir permet à l'homme de s'orienter dans le monde. Exister pour l'homme, c'est exister comme être de désir. Toutes ses connaissances et ses institutions sont ainsi ramenées à de pures et simples projections pulsionnelles. Voici tentée ici l'entreprise inédite de reconstruction anthropologique du désir.
(Coll. Pensée Africaine, 40.00 euros, 416 p.)
ISBN : 978-2-336-00731-1, ISBN EBOOK : 978-2-296-53951-8

MERLEAU-PONTY
Face aux défis du monde contemporain – Corporéité et solidarité
Mpuku Félicien Laku
Merleau-Ponty n'a jamais explicitement développé une pensée de la solidarité et aucun de ses commentateurs ne s'est attaché à interpréter sa philosophie sous cet angle. La pensée de Merleau-Ponty inclut des possibilités qui débordent ce qu'il a effectivement dit et écrit. Cet ouvrage découvre que notre conscience est d'emblée dans un corps et dans une situation vécue, et que, avant toute prise de conscience de son existence personnelle, l'être humain coexiste. Cette « existence-avec » est fondamentalement une co-présence des êtres corporels.
(Coll. Pensée Africaine, 31.00 euros, 304 p.)
ISBN : 978-2-343-00058-9, ISBN EBOOK : 978-2-296-53797-2

SOLITAIRE (LE) DES ALPES
Ou la vérité religieuse devant la raison
Yermolof Michel - Édition préparée par François Heidsiecck
Préface de Gérard Perrin-Gourron
Michel Yermoloff (1794-1870), homme très cultivé et orthodoxe de naissance, se convertira au catholicisme à 61 ans. Sans se contenter d'une démarche ecclésiale, il entend développer, discuter l'essentiel de sa foi. Dans ce véritable ouvrage d'apologétique rédigé sous forme de dix «Conversations», les Dialogues de ce Général fournissent un témoignage précieux du climat intellectuel de l'époque à travers des développements des thèmes pérennes de la philosophie et de la religion.
(Coll. Ouverture Philosophique, 22.50 euros, 216 p.)
ISBN : 978-2-296-99853-7, ISBN EBOOK : 978-2-296-53715-6

AU-DELÀ DE LA PENSÉE
Être et paraître
Andrieu Gilbert
Les mots ne sont qu'un pâle reflet de la réalité. Ils construisent l'homme, qui croit n'être que ce qu'il dit. Il en est de même de la pensée, qui ne peut dépasser un paraître dont nous ne soupçonnons pas les limites. Penser n'est certainement pas le propre de l'homme et rien ne nous dit que la pensée cesse d'exister après la mort. En cherchant à mieux comprendre l'amour et la mort, il est possible de saisir une origine de la pensée qui s'enracine dans la matière.
(23.00 euros, 230 p.)
ISBN : 978-2-343-00361-0, ISBN EBOOK : 978-2-296-53794-1

DEMI-DIEUX (LES)
Les enseignements cachés de la mythologie grecque
Andrieu Gilbert
Nous nous comportons souvent comme ces demi-dieux qui meurent devant Thèbes et devant Troie ou plus largement en recherchant une Toison d'or. Il est probable que nous puissions terrasser le Minotaure qui est en nous, mais il ne faudrait pas se comporter comme Thésée si nous voulons découvrir la Vérité. Si Héraclès reste le symbole de nos luttes permanentes pour échapper à notre destin, faut-il s'efforcer de lui ressembler ? Que représentent les demi-dieux encore aujourd'hui ?
(23.50 euros, 236 p.)
ISBN : 978-2-336-29361-5, ISBN EBOOK : 978-2-296-53795-8

POUR PENSER L'ÉDUCATION
Fullat i Genis Octavi
Traduit et adapté de l'espagnol par Mònica Guerrero-Rosset, avec la collaboration d'Anne-Marie Drouin-Hans
Octavi Fullat i Genís expose la structure fondamentale d'une anthropologie dualiste, dans laquelle prend sens un modèle d'éducation libératrice. Présentant la signification d'une anthropologie pédagogique, dans le cadre de l'anthropologie philosophique, le lecteur est invité à réfléchir sur la nature des savoirs sur l'éducation. Cet essai est construit par un discours philosophique, dans lequel O. Fullat utilise souvent la dérision et l'ironie, afin de signifier son positionnement au regard de la liberté et de l'éducation morale.
(Coll. La philosophie en commun, 16.50 euros, 156 p.)
ISBN : 978-2-336-29312-7, ISBN EBOOK : 978-2-296-53866-5

SARTRE ET BENNY LEVY
Une amitié intellectuelle, du maoïsme triomphant au crépuscule de la révolution
Repaire Sébastien - Préface de Jean-François Sirinelli
Mars 1980. Une série d'entretiens publiés par le *Nouvel Observateur* fait scandale. Jean-Paul Sartre, un mois avant sa mort, y révoque des pans entiers de son œuvre, dénigrant la notion d'angoisse et reléguant l'athéisme pour s'intéresser au messianisme juif et à la résurrection des corps. Face à lui, son dernier secrétaire, Benny Lévy. Accusé par Simone de Beauvoir de manipuler Sartre, Benny Lévy offre à l'écrivain une dernière occasion de revisiter son œuvre.
(Coll. Questions contemporaines, 25.00 euros, 260 p.)
ISBN : 978-2-343-00632-1, ISBN EBOOK : 978-2-296-53679-1

L'HARMATTAN ITALIA
Via Degli Artisti 15; 10124 Torino

L'HARMATTAN HONGRIE
Könyvesbolt ; Kossuth L. u. 14-16
1053 Budapest

L'HARMATTAN KINSHASA
185, avenue Nyangwe
Commune de Lingwala
Kinshasa, R.D. Congo
(00243) 998697603 ou (00243) 999229662

L'HARMATTAN CONGO
67, av. E. P. Lumumba
Bât. – Congo Pharmacie (Bib. Nat.)
BP2874 Brazzaville
harmattan.congo@yahoo.fr

L'HARMATTAN GUINÉE
Almamya Rue KA 028, en face du restaurant Le Cèdre
OKB agency BP 3470 Conakry
(00224) 60 20 85 08
harmattanguinee@yahoo.fr

L'HARMATTAN CAMEROUN
BP 11486
Face à la SNI, immeuble Don Bosco
Yaoundé
(00237) 99 76 61 66
harmattancam@yahoo.fr

L'HARMATTAN CÔTE D'IVOIRE
Résidence Karl / cité des arts
Abidjan-Cocody 03 BP 1588 Abidjan 03
(00225) 05 77 87 31
etien_nda@yahoo.fr

L'HARMATTAN MAURITANIE
Espace El Kettab du livre francophone
N° 472 avenue du Palais des Congrès
BP 316 Nouakchott
(00222) 63 25 980

L'HARMATTAN SÉNÉGAL
10 VDN en face Mermoz, après le pont de Fann
BP 45034 Dakar Fann
33 825 98 58 / 33 860 9858
senharmattan@gmail.com / senlibraire@gmail.com
www.harmattansenegal.com

L'HARMATTAN BÉNIN
ISOR-BENIN
01 BP 359 COTONOU-RP
Quartier Gbèdjromèdé,
Rue Agbélenco, Lot 1247 I
Tél : 00 229 21 32 53 79
christian_dablaka123@yahoo.fr

656284 - Mai 2016
Achevé d'imprimer par
1livre.com
du rêve à la réalité !